U0518576

著作权法的价值构造研究

付继存 / 著

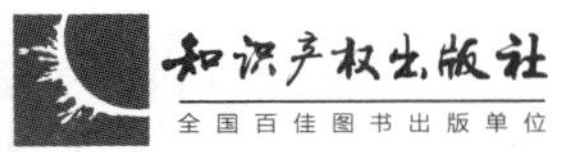

图书在版编目（CIP）数据

著作权法的价值构造研究 / 付继存著．—北京：知识产权出版社，2019.8
ISBN 978-7-5130-6410-1

Ⅰ.①著…　Ⅱ.①付…　Ⅲ.①著作权法—研究—中国　Ⅳ.①D923.414

中国版本图书馆 CIP 数据核字（2019）第 182725 号

责任编辑：刘　江　　　**责任校对**：潘风越
封面设计：张　冀　　　**责任印制**：刘译文

著作权法的价值构造研究

付继存　著

出版发行：知识产权出版社有限责任公司	网　　址：http：//www.ipph.cn
社　　址：北京市海淀区气象路 50 号院	邮　　编：100081
责编电话：010-82000860 转 8344	责编邮箱：liujiang@cnipr.com
发行电话：010-82000860 转 8101/8102	发行传真：010-82000893/82005070/82000270
印　　刷：三河市国英印务有限公司	经　　销：各大网上书店、新华书店及相关专业书店
开　　本：880mm×1230mm　1/32	印　　张：11.75
版　　次：2019 年 8 月第一版	印　　次：2019 年 8 月第一次印刷
字　　数：288 千字	定　　价：60.00 元

ISBN 978-7-5130-6410-1

总　　序

改革开放以来，我国经济社会发展的水平日益提高，科学技术和文化创作日益进步，知识经济的特征日益凸显，知识产权制度对科技和经济发展的支撑作用日益加强。

经过多年发展，我国知识产权事业取得了巨大成就，符合社会主义市场经济发展要求的知识产权制度基本建立。以2008年《国家知识产权战略纲要》的颁布为标志，我国知识产权制度从“调整性适用”阶段进入“主动性安排”阶段，知识产权制度的发展进入了一个新的历史时期，知识产权事业正在揭开一个新的篇章。

中国知识产权制度的建构、知识产权事业的发展与进步，离不开知识产权人才的培养、知识产权教育水平的提高和知识产权学术研究的进步。中国知识产权事业的发展需要全社会的共同努力。为提高我国知识产权学术研究水平，培育优秀青年知识产权研究人才，中国法学会知识产权法研究会与知识产权出版社自2008年始联合组织开展知识产权类优秀博士学位论文评选以及资助出版工作。该项工作具有丰富的内涵：

第一，以高层次、高质量的人才培养为目标。通过设立优秀博士论文奖项，鼓励更多优秀人才参与知识产权学术研究，不断增强我国知识产权制度的理论储备。

第二，以提高知识产权学术水平为导向。评选优秀博士论文，促使更多青年学人创作高质量学术著作，不断提高我国知识产权学术研究水平。

第三，以我国知识产权事业的发展为宗旨。通过优秀博士论文的评选以及资助出版工作，鼓励青年学人关注现实，关注新兴发展需要，以优秀思想成果推动我国知识产权事业向着更快更好的方向发展。

第四，以科学公正、注重创新、严格筛选、宁缺毋滥为原则。在知识产权优秀博士论文的评选过程中，知识产权法研究会组织评审专家，本着公开、公平、公正的原则，严格按照评审标准，对申报人员的博士论文进行遴选。

第五，以选题新颖、研究创新、逻辑严密、表达规范为标准。优秀博士论文的选题应当具有理论意义和现实意义，在研究内容上应当有所创新，材料应当翔实，推理应当严密，表达应当准确。

中国法学会知识产权法研究会与知识产权出版社开展的这一活动在总结和传播知识产权教育与学术成果、鼓励青年学人学习和研究的进步、推动知识产权事业发展等方面具有重要意义。在双方的共同组织与安排之下，论文评选甫经两届，新著即将面世。该项工作还将继续进行下去，每年评选出一批优秀博士论文，并且由知识产权出版社资助出版，以期作为知识产权思想传播的媒介、学术交流的窗口、对话互动的平台。新书迭见，英才辈出，学术之树长青。

是为序。

2010 年 5 月

序

利益平衡是知识产权法价值构造的内核，也是知识产权立法与司法应遵循的根本原则。著作权法中利益平衡是作者与传播者的私人利益、作品的正当使用利益与国家文化发展与繁荣等公共利益的多元平衡。多元关系直接关涉著作权立法的基本架构，利益平衡是著作权规范体系的实质精神，这两个方面构成著作权法的大局观。

在此基础上，系统认识著作权法是一个中观层面的工作。著作权法在规范配置上如何实现利益平衡，究竟平衡哪些利益，平衡利益的规范体系如何展开，规范配置如何优化等均是这一层面的任务。开展这方面研究又可以有制度史、解释学、法哲学、社会学等方向。

鉴于此，当本书作者提出沿这个方向开展著作权法价值构造研究并作为博士论文选题时，本人作为作者的博士论文指导教师，慨然应允。在博士论文答辩之后，付继存博士又历时五年思考、修改与打磨整体框架与其中的细节问题。当他请我审阅书稿初稿时，我发现论文又有较大完善，内容更丰富，观点的论述也更清晰。大体上，该书至少提出了几个有价值的话题。

第一，通过深入挖掘制度形成的细节，展示出著作权法基本概念与框架的价值评价性。独创性、作者与表演者的区分、工艺成果的非作品化等均有知识观念上的根据。因此，现代著作权法的制度框架与其说是逻辑的结果，毋宁说是知识观念的背书。

第二，通过结构分析的方式，揭示出著作权法中公共利益与私人利益的双层结构，论证传播作为公共利益与私人利益的结合点，转变了对著作权法的认识方式，即从复制权到传播权再到传播。这对于认识著作权滥用、著作权所有权化等均有视角转换的意义。

第三，通过分析著作权法价值目标的实现过程，提出在具体法律关系的构建中始终考虑作为公共利益代言人的“社会中的人”，从而在每一个具体案件中贯彻著作权法的公共利益目标。在这一层面上，具体法律关系实际上是一个多元主体共存的结构。这是一种跳出孤立的权利思维转向关系本体论的思维方式，产生的效果是著作权法律规范体系是大写的法律关系，实践中的具体法律关系是小写的著作权法律规范体系。

这些认识论问题对重塑著作权法的立法与司法观念均有一定的导引作用。当前，著作权法面临信息网络、人工智能、大数据、区块链等技术的挑战，也面临作品范围持续扩大、利益空间不断拓展的现实问题，从观念上重新认识著作权法，并据此讨论这些新问题，可谓不无裨益。因而可以相信，立足于实践的理论研究肯定具有重要的学术意义与实践价值。问题先导型的理论探究或许能够以其超越性思维为规则优化提供动态的平衡架构。

每一次面向实践的创新都是面向真理的尝试。从作者的处女作《商标法的价值构造研究：以商标权的价值与形式为中心》到这部姊妹篇，我看到了一位年轻学人努力与进取的身影。作为他的硕士生导师和博士生导师，看到他的学术研究成果，我很欣慰。衷心希望像作者这样的新人能够大胆设问、小心论证，大胆尝试、精心雕琢，大胆创新、醉心学问，推进中国特色知识产权法理论研究，构建知识产权国际话语规则与体系。

略缀数语，谨为序。

冯晓青

2019 年 6 月 18 日

前　言

现代著作权法实现私人利益的方式是赋予著作权，并将其拟制为对物权。对物权的实质是将创作者对作品的关系拟制为物权人对有体物的关系，并按照剩余权归属理论将作品所可能具有的市场利益全部留给创作者。满足公共利益的理论假设是功利主义公式，规范配置则是著作权的限制。但是，支持者们建构著作权法伊始作出的增进公共利益、维护公共领域的承诺已经式微。著作权法二元价值目标的实现机制越来越受到质疑。在国内外随之兴起的著作权法改革方案共同指向著作权的性质、结构及其移转体制。因此，著作权法律体系的依托是著作权，处于危机中心的是著作权，复归的核心也是著作权。

实际上，对物权关系无法完全实现著作权法的价值目标。对物权关系不是著作权法的固有属性，而是由历史发展过程中的一系列偶然事件聚合而成的规范知识。首先，著作权主体经历了从具体到抽象的发展过程。在法律统一化运动中，受浪漫主义文学运动的影响，主体人格的伦理基础被提出来。从创作行为也可以发现，各类作品的主体均具有相同的心理结构。但是，在资本与创造、约定与法定、技术与智力的博弈框架内，非严格奉行作者权的国家也开始将非创作人拟制为人格主体，完成去伦理化与符号化的法律人格构造。

其次，著作权对象的形成也经历了从具体到抽象的统一过程。抽象化的概念工具是思想表达二分法与独创性，正当性说明有经由人格与经由财产两条路径。抽象后的作品在性质上是抽象物。抽象物服务于作品财产属性的解释，其形塑的基本标准是艺术观念、保护政策以及法律体系等。例示的作品是规范性的真实类型，具有接纳新作品的开放性结构。抽象物也保持了作品在观念上的可控制性。历史地看，控制作品的模式经历了从载体稀缺产生的作品与载体混合产权及在地权到传播媒介稀缺产生的以复制为中心的媒介控制权再到数字网络技术产生的以传播为中心的科技主导权的转变。

最后，著作权本身反映出很强的扩张性与对物权性。著作权的扩张采取了一种以作品、技术或者其他要素为关联点的拟制技术。扩张后的著作权业已形成作者权、邻接权与狭义相关权三层次外部体系。作者权内容主要体现为以支配权与绝对权形式存在的控制作品的各种方式，构成著作权内部体系的两个层次与三个维度。只有少许权利，包括出租权、追续权以及补偿金请求权等，才具有请求权性质。绝对权与支配权性质赋予著作权主体对作品的主权，任何人的非法入侵均构成对著作权主体的挑衅与侵犯。当然，在规范配置上，为了协调公共利益与私人利益、物权与知识产权的关系，著作权法也通过合理使用、保护期、地域性、权利穷竭、著作人格权限制等一系列外部限制构造了权利的市场、时空及其与物权的边界。在边界范围内，著作权法还建立起私人实现与集中实现模式并提供了实现保障。

但是，对物权关系在维护公共利益与私人利益上并不总是协调的。个人利益的最大化并不总是实现公共福利，缺乏道德约束的个人主义很容易滑入利己主义。作品为物的观念使公众无法自由接近作品，且在作品的使用上存在著作权人的锁定危险。著作权的所有权性为作者保留了剩余利益，这些利益归属的当然性使得作者在面对未来市场时总能以所有者的身份而获取报酬。而且，更为重要的是，著作权法忘却了自己肩负的传播作品的使命，发展出著作权至上主义观念，即以著作权自身划定他人自由行为的边界，除了法定例外，未经许可的越界行动都是可归责的。

在著作权乐观主义与著作权形成的偶然性前提下，避免著作权法在规范配置与法律关系现实化过程中的危险，防范著作权法文化传播政策导向的弱化，就要在规范调整的整个链条中嵌入公共利益的标签，并使其成为具体法律关系的一个内在约束条件。借鉴法律关系有机体理论，一个可行的方案是将公共利益的代言人以一般化的“社会中的人”的角色在法律关系中在场化，使其担负起合理传播的责任，从而以关系本体论为逻辑基础，建构一个有别于对物权法律关系的对物权结构。

作出这种改变需要灵活运用自治与强制因素。在自治与强制的关系上，自然使用规则与优先权规则、绝对权与相对权的变奏均可作为协调机制。自然使用规则依赖逻辑自洽，更体现自治性；优先权规则依赖超越性，更需要强制后盾。绝对权符合路径依赖特征，更体现自治性；相对权则依赖限制，更需要强制转换。这种协调机制可以在立法与司法过程中体现公共利益目标。同时，作品是观念上的建构，其本质意味着不是以作者与作品的物化关系来说明作者与读者、使用者的关系，而是以后者的关系来阐释作品保护的理念与限度。基于理念与实践的准备，作为公共利益代言人的“社会中的人”可以正当地全面观照著作权法利益格局，著作权法公共利益就不再是著作权人及利害关系人召之即来挥之即去的“婢女”。

Preface

The way of realizing private interests in modern Copyright Law is to confer copyrights and to transfer them to rights in rem as a legal fiction. The essence of rights in rem is that the relationship between author and his work is viewed as the relationship between property owner and tangible thing, and all the possible market interests of a work ought to be left to its author according to the theory of residual right attribution. The theoretical hypothesis of satisfying public interests is a formula based on utilitarian, while the arrangement of norms is the limitation of copyright. However, the promises made by supporters at the beginning of the construction of Copyright Law to promote public interests and safeguard the public sphere have declined. The realization mechanism of dualistic value goal of Copyright Law has been questioned more and more. The programmers of the Copyright Law reform that have arisen both at home and abroad point to the nature, structure and transfer system of copyright. Therefore, copyright is the underlying of the legal system of copyright, the center of the crisis and the core of restoration.

In fact, the value goal of Copyright Law cannot be fully realized according to the relationship of rights in rem. The relationship of rights in rem is not an inherent attribute of Copyright Law but the normative knowledge formed by a series of incidents in the course of historical development. Firstly, the subject of copyright has undergone a process of development from concrete concept to abstract. In the movement of legal unification, affected by the Romantic Literature Movement, the ethical foundation of the subject personality was put forward. From the creative behavior, it can also be found that the subjects of all kinds of works have the same psychological structure. However, within the framework of the game between capital and creation, agreement and legality, technology and intelligence, states that do not strictly adhere to the right of authors have begun to make non-creators into the personality. Copyright Law has begun to construct de-ethicizing and symbolic legal personality.

Secondly, the formation of copyright objects has also undergone a unified process from concrete concept to abstract. The conceptual tool of abstraction is the dichotomy between idea and expression as well as originality. Justification relies on two paths of personality and property. Works in abstract form are abstract objects in nature. Abstract objects serve for the interpretation of property attributes of works. Basic criteria for their shaping are artistic concepts, protection policies, legal systems and so on. The exemplified different sorts of works are the real types of norms, which contain the structure opening to new works. Also, abstract objects preserves conceptually the controllability of the work. Historically, the mode of controlling works has undergone a transformation from the right to house and joint property generated by the scarcity of carriers to the media control right generated by the scarcity of media to the dominant right of science and technology generated by the digital network technology.

Finally, copyright itself reflects a prominent feature of rights in rem and expansibility. The expansion of copyright has adopted a kind of fiction that takes works, technology or other elements as the connection point. Therefore, the copyright has become a three-level external system , including author's right, neighboring right and narrower related right. The contents of author's right mainly reflect the various ways of controlling works in form of domination and absolute right, and constitute two levels and three dimensions of the internal system of Copyright. Only a few rights, including the right to rent, the right of pursuit and the right to claim compensation, have the nature of the right of claim. The nature of absolute rights and domination rights gives the subject of copyright the sovereignty of works. Any illegal invasion constitutes defiance and violation to the subject of copyright. It's for sure that in terms of arrangement of norms, Copyright Law also constructs the boundary of rights in market, time and space through a series of external restrictions, such as fair use, protection period, regionality, exhaustion of rights and limitation of spiritual rights in order to coordinate the relationship between public interests and private interests, property rights and intellectual property rights. Within the boundaries, the Copyright Law establishes a private implementation and centralized implementation model and provides the assurance of implementation.

However, the rights in rem relationship does not always balance the public and private interest. The maximization of personal interests could not always achieve public welfare. Individualism without moral constraints can easily slip into egoism. The idea that works are objects makes it impossible for the public to access works freely. There is a danger that the works may only be used by copyright owners. The ownership of copyright preserves the residual interests for the author, which are, for this nature above, attributable to the owner in the face of the future market. More importantly, the Copyright Law forgets its mission of disseminating works, which has developed the concept of copyright supremacy, that is, to delimit the boundaries of other people's free acts by rights in rem itself, and unauthorized cross-border acts are liable except statutory exceptions.

Under the precondition of copyright optimism and the contingency copyright developed, to avoid the danger that copyright law may come across in the realizing process of arrangement of norms and legal relationship, and to prevent the weakening of cultural communication policy orientation caused by Copyright Law, it is necessary to insert the label of public interest into the whole chain of legal adjustment, making it as a term of specific intrinsic constraint of concrete legal relationship. Drawing lessons from the theory of the legal relation organism, a feasible solution is to make the spokesman of public interest present in legal relations as a role of the generalized "person in society", so that he can assume the responsibility of reasonable dissemination, and to construct a structure of rights in rem on the logical basis of the ontology of relationship, which is different from the legal relationship of rights in rem.

This change requires flexible use of autonomy andcoercion. In the relationship between autonomy and coercion, both natural use rules and priority rules, absolute rights and relative rights can be used as coordination mechanisms. The rule of natural use relies on logical self-consistency, which more reflects autonomy; the rule of priority relies on transcendence, which requires more compulsory backing. Absolute rights conform to the characteristics of path dependence and more reflects autonomy. Relative rights depend on restrictions and more need compulsory conversion. This coordination mechanism can exist in the legislative and judicial process, reflecting the goal of public interest. At the same time, the work is conceptually constructed. Its essence means that the relationship between the author and the reader or the user is not explained by the relationship between the author and the object, but the latter is to explain the concept and limit of work protection. Person in society as the spokesperson of public interest may take a comprehensive view of the interests distribution of Copyright Law based on practical and ideological preparing hereof. The public interest of Copyright Law should not be viewed as maidservant that is always ready to assemble at the first call of the copyright owner and interested persons.

目　录

DOCTOR
中国优秀博士论文
法学

导论

从著作权法的改革构造论题

人生活在符号系统中，甚至“他是如此地使自己被包围在语言的形式、艺术的想象、神话的符号以及宗教的仪式之中，以致除非凭借这些人为媒介物的中介，他就不可能看见或认识任何东西”。❶ 表达信仰、审美与认知的符号体系构成著作权法的对象。人的符号性赋予表达符号的历史性。但是，作品称谓的表达符号与著作权法的双向锁定则发轫于近代，成形于20世纪初。这一进程也是指涉表达符号的各历史形态法律的重塑过程。

在印刷术商业化前，东西方均存在与经济利益相关联的智力表达保护观念，但并非以绝对控制权的形态出现。❷ 在中世纪的英国，先于著作权存在的“出版商版权”与“印刷特权”，源于行业惯例或者官方授权，是一个“范围有限的垄断权利”，类似于“永久租赁”。❸ 作者对作品的自然权利只是到了出版商版权面临垄断质疑时才被提出，而其又建立在复兴的自然法观念、古已有之的主体身份与新兴技术及其市场垄断利益基础上。经过18世纪中叶“文学财产”争论的澄清，作者对作品的权利被发展成为“有期限的无限权利”，在出版商版权中搁置的作品所有权最终划归作者。❹ 这时，出版商权利的基础被置换为契约，作者对

❶ ［德］恩斯特·卡西尔．人论［M］．甘阳，译．上海：上海译文出版社，1985：33.

❷ 吴汉东．著作权合理使用制度研究［M］．北京：中国政法大学出版社，2005：6. ［德］M. 雷炳德．著作权法［M］．张恩民，译．北京：法律出版社，2005：14-15. 联合国教科文组织．版权法导论［M］．张雨泽，译．北京：知识产权出版社，2009：7-9.

❸ Lyman Ray Patterson. Copyright in Historical Perspective［M］. Tennessee：Vanderbilt University Press，1968：5-10.

❹ Lyman Ray Patterson. Copyright in Historical Perspective［M］. Tennessee：Vanderbilt University Press，1968：18.

作品的权利则被作为出版商权利的原权利。现代法就是在作者观念上作品因应信息传播技术发展的制度产物。不过，较为不同的是版权体系的著作权理论经历了从社会福利理论到个人权利理论的发展过程：贯穿18~19世纪，包括英国及美国在内，财产权的论述一直都受到公共政策讨论的制衡及减弱，这种公共政策的讨论就是：什么对社会而言是最好的。20世纪的著作权事实上才是先照顾出版商，作者次之，而公众则摆在最后。[1]

在我国，学界基本一致认为：我国著作权法是近代以来西方列强强加给中国的派生物。[2] 可以说，我国著作权法是在移植国外著作权成形规则的基础上发展起来的，复制技术催生的著作权与作者地位、独创性、绝对控制等概念跨越式地联系在一起，并未经历过充分的规则建构之辩。研究中国版权史，作者地位、外来因素与复制技术的更新三条线索不可或缺。[3] 而且，外来因素对作者观念及著作权法基本结构的影响至关重要。

然而，现代著作权法塑造的作者地位与专有控制结构，在新兴技术与变化的社会结构面前已经不合时宜。尤其是一方面，新兴技术已经颠覆著作权法的三个基本特征即建立在媒体稀缺基础上、专家法律制度与法域特征明显。[4] 技术产生的便捷性与颠覆力快速碾碎著作权的道德性。另一方面，私人机构利益与著作权

---

[1] ［美］希瓦·维迪亚那桑．著作权保护了谁？［M］．陈宜君，译．台北：商周出版社，2003：16-17.

[2] 李雨峰．枪口下的法律：中国版权史研究［M］．北京：知识产权出版社，2006：16.

[3] 周林，李明山．中国版权史研究文献［M］．北京：中国方正出版社，1999：Ⅵ.

[4] 吴伟光．版权制度与新媒体技术之间的裂痕与弥补［J］．现代法学，2011（3）.

相互强化。美国的跨国公司利用政府权力制定高标准与强执行力的《与贸易有关的知识产权协定》，“私人利益与公众权利之间的天平已经朝着支持私人利益而以牺牲公共福利的代价的方向大幅倾斜”。❶ 此后，“作者的地位已让位于知识、技术和创意，买卖交易成为后三者存在的根本目的，整个世界成为其潜在市场，大型文化企业将其掌握在手中。”❷ 遇此情势，多角度探索著作权法的修复与改革、死亡与再生，并预测著作权法的未来就是一个方兴未艾的课题。如果不失之武断，精悍的著作权法宏大叙事带有泛道德化倾向或者法律改革的理想主义。由于路径依赖与边缘化危险，只有从经验事实发掘著作权法价值目标及其实现机制，并依据新的方法论形成新的认知模式，才可能将著作权法的改革现实化。

一、著作权法改革的道路

著作权法规制私人创作活动，是以私人权利为基本框架建立起来的。著作权法的一系列规范围绕权利而展开，基本精神也需要通过权利来阐释。著作权法的不合时宜最终落脚在权利体系、模式与性质上。因而，著作权法的改革与重建议题也均以著作权为中心。

（一）著作权的实践变革

随着知识共享、技术保护措施等新模式以及数据库著作权等新兴权利的出现，现代著作权已经被伪著作权（pseudo -

❶ ［美］苏姗·K. 塞尔．私权、公法——知识产权的全球化［M］．董刚，周超，译．北京：中国人民大学出版社，2008：27.

❷ ［荷］约斯特·斯密尔斯，玛丽克·范·斯海恩德尔．抛弃版权：文化产业的未来［M］．刘金海，译．北京：知识产权出版社，2010：13.

copyright)、准著作权(paracopyright)与后设著作权(metacopyright)三种更强大、几乎滴水不漏的系统所取代。伪著作权指的是资料保护的努力;准著作权描述的是很快地即将包覆大部分数位内容的科技锁;后设著作权则代表以契约作出权利让步的体制。❶ 甚至有的学者认为,著作权现代性困境的症结所在是“从主体性的角度和立场来看,作者在新环境下的地位转换和不同利益角色的利益博弈”,并且“对商品的所有权模式将会受到来自基于‘服务’的契约化权利模式的挑战,控制性的所有权模式将会逐步为更为宽容的权利形态所替代”。❷ 这意味着虽然以著作权为基底,但是社会实践呈现出以契约、技术与习惯为调节机制的多元化趋势。

技术路径的著作权法变革还表现在:权利管理系统可以用来满足数字环境下的合理使用制度需求。❸ 设计合理使用者主张通过技术保护系统来向用户提供作品文本。❹ 在一个知识产权与数字技术共生的知识产权内置型信息社会中,技术与契约统一于一个知识产权交易市场,共同技术规则(也称违约规则)可以处理著作权限制的契约免责问题。❺ 在技术的驱动下,旨在降低中间

---

❶ [美] 希瓦·维迪亚那桑.著作权保护了谁?[M].陈宜君,译.台北:商周出版社,2003:265.

❷ 肖尤丹.历史视野中的著作权模式确立——权利文化与作者主体[M].武汉:华中科技大学出版社,2011:21,259.

❸ Dan L. Burk, Julie E. Cohen. Fair use Infrastucture for Rights Management Systems [J]. Harvard Journal of Law & Technology, 2001, 15 (1): 55.

❹ Severine Dusollier. Exceptions and Technological Measures in the European Copyright Directive of 2001-An Empty Promise [J]. IIC, 2003, 34 (1): 70.

❺ [日] 北川善太郎.著作权交易市场——信息社会的法律基础[M].郭慧琴,译.武汉:华中科技大学出版社,2011:132.

环节的代理成本与垄断危害，直接传播作品已成为一种可欲模式。这可以通过“适中”的，但是属于“理想王国”的改革来解决：“真正的版权改革应当寻求改善为创作者、读者、听众和观众服务的体制……我们应当在牺牲版权中间商——现在持有大量反生产的有价值的版权——的利益的情况下以增强创作者与读者的自主权为中心。”如此行事将会简化著作权法的内容，节约创作者与使用者咨询版权律师的成本。❶

这些变革的共同思路是以著作权为基础，调整作品的传播模式。既然将现代著作权模式视为特定历史阶段的、可以更改的产物，那么著作权就可能在与传播技术、社会实践的互动中发生持续性变化。但是，传播模式的变化并不必然产生预期目标，社会实践的非制度化也会存在一定的不可预期性，审慎的政策考量仍然是必不可少的程式。例如，知识产权法塑造了对知识的私有，如果说以商品为中介的传播模式尚且为社会公众提供了接触物理载体的机会，以服务为中介的传播模式显然就是将私有绝对化。因为原本包含在商品所有权模式中的自由接近被人的服务所取代，服务的属人性使得未经许可的接触具有非法性。

（二）著作权的理念改革

现有的“激励机制”模式、“商业利用权”模式、“接触控制权”模式、“传播权或利用权”模式等都是解决“版权死亡”的方案。但是，要适应数字技术的发展，传播权中心论者认为，应当在根本上坚持现代著作权的基本立场，在促进知识生产、增进公共利益的原则下遏制版权扩张，遏制技术措施对公共领域的

❶ Jessica Litman. Real Copyright Reform [J]. Iowa Law Review, 2010, 96 (1): 1-55.

圈禁，取消复制权在版权体系中的基础地位，确立传播权在网络环境中的基础地位。❶ 因为只有向公众传播行为才可能对作者财产利益造成损害，这才是著作财产权的目标所在。❷ 同时，著作财产权的各项权能大体可以分为“传播的前期准备行为”“具体的传播行为”“具有传播性的行为”三类。对于复制权、摄制权、改编权、翻译权、汇编权等准备行为，若不是以“传播”为目的并以后续某种“传播”行为作为其延伸，则这些行为本身均无不可。“传播权”实乃此类权能通往“保护权利人市场利益”之路的“咽喉”所在。❸ 这些观点均旨在完整地推进从复制权中心向公共传播权中心的转变，避免权利随着技术普及与更新而不断叠加的马太效应。

另外，包括著作权在内的知识产权的正当性都建立在知识私有与公有的矛盾解决中。功利主义者认为，限制个人自由使用他人认为合适的物质财产是为了鼓励更多的创新，因而具有正当性；自然权利论者认为，某些思想应当受到财产权保护是因为它们是被创造出来的。❹ 这两方面论证表明知识产权的正当性实际上是一个分配正义问题。正当性辩护建立在伦理或经济动因之上，反对者则强调从有形财产中区隔出无形财产并赋予作者控制权的非理性以及从公共知识资源中构造个人权利的危险性。私有与公有的矛盾在实证意义上提出两类权利。“‘宪法进路’在肯定

---

❶ 易健雄．技术发展与版权扩张［M］．北京：法律出版社，2009：201-209.

❷ 张玉敏，陈加胜．著作财产权重构［C］//吴汉东．知识产权年刊：2010年号．北京：北京大学出版社，2011：11-24.

❸ 何鹏．知识产权传播权论——寻找权利束的束点［J］．知识产权，2009（1）.

❹ N. Stephan Kinsella. Against Intellectual Property［J］. Journal of Libertarian Studies，2001，15（2）：12-15.

著作权的同时，又主张这种著作权必须是有边界的，或者说，应当给著作权确定实际而非形式的边界”，而实际的边界为读者对作品的使用权或者公民的信息自由所划定。[1] 或者说，“版权的目标之一是鼓励阅读、聆听和观看。根据版权法，读者、听众和观众享有并应当享有自由。无论我们是在解释现行的版权法，还是为了改进它而评估它的工作效果，我们都需要关注读者、作者和所有者。”[2] 甚至，在信息社会，为了使用者能够充分实现豁免行为，有必要把限制和例外从使用者特权转变为使用者的权利。[3] 著作权建立过程中的积极论证负担已经昭示了著作权的边界。读者权利论者从读者地位来明确作者权利的边界，更是在积极释放著作权的控制范围。

这些解决方案强调权利中心的转变与边界的确定，旨在明确著作权法上原本就存在较多的自由使用作品的空间，避免具有促进创造、不损害商业利益取向的行为面临侵权指摘。但是，如果缺乏对权利性质的彻底检视，仅依靠作者控制权的自我束缚，尚不足以解决控制性带来的传播弱化以及经济强势的传播者凭借移转机制所制造的垄断等问题。或者说，转变权利束点所要解决的仅是著作权人与社会公众的紧张关系，而不包括资本所有者的市场垄断问题。

（三）抛弃著作权的改革

抛弃著作权的改革方案专注于其与预设价值目标的裂痕，并

---

[1] 李雨峰．著作权的宪法之维［M］．北京：法律出版社，2012：26，209.

[2] Jessica Litman. Readers' Copyright ［J］. J. Copyright Soc'y U. S. A，2011，58（4）：325.

[3] 朱理．著作权的边界——信息社会著作权的限制与例外研究［M］．北京：北京大学出版社，2011：198.

偏向于道德、市场机制。这种裂痕或源于制度建构时的另有目的或正当性修饰的祛魅，或源于制度运行的社会基础的变迁。因此，“我们应该超越有限的版权概念框架，转向一个更密切关注与信息、知识、文化或创造力有关的任何个人或实体的法律框架。一个粗略的名称是信息或文化关系法。通过关注信息或文化资源以及为了促进社会和经济发展而积累和分配上述资源，我们建立获取、再利用和交流信息、知识、文化或创造力的政治和经济权利。”❶

一种倾向性意见认为：著作权的所有权本质、由尊重他人作品推导的精神权利、创作激励论、知识产权促进创新等基本原则均存在缺陷，为了使艺术家从创作中获得合理收入、扩大处置权的分配范围、维护公共领域并增进公众广泛接触作品的自由，应当分离现代著作权法的精神权利与财产权利，确立两项新原则：以错误和不道德行为及其相应法律责任来代替精神权利并维护传统知识领域；抛弃版权法并应用竞争法来进行市场监管，建立规范性文化市场。❷ 显然，这一方案以完全竞争的文化市场为蓝图，以公共利益与创作者利益的同步实现为宗旨，重塑作品中的身份关系与财产关系，破解了现代著作权体制的障碍。

另一种意见认为：放弃控制权，改革后的版权制度必须将作品变化限制在不改变原作基本特征的范围内，同时将著作权的实现机制从市场机制改造为征税机制。为了确保著作权人获得报酬并为用户提供便捷廉价的访问，最可行的方法就是在所有设备和

---

❶ Brian Fitzgerald. Copyright 2010: The Future of Copyright [J]. European Intellectual Property Review, 2008, 30 (2): 43-49.

❷ [荷] 约斯特·斯密尔斯，玛丽克·范·斯海恩德尔. 抛弃版权：文化产业的未来 [M]. 刘金海，译. 北京：知识产权出版社，2010：1-17，33，55.

媒体上建立一个广泛的征税系统。一个新的、更有效的、用户友好的著作权形态需要几个步骤：首先，对于大多数形式的大众传媒和数字化作品，必须停止依赖侵权诉讼来控制对受保护材料的滥用。其次，立法机构应建立灵活的监管体系，能够应对新形式的复制技术。最后，在新管理体制的协助下，受著作权保护材料的所有人应从复制设备和存储介质的生产销售者的核定税收中获得版税。❶ 显然，这一意见将财产权改造为一项平均主义的补贴。

上述方案所抛弃的著作权是现代法上的控制权，并非对著作权内容的全部抛弃或者将作品置于一个完全共享的公共领域。而且，饶有趣味的是，新的解决方案将著作人格权与著作财产权松解开来，并以此消解著作权作为绝对权的控制性，实质上是重新回归到前著作权法时代。对精神权利的保护以道德机制为中心，综合公开谴责、利诱丧失等因素。对财产权利的保护则以市场机制为中心，综合市场领先时间、市场竞争态势等因素。但是，在著作权法国际秩序下，这种方案无疑是镜花水月。

二、著作权法价值构造的论题

著作权法的发展历程表明，著作权的正当性、主体、对象、内容与范围以及社会功能等方面存在诸多待解之谜，也存在诸多取向于决断而非逻辑的解决方式。一方面，公共利益是著作权制度批判的共同支柱。❷ 只要是为了保障公共利益甚至是消除侵害公共利益的危机感，著作权法及其理念就要被再次拷问。另一方

❶ Richard H. Chusear. Rewrite Copyright: Protecting Creativity and Social Utility in the Digital Age [J]. Isr. L. Rev., 2005, 38 (3): 80-83.

❷ 李雨峰．著作权的宪法之维［M］．北京：法律出版社，2012：12.

面，著作权法在财产权理念、人格尊严、市场失灵等假设条件下逐渐地满足了权利扩张的利益诉求。在理想与现实之间、在制度的大幅度调适与法的安定性之间，围绕著作权的张力明显而敏感。只有以新的认知模式舒缓这些书面形式的紧张关系才能获得对著作权及其制度的另一种理解方式。

（一）论题的提出

“法律概念可以被视为是用来以一种简略的方式辨识那些具有相同或共同要素的典型情形的工作性工具。”[1] 知识产权法的基础概念充满争议，知识产权的民事权利之身份得到承认，却一直游离于民法学的研究视野之外。[2] 如上所述，著作权法的改革方案指涉相关的权利结构，但缺少民法视角的分析，尤其是权利性质与权利建构等。在不否定其他探索路径的可行性与结论的可信性的前提下，民法进路主张：采取法学研究的价值方法，对著作权法所涉及的利益进行评价，探寻著作权法的价值目标，并检验现代著作权的性质与结构在实现著作权法价值目标上的可行性与限度，进而从关系本体论出发找到解决之路。

在切入论题之前，需要交代两个概念。一个概念是现代著作权法建构的对物权关系。对物权是指“特定的人对‘广义的物’（包括有体物、无体物，以及其他有财产意义的物，如著作权的客体‘作品’等）的排他的直接支配权”。[3] 法律上的“物”具有一张普罗透斯（Proteus）似的脸，不同部门法各从其价值判断

[1] ［美］E. 博登海默．法理学：法律哲学与法律方法［M］. 邓正来，译．北京：中国政法大学出版社，2004：501.

[2] 李琛．论知识产权法的体系化［M］. 北京：北京大学出版社，2005：1.

[3] 尹田．物权法理论评析与思考［M］. 北京：中国人民大学出版社，2008：23.

出发界定其内涵。《德国民法典》与我国《物权法》将“物”界定为“有体物”，而自罗马法以来就有指称权利的“无体物”概念。这里的“广义的物”应当是法学上的逻辑划分，即相对于主体的人而言，任何外在于人的没有意志的东西都属于客体的范畴，都属于物。同时，将著作权视为对物权的一种似乎违反了时序，因为在理论上这一概念的提出晚于现代著作权法的产生，但是由于这一概念是对著作权、物权与股权等一类权利共性的总结，其所表达的权利实质在现代著作权法成形时就已经作为事实存在，这一论断并不会显得不合适。更为重要的证据是，在知识产权法上存在“精神所有权”论。❶ 布莱尔大法官所引述的16世纪法国一位律师的观点更体现了对物权的鲜明特性：“书的作者是书的完全主人，并且有权对它随意处置。”❷ 如果将其中的“书”换为“财产”或者“物”，按照民法常识这一论断不存在任何问题。显然，所有权理论对著作权的塑造以及作品上的权利的稳定具有重要的示范意义。将精神所有权制度作为著作权制度的历史终结就是确认著作权法的全部本质在于对物权关系的建立，对物权关系是著作权法的完美形态。但是，由于是法律的拟制技术，对物权与著作权法的价值实现的对应关系就不得不令人反思。

另一个概念就是价值构造。据有限的资料查阅，价值构造概念是陈兴良先生创用的概念。“刑法的价值构造是从价值观念出

---

❶ 吴汉东．著作权法合理使用制度研究［M］．北京：中国政法大学出版社，2005：10.

❷ ［美］罗伯特·P. 墨杰斯，彼特·S. 迈乃尔，马克·A. 莱姆利，托马斯·M. 乔德．新技术时代的知识产权法［M］．齐筠，张清，彭霞，等译．北京：中国政法大学出版社，2003：274.

发，对刑法本原的一种哲学考察。”[1] 该概念产生的逻辑条件是：面对存在的价值冲突，法需要作出价值选择，即“通过人权保障机能与社会保护机能的协调；追求个人自由与社会秩序的刑法价值，最终实现刑法的公正价值，这就是刑法的价值构造”。[2] 此处的价值构造侧重于描述价值冲突、价值选择及其目标建构。冯晓青先生在分析知识产权法的理论框架和体系时借用了此概念，用以说明“整个知识产权法在价值构造上表现为一系列的平衡模式和与此相适应的制度安排”。[3] 此处的价值构造既描述知识产权法公平与效率的价值冲突与平衡，又描述制度结构的功能及其实现。[4] 两者共同的理论旨趣是运用价值分析方法描述法的价值目标，略微的差异在于研究视角：前者始终处于理论层面或者建构层面，后者则将研究视域拓宽到制度层面或者说兼顾事实。假使上述理解不致讹误，那么价值构造实质上是一个关涉建构性与事实性两个层面价值冲突及其选择（平衡）、价值目标及其实现等问题的概念。因此，著作权法价值构造的理论关切是建构性与事实性两个价值目标及其实现问题。

相应地，本书的论题是按照对物权关系设计的著作权法无法完全实现其建构性价值目标，因而需要以价值目标为指引建立对

---

❶ 陈兴良．刑法的价值构造［M］．3版．北京：中国人民大学出版社，2017：1.

❷ 陈兴良．刑法的价值构造［J］．法学研究，1995（6）：5-12.

❸ 冯晓青．知识产权法的价值构造：知识产权法利益平衡机制研究［J］．中国法学，2007（1）.

❹ 概念内涵的对比需要以同一分析框架为前提。从意义来看，刑法上的人权保障与社会保护两大机能和知识产权法的保护创造者与保障知识传播利用以及信息扩散，并促进经济发展和科学文化繁荣的二元目标处于同一层次；刑法上的公正性、谦抑性与人道性和知识产权法的公平与效率价值处于同一层次。

物权结构。诘难著作权法的关键在于价值目标的模糊性与对物权关系的控制性。著作权法的价值目标究竟是鼓励创造或者促进文化繁荣与进步，还是保护投资或者文化产业者的商业利益，众说纷纭，莫衷一是。更为关键的是缺乏令人信服的实证分析。对物权关系的控制性主要体现在三大要素的特殊构造上，即权利主体抽象化、对象构造类物化与权利对物权性。“精神同样可以通过表达而给它们以外部的定在，而且把它们转让，这样就可把它们归在物的范畴之内了。”❶ 具体来说：第一，著作权表达特定主体的权利与不特定主体的义务之间的平等人格关系；第二，著作权的对象脱离了主体进入抽象物领域，但抽象物仍然无法脱离“物”本体的窠臼；第三，著作权具有可移转性，至少是著作财产权可以由作者移转给商业传播者。

对物权结构并不是绝对法律关系或者物权法律关系的另一种表述。这种差异性主要表现在对物权法律关系与对物权结构的基本立场不同。受萨维尼法律关系学说将权利视为法律关系核心要素的影响，普赫塔认为“权利构成了法律关系的核心，法律关系是权利的复合”，在温德沙伊德之后，权利更是渐渐变成“私法的中心概念”。❷ 近来的观点趋向于“法律关系可以包含一个单一的权利以及与之相应的义务，也可以包含有许多以某种特定的方式相互结合在一起的权利、义务和其他法律上的联系……它的具

---

❶ ［德］黑格尔．法哲学原理［M］．范扬，张企泰，译．北京：商务印书馆，1961：59.

❷ 朱虎．法律关系与私法体系——以萨维尼为中心的研究［M］．北京：中国法制出版社，2010：81.

体要素有权利、权能、义务和拘束等多种多样的形式”。❶ 但是无论如何，法律关系所描述的是被法律规范直接揭示的特定范畴主体间的利益关系。典型的对物权法律关系即物权关系所描述的仅是物权主体与其他不特定主体这两个范畴主体关于物权法之物的利益关系。这些法律关系实质上是由一系列专门术语表达的应然利益关系及达到应然状态所配置的法律之力。相对地，对物权结构则具有网络性，既包含在场主体间的利益关系，又通过将遮蔽的作为公共利益代言人的“社会中的人”在场化，涵括其利益诉求。具体而言，在描述著作权人与使用者的利益关系时，必须考虑潜在社会公众的利益状态，将其作为公共利益的代表放置于利益关系中，以此作为对上述关系正当性评价的基准。对物权结构所承载的利益关系实质上直到“社会中的人”的利益诉求获得交往惯例与更新的知识观念的确证才能最终确定。因而，对物权法律关系是二元对立关系思维，也是静态思维；对物权结构体现的是一种基于关系本体论的思维，是三元或多元关系思维，也是动态思维。著作权法的对物权结构实质上是在表达如下命题：作者、传播者或者投资者、社会公众三个范畴主体通过这个结构来表达与实现利益诉求。

（二）论题的展开

为了有效验证论题，应当回答如下三个方面的问题。

第一，著作权法的价值目标。在客观意义上，“价值是客体及其属性在主体的实践活动中所形成的为主体服务的效果。”❷ 著

---

❶ ［德］卡尔·拉伦茨．德国民法通论（上册）［M］．王晓晔，邵建东，程建英，等译．北京：法律出版社，2003：261-262.

❷ 李德顺．价值论［M］．北京：中国人民大学出版社，2007：89.

作权法的价值就应当是著作权法在人们的实践活动中所形成的为主体服务的效果。在建构意义上，著作权法的价值目标是人们对著作权法的预期或者价值导向的追求，既包含人们理想的行为模式与社会秩序的构建，又包含通向理想的实践道路。现有的著作权法价值目标的探讨是否说明了著作权法的基本效用及其追求，人们在理解著作权法的目标时是否超越了著作权法的能力范围，著作权法价值目标的实际状态如何以及如何实现价值追求等，这些问题都值得进一步厘清。

第二，对物权关系如何偏转著作权法的价值目标，造成著作权法价值的虚无。一方面，需要深入考察与梳理对物权关系的主体要素、对象要素与权利内容要素的建构过程，以此揭示三要素与著作权法价值目标的理想关系以及可能包含的脱离创造性伦理的危险；另一方面，需要探索对物权关系的主体构造、对象特性与权利实现机制是否造成激励主体以及利益获得的偏离。在分析考察过程中，也需要实践活动的佐证，以说明这一结构确实有偏离甚至危害著作权法价值目标的危险。

第三，避免著作权法价值目标偏离的对物权结构如何设计。在分析说明著作权法对物权关系的危险性之后，就要以现实问题为出发点，揭示对物权结构的全部在场者。只有将对物权关系中的被遗忘者重新纳入著作权法的中心，并将其始终作为在场者来尊重与考量，才能全面改造现有的框架结构，削减对物权关系的僵硬性，然后结合现实合作经验等内容检讨促进知识传播并惠益作者目标的实现路径。

三、分析范式与方法

著作权从封建特权发展而来，已经成为社会秩序建构的重要组成部分。对此有两个认识视角：一是著作权以其鼓励创造的本质规定性逻辑地发展成人类生活的利益形态；二是著作权是偶然事件聚合起来的知识形态。这两种著作权法律史观直接影响对现代著作权及其改革的认识。所谓著作权的死亡与再生，均是不同知识史观的逻辑结果。因此，明确分析范式及适合该范式的分析方法对分析思路的融贯性具有重要作用。

（一）分析范式

人类历史观在根本上存在历史决定论，与反历史决定论两种相互反对的立场。反历史决定论其实也是一种历史决定论，即自由意志决定历史。❶ 因而，这种对立是历史规律与自由意志在历史中的作用的对立。马克思主义唯物史观以辩证法思想超越了历史决定论，指出：人们自己创造自己的历史，但是他们并不是随心所欲地创造，并不是在他们自己选定的条件下创造，而是在直接碰到的、从过去承继下来的条件下创造。❷ 而且，对马克思政治经济批判的哲学话语进行分析发现，“马克思著作中包含着丰富的反历史目的论、非线性时间观以及解构先验主体性的谱系学要素，因而是一种能够与后结构主义乃至后现代主义对话并对其超越的后历史哲学。”❸ 这种辩证法在宏观史观中更侧重历史发展规律的支配性，在微观史观中则更强调自由意志的有限优先性。

---

❶ 韩东屏．历史没有规律吗——驳反历史决定论［J］．武汉大学学报（人文科学版），2017（6）：47-57.

❷ 中共中央马克思恩格斯列宁斯大林著作编译局．马克思恩格斯选集（第1卷）［M］．北京：人民出版社，1972：603.

❸ 刘怀玉，季勇．从历史决定论到后历史哲学的谱系学与历史性社会结构辩证法——对政治经济学批判哲学话语当代意义的若干理解［J］．天津社会科学，2018（5）：4-9，29.

作为人文知识的著作权法有其自己的知识史。著作权法律知识史是微观史，因而更依赖谱系学分析。谱系学方法是一种分析社会现象的方法，最初由尼采提出，后由法国学者福柯加以运用和发挥，说明的是一个事物在不同条件下以不同的形式继续表现出来。[1] 福柯的谱系学“强调事件（événement）如何发生，而非把事件在时间秩序中连贯起来，更不是某种理念或通向某个终点的道路”。[2] 谱系学坚持“反形而上学，承认一种断裂的、偶然的、非连续性的历史观……并通过这些细节考察，显露出起源的异质性，把历史的不干不净之处、偶然之处、断裂之处显现出来”。[3] 微观事件的谱系学分析基于“力量—知识（Power/Knowledge）”框架。

其中，力量只是描述了微观社会中社会关系基于经济、技术、心理等知识而具有的不对等状态。这种状态会产生倾向性观念。反过来，倾向性观念又会以力量的形式发挥作用。必须明确的是，这种分析只具有微观层面的价值。知识要素总体上受制于社会发展阶段与条件。没有超越社会历史发展阶段的普遍知识。

而且，知识产权法史的分析已经体现了这种谱系学色彩。由现代反观著作权制度史，正史图景“是以创造为中心而建构的，它选择了第一部以创造者为利益主体的立法作为源头，以创造者的权利自醒为观念背景，并确认了知识产权制度发展过程中创造者始终保持的中心地位，以及知识产权制度始终保持的鼓励创造

---

[1] 金炳华，等．哲学大辞典（修订本）［M］．上海：上海辞书出版社，2001：1110.

[2] 钱翰．福柯的谱系学究竟何指［J］．学术研究，2016（3）：155-159.

[3] 郭彧．从知识考古学到谱系学——试论福柯方法论转向［J］．社会科学论坛，2010（9）：28-32.

的功能”。[1] 但是，这种认识是将人为的价值塑造与秩序建构上升为知识的结果。现代知识产权法并非对某种自然秩序的反映，且“一直到19世纪50年代前后才作为一个独立的法律部门而出现。在此之前，该法律不仅是未加组织的、开放的和非固定的，而且还存在着许多竞争性方法，它们都可以用来把那些授予智力劳动以财产权的法律组织起来”；之后，“现在为人所熟知的归类模式就已经完全形成”并成为“唯一可能的方法”。[2] 这一结论至少说明：现代著作权法作为保护智力劳动的一个方案，只是在彼时才具有“消灭其他一切替代方案”的比较优势，并拥有一些比其他方案更契合社会结构、文化与技术条件的结构或者概念。

因此，著作权法律知识是在传播技术与人文观念的整体背景下，从一系列偶然事件中聚合起来的知识。这些知识具有排斥反著作权法的力量，并推动著作权法的自我创生。谱系学分析所要揭示的是这些知识的偶然性，并通过偶然性而非必然性来解构由其产生的主导作品创作与传播模式的力量。相应的，在变化了的时代背景下，著作权制度的规范配置与结构形式就可能会被新的偶然事件推动。这一分析范式要求关注著作权法形成史中的偶然事件，以昭示著作权法当前面貌的相对性，并允许从当下的偶然事件中发掘实现著作权法价值目标的新要素，解释或改变著作权的结构。传播技术、社会文化等多因素形成的社会条件与偶然事件构成了著作权法价值构造的分析背景。

（二）分析方法

基于谱系学分析范式，偶然事件是揭示著作权法结构、制度

---

[1] 李琛．著作权基本理论批判［M］．北京：知识产权出版社，2013：18.

[2] ［澳］布拉德·谢尔曼，［英］莱昂内尔·本特利．现代知识产权法的演进：英国的历程（1760—1911）［M］．金海军，译．北京：北京大学出版社，2012：7.

与概念形成的关键节点。这些内容要求如下分析方法。

第一，溯因法。现代著作权法是通过一系列历史事件固定下来的人文知识。按照“力量—知识”框架，相应历史事件的知识要素最能说明著作权法的发生过程。在微观层面上，只有在著作权法的发生过程中才能理解独创性、思想表达二分法、合理使用、作者与表演者分离等著作权法的基本概念与制度，并彻底知悉著作权法规范的意义。在宏观层面上，著作权法的研究只有走进历史深处才能发现其价值目标、价值构造的一般方法，也才能发掘构造方法的局限性。溯因法旨在通过具有结果意义的现代著作权法追溯到典型案例、制度改革、文化运动等特定历史事件及反映该事件的人物、观点等，推测相关制度生成的知识观念，再现其中的博弈要点。现代著作权法生成的知识原因是解决著作权法危机的一把金钥匙。

第二，价值分析方法。著作权法的价值构造研究是价值哲学在著作权法领域的一个映射。劳动财产论、人格理论、激励理论等对著作权法的证明均是为著作权与价值目标之间的正当关联作的哲学尝试，在本质上属于支持著作权的伦理学论证。但是，著作权法的公共利益目标是先于作者利益的假设。价值分析的目的就是进一步厘清著作权法二元价值目标的内在关联，揭开著作权法美丽的道德面纱与温柔的利益陷阱，重新认识著作权与价值目标之间手段与目的的关系并反思现有规范是否满足人们的需要这一基本的价值问题。

第三，经济分析方法。著作权制度具有调整假设的作品市场的作用，是解决市场失灵的重要方法。运用经济分析方法对著作权制度进行分析能够清晰地描述著作权主体在市场中的利益状态与交易关系，阐释著作权制度的运行机制。与作品有关的生产者、消费者与社会公众在著作权制度调控的市场中进行生产、分配、交换与消费，实现利益需求，从而促进社会的总体福利增长。经济循环流量模型清晰地揭示了这种关系。运用经济分析方法的目的是揭示不同主体在市场中应为的行为，并发掘蕴含的利益需求，为规范配置与制度检验提供更加清晰的图景。

第四，心理分析方法。著作权法的根本目标是面向主体创造，通过激励创造实现社会的进步。虽然著作权法能够实现激励创造的目的尚未有直接的实证分析，但是这一观念启动了著作权法的统一化运动。任何创作都需要主体的心智投入，而主体的心智付出构成客观化作品的内在规定，也成为主体抽象化的基础。对主体创造的心理分析能够揭示主体具体运用心智、发挥智慧的心理过程，发现主体的伦理统一性，符合著作权法的理想图景。心理分析具有揭示著作权法保护主体的伦理属性的作用，因为任何简单或者复杂的人类活动，只要有人的心智参与，就会也应当获得他人的尊重和道义支持。

四、整体结构与创新

智力成果具有公共属性与私人表达性。著作权法规制作品市场应当兼顾公共利益与私人利益，这是著作权法价值选择的基本假设。实现双重利益的途径有两条：一是递进模式；二是平行模式。但是由于递进模式遮蔽了潜在的主体要素与目标要素，其对著作权法的目标实现并不总是有益的，并正使著作权法遭受诘问。只有回到著作权法利益格局，让对物权关系的不在场者出场，使对物权结构去蔽，才能重现著作权法的生机。

（一）整体结构

根据上述研究思路与方法，本书的整体结构是第一章阐述著作权法的价值目标，第二至四章详述著作权法对物权关系的主体要素、对象要素与权利要素，主要描述这些要素的生成过程以及内外部限定。第五章剖析对物权关系的危险性，主要说明这种法律关系与目标的偏离。第六章主要阐述改变这种危险状况的对物权结构。分述如下。

第一章主要阐述著作权法的价值目标。著作权法反映并遵从人们普遍的知识观念。人们对知识与主体关系的看法是知识具有社会性与表达的私人性，这可以从知识哲学、文化史等材料中获得启示。其中，社会性对应着公共利益，私人性则对应着可能的私人利益。知识观是著作权法价值目标的外部基础，利益关系则是其内部基础。著作权法旨在明确设置与有效协调知识的公共利益与私人利益。在这些相互渗透、相互转化的利益上，具体的法律调控模式有两个，我国现行著作权法选择了递进模式，并建立了对物权关系。

第二章主要剖析著作权法对物权关系的主体要素。著作权法的主体经历了从具体到抽象的演变。具体主体是法律成长早期为了激励特定行为而直接认定的主体，具有现实针对性。法律的成熟要求形式化与结构闭合，从而出现了主体的抽象化。在这一过程中，同时期的美学观念构成主体内涵建构的外在知识，推动了符合当时社会观念的作者概念的生成。但是，生成后的作者概念在某种程度上偏离了其所依赖的外部知识，一方面突破了阶层界限，扬弃了公法责任功能，强化了身份标示与知识交流功能，因而具有相对独立性，能够面对后现代主义的冲击；另一方面在面对集体创作、委托创作、雇佣创作等创作形式所蕴含的资本与创造、约定与法定、技术与智力的博弈时，多数著作权法将主体的伦理要素抽离，形成形式意义上的著作权法律主体概念。

第三章主要研究对物权关系的对象要素。著作权对象也经历了从个别到一般的发展过程。与主体要素的抽象化相似，对象内涵的收敛在不同法系经历了不同的正当性论证，但总体有经由人格的论证与经由财产的论证两分。在论证过程中，为了获得正当性，作品进行了自我限缩与抽象式扩张。作品的保护范围限缩在表达方式而非思想上，但是由于思想与表达区分的主观性，对表达的概括扩充了保护的范围。同时，与载体分离的作品被拟制为类物性存在。先于抽象化作品概念存在的载体控制观念自然发展到对抽象物的法律控制再到科技主导权。

第四章主要研究对物权关系的权利要素。著作权体系可以从两个角度来透视：在外部体系上，著作权从作者权出发，经过作品的关联点到达邻接权体系，再经过技术等其他关联点扩充到狭义的相关权体系，这种经由关联点的扩充构成著作权体系建构的开放性机制。在内部体系上，著作权（作者权）可以分为两个层次与三个维度：著作人格权与著作财产权两个层次；有形利用、公开再现与演绎权三个维度。著作权的边界通过合理使用、权利穷竭、保护期限、地域性、精神权利限制等划定，形成使用边界、与载体的边界、时空边界等。著作权通过私人实现、集中实现以及作为上述实现机制的物权性救济与债权性救济机制来实现法律预设的利益。通过这些机制，著作权法兑现了建构对物权关系时所承诺的公共利益和私人利益。

第五章主要从作品类物性的反噬与著作权至上主义的危机两方面来揭示对物权关系的危险性，即其与价值目标的背离。作品的类物性使得任何接近作品的方式都控制在著作权人手中。任何新的市场利益都理所当然地归属于著作权人，因为从对物的支配中可以逻辑地推导出对作品的全面支配。著作权至上主义的实质是将著作权视为有期限的无限制的财产权。这使得著作权的推理与保护规则倾向于将作品的全部剩余利益归属于著作权人，也使得限制体系逐渐膨胀。这种理念建立在将著作权视为对抽象物的支配权与绝对权的制度基础上，并获得了财产理论的支持。其经济根源在于产业组织者意欲通过财产权让与获得市场利益。至上主义理念过度强调著作权的自然权利属性，不利于文学艺术领域的创新与新兴产业的发展。

第六章从著作权法利益格局入手，根据关系本体论的基本观点，提出应当将代表公共利益的社会中的人融入著作权法对物权关系，形成对物权结构，使其回到著作权法价值目标的统御范围内。对物权关系之所以不能适应作品的广泛传播与利用，尤其是互联网环境下的传播，并非法律技术错误，而在于对物权关系自身的封闭。锁定权利主体与利益的关系后，主体毫无对价地享有利益，使得权利人在最初时期作出的义务承诺化为泡影。因此，需要在具体法律关系的分析上将社会中的人作为一个在场者，重申创作者、传播者与社会公众三方利益互为条件，使作者权与读者权或者使用者权直接对话，而不是仅将公共利益的制度设计作为著作权法正当性的前提，更不是仅停留在理念倡导上。根据对物权结构，作品仅是多方交流的一个媒介。为了对物权结构的实现，需要灵活运用自治与强制因素。

（二）创新之处

本书属于著作权法的认识论范畴，且不是摧毁式的重新认识，而是超越性认识。现有认识至少有如下两个方面：一是著作权法将主体与作品的关系设计为对物权关系；二是著作权法利益平衡被公认为一项立法原则与司法原则。这两方面认识各揭示出一个问题：就前者而言，虽然建构对物权关系时保持了克制、谨慎与内敛，但是容易出现路径与目标的偏离；就后者而言，如何认识作为司法原则的利益平衡。这些问题并非源于著作权法的固有缺陷，而是在从抽象关系转变为具体关系的过程中其他在场者被遮蔽。

本书依据关系本体论提供一种通过对物权关系、超越对物权关系的认知模式。这一认知模式的特点在于具体法律关系的构建在初始性意义上就以社会中的人的利益为尺度。个案规范本身就是创作者、投资者、使用者与社会中的人之间的利益权衡结果。根据这种认知模式，创作者利益的保护始终与其他个人的利益处于反对关系并被公共利益目标观照。司法意义上的利益平衡也始终以社会中的人为第三方，而非概称的公共利益。

这个认知模式并不否认作者与作品的关系，而是否认将这种关系视为一种必然关系，从而将作者对作品的宰制强化为一种当然的合理性。否认必然性的依据主要是经验材料所展示的著作权的某些偶然性与路径依赖的规训。这意味着著作权法对物权法律关系建构的过程中包含对解构这种关系的理解。

按照对物权结构这一认知模式，本书还有如下内容创新：一是在创作者与使用者的关系中，社会中的人始终作为一个评判双方利益关系的存在者，作品因而具有主体间性，只是主体交往的媒介或者说作品具有建构性本质。二是提炼出对应于自治与强制因素的自然使用与优先权规则、绝对权与相对权变奏规则，并视其为实现对物权结构的重要机制。

第一章

著作权法的价值目标

知识产权的对象是知识，著作权法的对象也应当是知识或者特定范围的知识。人们虽然对知识的存在与作用有直观感受，对知识作为高级力量形式有深刻认识，❶ 但是对知识很难通过定义加以把握。亚里士多德将知识分为三类：所有知识要么是实践的，要么是创制的，要么是理论的。❷《辞海》从存在形式解释知识："知识（精神性的东西）借助于一定的语言形式，或物化为某种劳动产品的形式，可以交流和传递给下一代，成为人类共同的精神财富。"❸ 按照经济合作与发展组织（Organization for Economic Co-operation and Development，OECD）的报告，知识可以分为事实知识（know-what）、原理知识（know-why）、技能知识（know-how）与人力知识（know-who）。其中，前两类知识是显性知识，是最接近市场商品或者适合于经济生产函数的经济资源，后两类则属于隐性知识。❹ 另外，按照属性和保护方法的不同，知识可以分为物化的知识、人化的知识、制度知识与知识产权四类。❺

这些观念的共同点是超越知识的存在形态，认为无论是内在于人的才能、经验，还是外在于人的表达都属于知识。著作权法

---

❶ 美国未来学家阿尔温·托夫勒将人类的力量分为三种基本形式，即暴力、财富和知识，并认为暴力是低级力量，财富是中级力量，知识是质量最高的力量。[美]阿尔温·托夫勒．力量转移——临近21世纪时的知识、财富和暴力［M］．刘炳章，等译．北京：新华出版社，1996：18-19.

❷ ［古希腊］亚里士多德．形而上学［M］．吴寿彭，译．北京：商务印书馆，2011：134.

❸ 夏征农，陈至立．辞海（第六版缩印本）［M］．上海：上海辞书出版社，2010：2441.

❹ OECD. The Knowledge-based Economy［R］. Paris：OECD，1996：12.

❺ 龙文懋．知识产权法哲学初论［M］．北京：人民出版社，2003：114.

选择外在于人的特定形式的知识为其对象，既是为了遵循法律调整的基本前提即人格平等，又具有深刻的目的性。如果人的才能、经验可以通过著作权法调整，对知识的法律之力就势必会指向人身。外在于人的知识可以脱离人身约束而跨时空传播。同时，特定形式预示著作权对象的边界，为人们的创作行为设置边界，释放自由空间。

作为对象的知识是引起知识产权法律关系发生的事实因素，是知识产权法律关系发生的前提与基础。[1] 该类知识是主体间利益关系的承载者，在根本上受制于社会普遍认可的知识观念。法律关系只是人们之间的这种利益关系的法律形式。通过对主体间利益关系的调整，知识产权法所要达到的目标是在符合人们的知识观念前提下最终实现不同主体的利益诉求。相应地，著作权法的价值目标就蕴藏在人们的知识观念与主体的基本诉求中。知识为公要求著作权法维护一个充分的公共领域，表达与传播为私则要求著作权法为正当的个人贡献与诉求提供保护。著作权法正是通过对上述价值的判断与取舍而追求社会价值或实效。这决定了著作权法的价值目标具有社会学意义。价值取舍的结果体现为对各方利益进行巧妙安排与平衡，从而体现通过法律的社会控制。

围绕作品的创作、传播、利用而形成的利益有如下几种划分：国家利益、作者和其他著作权人的利益、作品传播者的利益、社会公众的利益；作者的利益、作品传播者的利益和作品使用者的利益；作者的利益，出版者、销售者和作品的其他使用者

[1] 刘春田．知识财产权解析［J］．中国社会科学，2003（4）．

的利益，最终消费者的利益以及社会的利益。[1] 这些分类的共性是均包括以作者为主要代表的狭义著作权人的利益，以及出版者和其他传播者的利益。如果将第二类的“作品使用者”视为最终使用者，则实际上公共利益也是三者共同关注的焦点。[2] 在上述分类中，存在分歧的概念是使用者，第二类将使用者界定为最终使用者，第三类则将使用者界定为传播性使用者。前者为创作性使用者，后者为商业性使用者。[3] 不同类型使用者所涉及的利益性质并不相同。从立法宗旨看，我国著作权法所涉及的利益包括作者、传播者与社会公众三方主体的利益。其中，对作者利益的表述比较明确。虽然在 1990 年《著作权法》及其 2001 年和 2010 年的修正版本中没有明确表述传播者利益，而是采用了“与著作权有关的权益”的表述，但是从相关权益的具体内容看，四类主体均是传播者。而且，第三次修改的各个草案均明确表述为“传播者利益”，并没有接受商业软件联盟提出的“作品的合法使用”表述及其暗含的使用者主体。这一方面涉及“使用”的界定，另一方面涉及著作权法的利益选择。社会公众的利益则体现为文化发展与繁荣。因此，追寻著作权法的价值目标就是将社会知识观

---

[1] 冯晓青．知识产权法利益平衡理论［M］．北京：中国政法大学出版社，2006：21.

[2] 不过，如果不对使用者进行区分，就容易陷入一个误区，即将所有使用者的利益等同于公共利益，为使用者的上传、下载等侵权行为提供“公益”幌子。郑成思．信息、知识产权与中国知识产权战略若干问题［J］．法律适用，2004（7）．

[3] 张今教授以使用目的不同对版权作品的使用类型进行了分类，作者、出版者与使用者分别以各自的方式使用版权作品，作者进行创造性使用，出版者进行商业性使用，使用者进行消费性使用，创造性使用与消费性使用的主体是同一的。张今．版权法中的私人复制问题研究——从印刷机到互联网［M］．北京：中国政法大学出版社，2009：169-170.

念转化为著作权法律关系中的创作者利益、传播者利益与社会公众利益，对之进行排序与评价，使之符合社会预期。

第一节 著作权法价值目标的外部基础

人类实践的深度与广度决定了知识的厚度。以航海技术的发展以及随后的地理大发现、文艺复兴、科技革命等事件为开端，资本主义创造的生产力大大超过了此前人类社会的生产力总和。在宏观层面，人类知识增长所依赖的实践层次与领域得到极大的拓展，相应地，人类的知识领域像是打开了“潘多拉的盒子”，出现了知识爆炸的局面。在微观层面，知识进入主观世界需要独特个人在群体参与的社会实践中发挥作用。个人贡献最终形成具有属人性的知识。社会性与个人性构成知识的重要特性。知识的这种“波粒二象性”是著作权法二元价值目标的外部基础，同时也在著作权法上制造了永恒的知识公有与私有的边界难题。

一、知识的社会性

知识产生于社会化的生产实践活动。知识表达的形式是社会化的语言，这是知识具有社会性的重要契机。知识消费的对象是社会中的人，这是知识具有社会性的原因。虽然知识的表达逐渐从集体转向个体，精英人物在转变过程中发挥重要作用，但是知识的价值是由社会赋予的，表现出社会性特征。

（一）知识产生的社会性

在推进认识深化的过程中，相对于一个部门知识的外在知识能够提供有益的借鉴。虽然波普尔力倡多元论客观主义知识论，“把知识的客观性与其存在的独立性混同起来，把‘实在’范畴扩张为‘多元论’”存在值得批判的地方，但其关于科学问题、问题境况、理论成长等课题有许多合理的甚至精辟的论述。[1] 波普尔借鉴自然科学的进化论来研究客观知识的进化。人们根据常识经验提出具有普遍性的假设与推测，再通过实验、实践进行验证与修正，并总结为理论、规律与原理，然后接受新情况、新问题、新现象的挑战，形成理论的修正或新理论。不断在他人的基础上进行改进与创新，就可以将知识向前推进。“我们不仅是理论的创造者，而且是理论的消费者，如果我们要创造理论，我们便要消费他人的理论，有时也许要消费自己的理论”。[2] 知识进化论真实展示了学科发展的前后相继和知识演化的超越与颠覆特征，例如，爱因斯坦修正绝对时空观而提出相对时空观。先前存在的各种知识为人们的科学研究提供了知识储备与理论渊源。

知识产生的社会性决定了知识的意义只能在社会中寻找。知识产生于社会及社会实践的总结，对任何新知识的理解都要放置于社会实践中。从社会实践中的问题发掘新知识的普遍性与确定性，从社会存量知识中发掘知识的拓展性与继承性。无论是确定知识的谱系，还是检验知识的真理性，社会都提供了平台与标准。

我国学者在论述文学艺术的起源时多认为其起源于劳动实践。为了统一劳动步调而喊出的号子，为了庆祝胜利而喊出的胜

---

[1] 舒炜光．客观主义知识论［J］．中国社会科学，1986（6）：197-210.

[2] ［英］卡尔·波普尔．客观的知识［M］．舒炜光，卓如飞，梁咏新，等译．北京：中国美术学院出版社，2003：285.

利之音，为了减轻疲劳、活跃气氛而敲出的乐音，为了表达对诡秘事物的恐惧或者对鬼神的敬畏而表现的惊悚以及安排的祭礼，对劳动场面的描写等构成早期文学艺术的表现形式。❶ 如果没有社会性的劳动实践，没有表达感情、欲望与意志的需要，并指向娱乐、实用或者精神寄托的目标，这些知识就无从产生。选取文学艺术发展的任何一个时点，也能够发现其社会性特征。

在西方，基督教典籍具有重要的文化意义。基督教教义中存在很多关于知识源于上帝的告诫。这虽然是客观唯心主义知识观，但依然体现出源于上帝的知识具有众人共享的社会性思想。《旧约全书·箴言》直接说明了知识的来源："敬畏耶和华是知识的开端。愚妄人藐视智慧和训诲。"❷ "敬畏耶和华，是智慧的开端。认识至圣者，便是聪明。"❸ 既然人的智慧和知识来源于对上帝的敬畏，是"神既在古时藉著众先知多次多方地晓谕列祖，就在这末世，藉著他儿子晓谕我们，又早已立他为承受万有的，也曾藉著他创造诸世界"。❹ "基督教起初是作为一种异体在罗马帝国机体内出现和不断成长的，罗马帝国对它采取了拒斥的反映，自基督教形成至4世纪初，基督教处于非法地位，受到罗马政府的迫害。"❺ 基督教与罗马帝国的紧张关系注定了基督教的观念不能被当时的帝国确立为主流意识形态。但是，到了基督教以"普

---

❶ 周先慎．中国文学十五讲［M］．北京：北京大学出版社，2003：1.

❷ 《旧约全书·箴言》1：7。

❸ 《旧约全书·箴言》9：10。

❹ 《新约全书·希伯来书》1：1、1：2。

❺ 丛日云．西方政治文化传统［M］．吉林：吉林出版集团有限责任公司，2007：33.

救说、改变异教徒信仰的热情和十字军的好战精神”❶ 等特点获得对其他思想观念的胜利后，尤其是经历中世纪，基督教的知识观念作为西方社会的主流观念已经具有合理性。

（二）知识消费的社会性

知识产生的社会性决定知识展现出来的形式是社会可以接触或者理解的形式。知识表达需要运用特定语言，缺乏语言的中介，人们甚至无法思维，遑论知识表达。语言是社会化的，语言产生于人们交往实践中获求便利的一系列需要。❷ 约定俗成的语言作为交往的工具满足了知识在社会中跨时空传播的要求，也产生了知识在历时性上被社会认可、学习或者模仿的可行性。借助语言，知识可以在群体间进行交流、总结、提炼与升华，也可以为后来者提供创新的素材。随着交往范围的扩大，特定范围内的语言逐渐为更广泛的人群所熟知，人类知识的地域性越来越模糊。语言的存在使得知识的专属性受到破坏，知识可以为更多的人所理解与接受。正是由于语言，知识的社会性逐渐增强，知识具有了社会价值，才能为社会所消费。

知识的最大用途不是自己消费，而是由社会消费。波普尔使用蜜蜂的比喻来说明知识具有社会消费的特性。❸ 这一“蜜蜂理论”既适用于理论知识，又适用于文学艺术知识。每一种知识的创造者需要他人的“蜂蜜”保持体力，也需要供养“雄蜂”。作

---

❶ ［美］斯塔夫理阿诺斯．全球通史［M］．吴象婴，梁赤民，等译．北京：北京大学出版社，2005：289.

❷ ［法］孔多塞．人类精神进步史表纲要［M］．何兆武，何冰，译．上海：上海三联书店，1998：10.

❸ ［英］卡尔·波普尔．客观的知识［M］．舒炜光，卓如飞，梁咏新，等译．北京：中国美术学院出版社，2003：285.

为该特定知识的富有者，他的知识只有放诸社会才能获得分工价值，比如换取名望、地位、财富等。社会消费的途径是教育。知识富有者可以亲自授业解惑，也可以著书立说。早期的知识传承都是口耳相授。在古希腊时期，苏格拉底以口头辩论传播知识。我国春秋时期，孔子也多以言行教导众多弟子。借着这些内容以及由这些内容发展的知识体系，一代一代的学者们接受知识的启蒙，开创新的体系。知识的最大价值就是促进人类精神进步，知识消费的社会性满足这一需要。

二、知识的私人性

知识的私人性是站在认识论个人主义立场上的，并假定每一种知识中都存在个人贡献的成分。直观而言，没有人参与的知识无法进入人的主观世界。即便是内在于人的经验知识也需要参与者从实践中直接或者间接获得。没有对先在印象、体会与感悟的描述与表达，外在于人的知识就无法记载、传承与积累。而且，由于感性思维与理性思维的着眼点不同，人们的认识程度存在差别，不同的人具有不同的认知结构与知识体系，知识的丰富性才具有现实性。知识的发现与传播所需要的人既是社会性的，也是私人性的。只有掌握表达载体的人，才能使用社会化的语言形成知识。这一过程伴随着知识交流习惯的改变与知识传播的个人英雄方式。知识交流习惯在形式上界分了不同人的知识表达，使其自成一体。个人英雄方式使得知识传播依赖于“圣人体制”。

（一）交流习惯的改变

经过人发现的知识以不同的形态在社会中继承与发展。集体记忆的知识通过群体内的消化吸收、组合、改进与创新而流传。符号记忆的知识通过识别符号、保存记录载体而超越时空传承。

相比集体记忆的易逝、易改与对群体的依赖性，符号记忆能够精确、客观地记录知识，使得知识脱离主体。表达从口头到文字的转变，从集体记忆到个人表达的转变，其原因在于书写文化便利了知识积累、知识传递、知识记忆与抽象思维。❶

符号记忆的出现改变了人们的交流习惯。在集体记忆中，维系记忆的群体通常是一个封闭的生产实践单位，有威信的个人将发现的知识总结为一些口耳相授的格言、歌谣等，供群体消费，从而传诸后世。随着群体知识的交流，不同个人可以根据自己的爱好、情感、思索与经验进行有意义的改变，或者与时俱进地演绎知识，形成完善、丰富多彩的知识体系。在利用这些集体记忆的知识财富时，人们形成新知识的效率较高，方式也较灵活，掣肘因素较少。而当符号记忆出现后，个人通过符号来表达自己的思想观念、情感与意志，知识已经客观化、外在化，个人参与到他人的知识体系中的方式就只能是形成新的外在化知识，而不能在原作品上进行改动。这一方面在于外在化的知识已经“立字为据”，通过单个人的改变而交流思想不符合效率要求，即使在原来的载体上进行改动，也只能改变少数载体，如此只会混淆先前已经形成的个人化的知识；另一方面在于他人利用自己的表达方式参与知识讨论，会有更大的自由空间，形成有效的辩论。在哲学、文艺、科学等领域内的知识交流与批判通常接受这种对话形式。个人的口头辩论逐渐为跨越时空的书面辩论所取代。从集体记忆向符号记忆转变的典型例子是上古典籍的形成。上古时期的音乐、诗歌、鬼怪故事通常由后人使用符号予以整理，特定表达

---

❶ 肖尤丹．历史视野中的著作权模式确立——权利文化与作者主体［M］．武汉：华中科技大学出版社，2011：37-44.

由此固定。古希腊的《荷马史诗》、我国的《诗经》《山海经》等均是典型代表。这些作品的定稿人是最后的整理者，将集体记忆的口头文学转变成书籍。此后的注解就要标定区别，不同人注释版本的区别表征区分作者与注释者的创作习惯，是个体独立意识的彰显。

交流习惯的改变促成了知识表达的私人化。新的知识形式不再附着在先前的表达上，知识的外在个人边界得到确定。外在化的知识形式使个人能够对特定表达作出"这是我的"的表述，并记载于载体之上。以特定个人为限，他（们）的表达构成了私人化的作品。当郭颂等艺术家对《想情郎》《狩猎的哥哥回来了》等民族曲调进行改编创作并予以记录时，虽然按照现代著作权法的个人本位逻辑与我国保护民间文学艺术的基本政策，改动应当注明"根据赫哲族民间曲调改编"字样，但是郭颂改编的《乌苏里船歌》已经是独立的演绎作品。[1]《乌苏里船歌》不再附着在原作品上，与原作品的界限通过记录符号而变得泾渭分明，因而是一个私人化的作品。而且，由于知识形式具有客观外在的特点，知识交流习惯与独立的知识形式相互加强，促成了知识的私人化。

知识表达的私人化促使知识的继承与发展采取了知识谱系的方式。知识谱系可以被视为人们对一个问题或主题的思想、观念、意见与情感的总体系，是特定知识来龙去脉的记录。宏观的知识谱系包含对知识发展进程的综合把握，比如对我国现实主义文学与浪漫主义文学的源流进行考察就需要如此。在给出一个结

---

[1] 该案可以参见郭颂等与黑龙江省饶河县四排赫哲族乡人民政府侵犯著作权纠纷案［北京市高级人民法院（2003）高民终字第246号民事判决书］。

论时需要以代表性作品的出现作为实例，这就需要验证作品的真实可信度，以至需要把握微观的知识谱系。对此，一种有效的方式是按照作者记录知识的进程。在外在化的表达形式中，人们可以查阅、发现一个问题的最早发现者、最早解决者、系统改进者以及不同阶段不同方案的设计者等。作者有助于指称知识节点，也有助于检验文本的真实性与文本含义的理解。由于个人存在，一是可以通过他们的时代背景与言语及其思想观念来理解其所表达的具体含义，二是可以通过文本的语言风格、创作手法以及内容来辨识文本的真伪。因此，知识表达的私人化增强了知识交流的有效性与真实性，具有重大的社会价值。

（二）传承的个人方式

人类知识的起源是群体主义的，但是知识的传承常常藉着“圣人体制”。圣人既作为信仰的权威，又作为知识的权威而被信赖。圣人的知识传递具有“真理性”或“神授性”，这增强了圣人为“圣人”的力量。两者的相互强化保持了“圣人体制”的运行。具有权威性的阶层垄断着先进知识，得到先进知识的阶层会产生知识权威。

在原始人的思维中，“互渗律”发挥着重要作用，原始意识对现象之间的这些或虚或实的神秘联系表现出特别的注意。[1] 当无法将神秘现象相互联系时，人格神成为原始人对神秘力量的称谓。神的权威藉着对神秘力量的敬畏而被树立起来。原始人的巫师作为与神沟通的中介享有崇高地位，被群体信任，是最初的知识阶层，可以被视为“圣人”。代神传话的巫师们在主持人们的

---

[1] ［法］列维-布留尔．原始思维［M］．丁由，译．北京：商务印书馆，1981：69.

祭祀、婚丧、庆典等活动中创造了最初的艺术与知识，并通过特定的方式选择自己的接替者，使特定仪式、知识与艺术得以传承。甚至在人类文明的早期，人们如欲使自己的言行获得权威性，也需要借助巫师或者直接神授。苏格拉底在劝告人们时经常说是“神明指教了他”。[❶] 实际上，借助神而传承的知识是知识阶层——以巫师、圣人为主体——的智慧成果。

在人类文明的发展中，随着鬼神祛魅化，圣人不再依赖神而存身。人们的精神满足依托于新型“圣人”。春秋时期，“官学衰而私家之学兴，其所藏之书，亦多散布于人间”。[❷] 能够接触到藏书的人就垄断了知识资源，从而成为知识博学的“圣人”。他们在宣传自己的主张时，“经验主义导致了托古和借重权威，那些没有勇气用自己的名义建构某种学说的人，又想使自己的学说被社会所接受，于是写好著作便托名给已逝的权威”。[❸] 如果说我国的知识传播依附于先王昔圣，那么古希腊则是自己培养新的符合时代精神的圣人。古希腊人认为“戏剧中塑造的英雄集真善美于一身”。[❹] 这种观念决定了古希腊必然要出现戏剧作家这一类“圣人”。借助这些人物，人们分享正义与邪恶、英勇与怯懦、善良与恶毒、伟大与凡俗等观念，也继承德行与功利等知识。

“圣人体制”也具有促使知识表达私人化的作用。为了保持群体结构的稳定性与权威的形成，感受神的启示的“圣人”首先

---

❶ ［古希腊］色诺芬．回忆苏格拉底［M］．吴永泉，译．北京：商务印书馆，1984：2.

❷ 柳诒徵．中国文化史［M］．北京：东方出版社，2008：215.

❸ 李明山．中国古代版权史［M］．北京：社会科学文献出版社，2012：5.

❹ 马宁．著作权制度与作者历史地位的变迁［D］．北京：中国人民大学，2010：25.

是个人，而不是群体。来自神的教诲必然通过“圣人”来传递，向“圣人”学习意味着靠近神的旨意，“圣人”实际上成为知识传播的中心点。由于“圣人”至少可以说是神的意志利用了他的口，“圣人”的知识表达既代表着神的意志，也是“圣人”私人的，因而“圣人”成为知识的源泉。无论是我国古代还是古希腊，均有“圣人”收徒传道解惑的佐证史料。这也证明“圣人体制”运行良好。通过苏格拉底、柏拉图以及亚里士多德等或者孔孟、墨子、韩非子等的“圣人典籍”，人们可以获得教化，获得知识。虽然社会意识形态所接受的知识可能会对不同的知识褒贬不一，从而影响不同知识的发展，但是个人在知识中的贡献已经不可否认。个人在知识中的中介地位得到加强，有力地论证了知识表达的私人性，虽然这个私人具有崇高的身份。

随着知识的不断积累与广泛传播，知识的真理性不再需要外在权威，表达也成为普通人的基本权利，“圣人体制”逐步被作者体制替代，但是其中包含的表达的私人性被保留下来。作者表达的知识自然成为社会知识体系的一部分，成为社会交流的方式。当然，不同时代的文艺观念不同，对作者的认知也有所不同。20 世纪以来，从文艺创作者到大众化作者的转变，就是审美普及的结果。

第二节 著作权法公共利益的双重结构

著作权法的公共利益围绕知识的社会性展开。知识的社会性要求著作权法构建公共利益，保证社会公众能够自由接近知识。

但是，我国对著作权法公共利益的认识存在公共利益至上与公共利益虚无两种倾向。前者主要反映在司法领域，常见的理由是“避免社会资源浪费”“节约社会资源”“社会公众的利益以及公平原则”。在杭州大头儿子文化发展有限公司与央视动画有限公司著作权权属、侵权纠纷案中，二审法院进一步阐述了这一理由的法理依据：著作权法的立法宗旨在于鼓励作品的创作和传播，使作品能够尽可能地被公之于众和得以利用，不停止侵权作品的传播符合著作权法的立法宗旨和公共利益的原则。[1] 这意味着在维护公共利益时，可以径直绕过规则而向立法目的条款逃逸，因而是典型的公共利益至上。后者主要出现在理论反思中，例如，“知识产权制度原本有一个理想化设计……其基本构想是：通过知识产权促进社会经济、文化的总体进步，从而让全体社会成员受惠……但是，这种‘间接受益’很难被直观地感受，有的经济学家认为无法评估。”[2] 这意味着著作权法所宣示的公共利益处于被质疑的境地，因而导向虚无主义。这两种倾向都是对著作权法公共利益的误读，前者将导致著作权法规则适用的选择性，后者将产生著作权法正当性的衰减。认识与纠正这两种倾向的基本立场：一是坚持著作权法公共利益的实体性，因为这两种倾向的基本假设均是著作权法公共利益具有特定内涵与相对明确的外延。二是坚持著作权法法律价值的二元性，因为法律不仅能够促进一定价值，而且本身也体现特定价值，其中法律促进哪些价值实际上是法律的本质与目的问题。[3] 著作权法的立法目的与具体制度

---

[1] 参见浙江省杭州市中级人民法院（2015）浙杭知终字第358号民事判决书。

[2] 李琛．著作权基本理论批判［M］．北京：知识产权出版社，2013：44.

[3] 吴汉东．知识产权基本问题研究（总论）［M］．北京：中国人民大学出版社，2009：145.

分别代表著作权法所要促进的价值与体现的价值，其中属于公共利益的部分可以分为建构性公共利益与制度性公共利益。

一、著作权法的建构性公共利益

著作权法关于公共利益的直接的、宣示性的表述以及对此的评论研究通常是将著作权法与共同体的道德追求联系起来。按照这种思路塑造的公共利益是具有规划理想社会色彩的宏大愿景，包括自由、发展与进步等观念。

（一）建构性公共利益的法源

美国宪法为著作权法的定位，是向作者授予有限期间的专有权以促进“科学和有用技艺（Science and Useful Arts）”的进步或发展。这意味着授予作者此种权利是实现文学艺术进步的政策工具。因而，美国著作权法非常明确地表明了充分保护作者与促进知识和信息传播、使用、扩散的二元价值目标。[1] 在德国，虽然“应当从作者利益优先的角度出发，考虑社会公众、艺术和科学技术、消费者以及作品利用者等各方的利益”，[2] 但是维护公共利益的目标依然是明确的，其中包括丰富的文化生活与借鉴自由。《日本著作权法》第1条规定的三元目标，即文化财产公正利用、保护作者与邻接权主体的权利、促进文化发展。《韩国著作权法》第1条的立法目的也表达了“促进文化及相关产业的进步及发展”这一公共利益目标。我国著作权法价值目标的实证法基础是《著作权法》第1条这一“立法宗旨”条款。该条主要包

---

[1] 冯晓青．知识产权法利益平衡理论［M］．北京：中国政法大学出版社，2006：93.

[2] ［德］M．雷炳德．著作权法［M］．张恩民，译．北京：法律出版社，2005：59.

括著作权法所要调整的利益主体、对象以及基本权利、基本目标等内容，其首要特点也是“二元目标”，即保护文学、艺术和科学作品作者的著作权以及与著作权有关的权益等私益目标，与通过权利的赋予、保护促进有益于社会主义精神文明、物质文明建设的作品创作和传播等公益目标。上列各国和地区在公共利益的表述方面有两种方式：一是以人格自由为内核的表达（创作）自由；二是以共同体利益为核心的文化发展（进步）。部分表述涉及的知识（作品）传播（利用）这一具体目标是实现文化发展的中介性目标，也可归于此。其中的差异反映出不同国家和地区的人文主义传统的差异。

（二）建构性公共利益的内涵

显然，著作权法宣示的公共利益规划了一个理想的社会场景。与其他知识产权法相同，著作权法“为社会带来的知识产品会使人们达致一种优良的生活，它们自身的架构也会成为构筑理想社会的要素，从而把人们带入到一个公正的、有吸引力的理想社会”。[1] 这种社会理想关乎表达自由、知识传播以及文化发展与社会进步。

通常认为，“宪法意义上的表达自由包括创作自由、新闻自由、信息自由乃至传播自由。”[2] 对这种自由的理解有两个方面：从表达自由作为防御家长式或者道德主义的国家干预的角度看，表达自由是一项消极自由，旨在维护一个不受其他人不合理干预的状态。“自由是一个留给我们什么选择的问题，不管我们是否

---

[1] 张文显，等．知识经济与法律制度创新［M］．北京：北京大学出版社，2012：318.

[2] 吴汉东．知识产权领域的表达自由：保护与规制［J］．现代法学，2016（3）：3-15.

行使这样的选择。”[1] 在这一意义上，消极的表达自由暗含着对干预表达自由的正当性的关切，即如果不能对干预表达自由进行充分的正当性辩护，那么对表达的干预就是一种侵犯自由的行为。从表达自由作为一项人之为人的基本权利看，表达自由是一项积极自由。根据“当一个人只有在某种程度上可以有效地自我决定与决定生活的状态时才是自由的”[2]这类观念，表达自由应当包含对表达行为与实现表达目的的有效能力的关切，这意味着国家应当保障公民在最大限度内决定表达与否、如何表达、何时表达等自由。著作权法一方面采取权利的创作取得原则并不对作品内容进行审美、道德等方面的审查，以保障社会公众表达的消极自由；另一方面鼓励作品的创作与传播，为持续提升社会公众的表达能力提供知识资源。因此，在社会规划上，著作权法具有实现表达自由的制度旨趣。

在著作权法领域，知识传播主要表现为通过作品的传播。知识传播具有一个系统结构，需要知识生产者、知识传播者、知识传播内容、知识传播媒介以及知识传播的受传者等要素，与知识生产、知识消费等过程紧密相连。知识传播系统借助传播行为产生功能，正如评论指出的：

知识成果被社会成员生产出来以后，只是具备了被传播的物质基础和可能，但并不一定可以进入知识传播状态。只有知识生产者具有知识传播意识并实施了知识传播行为，或者这些知识成果被那些以知识传播为社会职业或乐趣或为实现某种知识传播目的的社会成员获得，并实施了传播知识的行为后，这些知识成果

[1][2] Taylor Charles. What's Wrong with Negative Liberty [C] // A. Ryan (ed.). The Idea of Freedom. Oxford: Oxford University Press, 1979: 75-93.

才真正进入了传播状态，也才获得了实现其知识价值的机会。❶

因此，促使知识传播的公共利益包含如下内容：促进知识生产者提供作品、促进知识生产者或专门的传播者向知识接收者提供作品，促进知识消费需求等。将著作权法的制定实施与知识传播连接在一起的假定是著作权法能够在上述方面作为知识传播系统的动力要素而存在，或者说立法者的假定是著作权法的权利及限制制度能够推动知识向公众扩散。

发展与进步是一个信念型概念。通常而言，进步最先是对人类知识拥有、积累与增长的一种乐观主义的精神与时代优越感的体现。知识进步是对知识进行评价的产物，其思维逻辑是：在特定价值目标的指引下，对知识的产生与发展历史进行梳理与细化分类，去除杂乱无章中相互冲突的个性，发现变化阶段与模式，产生对知识发展的总括式把握，形成一种线性思维观念，并将反思性的进步观念转变为一种内在的规律或者本质。因此，知识进步是一种表达知识内容向好、积极、善等方向转变的动态性、评价性目标。值得反思的是，从我国《著作权法》第 4 条所代表的普遍性出发，著作权法并未对作品的进步意义进行审查，因为无论是淫秽、反动等违禁作品，还是优质作品都可以获得著作权。维护文学、艺术与科学领域内的公序良俗只能依赖对违禁作品的行政与刑罚制裁，著作权法则无能为力。

二、著作权法的制度性公共利益

著作权法强调公共利益能够为社会公众共享知识成果提供基础，也有利于促进人格发展的机会平等。但是，著作权法的具体

---

❶ 倪延年. 知识传播学 [M]. 南京：南京师范大学出版社，1999：11.

制度设计天生包含公共利益与私人利益的纠缠。私人利益体现为围绕作品配置权利，维护公共利益的制度则主要由客体限制与权利限制两部分组成。客体限制包括以思想表达二分法为基础的内部排除与以不受著作权法保护的对象为主要内容的外部排除。权利限制则包括时间限制、地域限制与行使限制三个方面。行使限制还可以再分为法定许可、强制许可与合理使用等内容。客体限制与权利的时间限制旨在营造作品创作的自由，维护知识的公共领域。权利行使的限制旨在通过解决市场失灵、划定权利范围等方式促进作品的有效利用。

（一）知识的公共领域

公共领域是指“不受知识产权保护的内容”[1] 或者“基本上指不受知识产权（包括著作权、专利权、商标权等知识产权）保护的材料或者知识产权的效力所不及的材料的某些方面。它总是和知识产权或者私人财产权相对而言的，即对人类有价值的知识领域可以被分为知识产权保护下的知识领域和公共领域”。[2] 这实际上是将知识产权与公共领域视为一对矛盾概念，并从知识产权的反面来认识公共领域，强调公共领域实质上“是任何人都享有的信息使用范围，是可为无特权的特定人具体利用的不予个别考虑的事实”。[3] 在两者关系的理解上，存在两种观念：一是将知识产权作为公共领域的例外，这种观念具有知识产权发生学上的可

---

[1] James Boyle. The Second Enclosure Movement and the Construction of Public Domain [J]. Law & Contemp. Probs, 2003, 66 (1): 33-74.

[2] 王太平，杨峰．知识产权法中的公共领域［J］. 法学研究，2008（1）：17-29.

[3] Yochai Benkler. Free as the Air to Common Use: First Amendment Constraints on Enclosure of the Public Domain [J]. N. Y. U. L. Rev., 1999, 74 (2): 354-363.

能性。以版权制度为例，出版商版权转化为作者版权的结果是"版权成为一个在有限期间内与作品有关的无限制权利，而不再是无限期的有限权利。遗憾的是立法者排除了安妮法（1710年《在所规定时间内将已印刷图书之复制件授予作者或者该复制件购买者以鼓励学术法》，An Act for the Encouragement of Learning by Vesting the Copies of Printed Books in the Authors or Purchasers of such Copies，以下简称"安妮法"）或许已经暗示的构造一个有期限的有限权利的可取选择"。[1] 二是将公共领域作为知识产权的限制，即在逻辑上反转公共领域与知识产权的关系。这意味着知识以产权形式存在为原则，公共领域仅是为了保障知识产权的正当性而存在。后一观念在知识产权法的发展过程中逐渐占据主导地位，并与知识产权绝对化、知识产权限制体系日渐膨胀以及公共领域式微相互证成。因而，复兴公共领域者主张，必须始终把握两个最基本的原则：一是在疑难的侵权案件中，应作出有利于被告的判决；二是除非与之相对的公共领域也得到承认，否则，不应赋予任何新的财产权。[2] 自此之后，人们关于知识产权的理论认识与思考方式都发生了深刻变化。

著作权法上的公共领域最初与思想表达二分法相伴而生。在历史上，当文学财产支持者主张在知识上存在私人财产权时，反对者就主张知识共有。于是，文学财产支持者指出：

在某种意义上，图书是由思想、知识和情感所组成的。在另一层意义上，它在所印刷出来的书页上包含了物质性标记或者描

---

[1] Lyman Ray Patterson. Copyright in Historical Perspective［M］. NAshville：Vanderbilt University Press，1968：18.

[2] David Lange. Recognizing the Public Damian［J］. Law & Contemp. Probs.，1981，44（4）：147.

述。除此之外，作品还体现了第三种因素，它属于文学财产的专有领域。这就是作者用以表达其思想情感的体裁或者风格——“由于持续发挥心智能力而产生的一系列思想和表达”。[1]

将作品在观念上裂分为不同组成部分，满足了知识共有的需要，同时也保留了财产适用领域。由这一论辩发展出来的是作品本身包含公共领域，即李特曼教授所主张的公共领域。[2] 这一观点主张，作品蕴含的思想即使由作者通过表达首次展示出来，也不属作者专有，而应当归属于公众。

目前，著作权法上的公共领域可以总结为如下几个方面：著作权法实施前就已经存在的作品、保护期届满而失效的作品、著作权人有意放入公共领域的作品、因欠缺保护要件而不受保护的作品、应当由人类公有的作品及成分、基于合理使用而产生的公共领域。[3] 除了著作权人主动放弃权利外，其他类型的公共领域通常需要著作权制度予以保障。思想表达二分法、独创性、客体排除与保护期等均在公共领域维护中发挥重要作用。当然，这些制度也存在交叉关系。例如，《伯尔尼公约》第 2 条规定，日常新闻或纯属报刊消息性质的社会新闻不受著作权法保护，对立法、行政或司法性质的官方文件以及这些文件的正式译本的保护由其国内法确定。英国规定了议会法律的皇家版权制度。我国著作权法则明确规定这类文件不受著作权法的保护，且规定历法、通用数表、通用表格和公式也属于排除对象。将立法、行政或司

[1] ［澳］布拉德·谢尔曼，［英］莱昂内尔·本特利．现代知识产权法的演进：英国的历程（1760—1911）［M］．金海军，译．北京：北京大学出版社，2012：39.

[2] Jessica Litman. The Public Domain ［J］. Emory L. J.，1990，39（3）：965-1023.

[3] 黄汇．版权法上的公共领域研究［J］．现代法学，2008（3）：46-55.

法性质的官方文件以及这些文件的正式译本作为排除对象与将其他两类对象排除在外的理由不同。前者是公共政策的需要，包括无须为这些文件提供额外的激励机制、允许自由传播符合社会的整体利益；❶ 后者则完全可以用思想表达二分法予以解释。无论依据何种理由，结果均是将这些对象留在公共领域，不允许他人垄断。

（二）作品的有效利用

在著作权可控制的领域，著作权法也基于特定的政策目标规定了限制。这种限制的第一种情形是合理使用。合理使用的正当性体现在美国版权法的四要素与《伯尔尼公约》、TRIPs 协定的三步测试法中。我国《关于充分发挥知识产权审判职能作用推动社会主义文化大发展大繁荣和促进经济自主协调发展若干问题的意见》将两者结合起来，提出四要素是三步测试中不损害性判断的参考要素。由此可见，合理使用的一些特例，包括促进商业和技术创新，充分保障人民基本文化权益等情形，通常以不损害性作为正当性依据。不损害性的实质是不损害预期利益或者对预期利益的损害具有正当性。这包含两个方面：一是惯例性使用。通常而言，合理使用规则的形成有来自惯例的力量。在美国，图书馆合理使用在很大程度上就是由于图书馆与出版业在 1935 年有一份君子协定：只要是为了研究目的且图书馆未从中获利，就可以单独制作一份复印件以代替借阅或者手工抄写，而要打破这种惯例需要国会立法。❷同时，设置或者陈列在室外公共活动场所的

❶ 崔国斌．著作权法：原理与案例［M］．北京：北京大学出版社，2014：247.

❷ ［美］保罗·戈斯汀．著作权之道：从谷登堡到数字点播机［M］．金海军，译．北京：北京大学出版社，2008：69，99.

雕塑、绘画、书法等艺术作品的临摹、绘画、摄影、录像人，可以对其成果以合理的方式和范围再行使用，包括以营利为目的的再行使用，不构成侵权。其理由就在于：这一规定既符合《伯尔尼公约》规定的合理使用的基本精神，也与世界大多数国家的立法例相吻合。[1]国际惯例虽然在使用目的、对象与方式等方面存在差别，但是依然成为著作权人所遭受的损害不具有现实性的重要阻却事由。二是基于特定价值考量的使用。著作权法既要满足文艺发展的需要，又要满足后续创作，因而需要为个人学习研究、课堂教学与科学研究以及滑稽模仿、互文等文艺创作方式设定合理使用。著作权法还要保障公众知情权，考虑人道主义精神与民族政策，因而需要为此作出限制。此类使用的不损害性与其说是不产生损害，毋宁说是两害相权取其轻。即当合理使用的特例包含更具有优先性的价值追求且对著作权人的损害较小时，对著作权进行限制就具有正当性。这两种类型使用的豁免在一定程度上释放了使用作品的约束，对作品利用效率的提高具有显著的积极影响。

基于特定政策目标进行限制的第二种情形是法定许可。在作者私益保护与公共利益的促进上，法定许可追寻了一种中间路线，即在纠正交易成本过高引起的市场失灵、防止机械复制权垄断或者便于和促进音乐作品的传播等以传播为内容的公共利益目标上，著作权人对作品的控制权受到了限制或者弱化，但并没有丧失报酬激励，从而既保障了传播市场的资源配置，满足了公众

---

[1] 最高人民法院关于对山东省高级人民法院《关于山东天笠广告有限责任公司与青岛海信通信有限公司侵犯著作权纠纷一案的请示报告》的复函［（2004）民三他字第5号）］。

的合理需求，又使作者获得了传播带来的应有利益，实现作者利益与公众接近作品利益的适当平衡。弱化控制权并不会损害作者利益，而只是作者利益保护的替代性方案。按照著作权法的结构安排，作者对作品拥有一种类似物权的对物权，这种权利的控制性不言而喻。实际上，在作品上设置控制权的目的是让作者获得与传播者进行权利交易的筹码，最终是要通过市场实现财产利益。就实现最终目标而言，保护作者利益的形式不是仅有控制权，合理的获得报酬权同样是可取的。因此，为了公共利益的法定许可是对传播者自由付费使用并便捷地提供作品的保障，是为了促进传播而设计的规范，也是实现作者利益的重要制度。这种制度通过转换著作权性质与授权模式，解决了越来越复杂的作品传播问题，使得法定许可的主旨向促使作品的有效传播方向发展。

三、双重公共利益的沟通机制

著作权法的制度设计围绕知识的公共领域与作品的有效利用这两类公共利益展开，著作权法建构性公共利益包括创作自由、作品传播与文化进步等。那么，两者是什么关系就是一个重要问题。制度性公共利益蕴含创作自由，创作自由蕴含建构性公共利益，因而制度性公共利益与建构性公共利益处于由创作自由作为推力的差序格局中。

（一）制度性公共利益蕴含创作自由

公共领域在知识表达的私有性与思想的公共性之间打入一枚楔子，以防止思想垄断，并为不同作者的言论表达提供了自由空间，包括主题、思想、事实、概念、科学原理、方法以及情感等。接近公共领域的方式以作品为接口，通过作品融入知识网络。以艺术作品为例，海德格尔（Martin Heidegger）认为其基本特征是建立一个世界和制造大地。[1] “作品存在就是建立一个世界”的原因是“作品让存在者与非存在者共同现身在场，并在这一共同在场中体现为因缘整体，体现为关联统一体，并将这一统一体的气象风神带上前来”。“大地”是“一切存在者的非现成存在状态，也就是他后来所用的‘遮蔽’一词”。[2] 基于这样一个特性，作品实际上是放置在一个相互关联的整体中并结合非存在者来理解的。在这些意义空间内，每个人都可以通过实践或者学习来直接或者间接接近。通过这种理解，人们可以获得作品的意义，并进一步从中获取思想的启发、创作经验的思考。

人们在既有知识的指导下可以进行新的实践。生产实践、社会关系实践与精神文化创造实践为人们提供了认识对象的场域。在探索新世界的过程中，人们对通过科学实验发现新物质、新工艺、新材料等的过程与方法进行描述，就是在对自己的实践活动进行记录与总结。记录的内容既可能构成科学作品、事实作品，又可能构成文学作品，这取决于实践活动的性质。在个体层面上每个人都可以依据自己的实践，融合独特的体悟，描述自己的感觉、感情与理解。因此，以实践活动为中介的主客观统一是丰富表达生生不息的源泉，公共领域保障了这一活动的有序开展。

伴随着对既有知识的学习、解读与吸收以及新实践，作者可以运用自己的智慧取材或者描述，表达自己对知识的评价或演绎出新知识，也可以利用、借鉴创作方式与思想进行新的意境营

[1] ［德］马丁·海德格尔. 林中路［M］. 孙周兴，译. 上海：上海译文出版社，2004：34.

[2] 刘旭光. 海德格尔与美学［M］. 上海：上海三联书店，2004：187.

造，表达自己的情感、评判、观念与意志等。在知识的前后相继中，新颖性的思想与方法也可能会出现，进而增强自由表达空间。根据这些内容与既有方式进行创作无所禁止，可以千变万化。通过不同的表达，人们能够享受到不一样的明月、不一样的边关、不一样的江南、不一样的古都。因此，以作品为切入点，以思想为自由领地，人们的创作可以不受其他人在思想层面的阻碍，从而可以达至消极的创作自由。同时，著作权法在作品使用上为个人学习、研究设计了合理使用。这意味着人们可以通过他人作品来实现在知识方面的自我提升与教育，发展自己的心智与能力，形成创作的新力量，从而在作品的创作中达到自我决定、从心所欲，实现积极的创作自由。

创作自由与产权激励的结合对思想或作品的传播具有显著的积极作用。创作自由以知识的公共领域为保障机制，以同一思想或主题的不同表达为形式，可以为作品的丰富提供条件。同时，知识传播的动机理论认为动机可分为经济、权力、关系和成就四类，相应的组成因素包括薪酬奖励、货币报酬、预期货币报酬、感知的组织奖励、预期组织报酬、联合报酬系统、互惠、成就感、工作责任、获得认可、工作自主权、晋升机会和工作、挑战性、社会交往、受人尊重和自我实现、获得承认的充分性、报酬公平性、自我效能感或自我价值感、结果期望、预期关系、预期贡献、公平、创新和归属感、利他心理、助人为乐感、所有权优势地位等。[1] 在这些复杂的因素中，著作权法提供的产权制度至少为经济激励、署名产生的成就感以及创新和归属感提供了条

[1] 陈则谦．知识传播及其动力机制研究的国内外文献综述［J］．情报杂志，2011（3）：131-137.

件，可以作用于传播机制。

因此，著作权法在促进作品传播的过程中，向社会公众提供了多样化的作品。由于作品本身具有社会性，多样的知识学习机会是社会公众融入知识的社会网络的起点。以此为基础，社会公众结合自己现有的知识结构对新接触的作品进行解读，吐故纳新，产生新知识。在著作权法的框架内，新知识又可以得到有效传播，以至无穷循环。可以说，著作权法在促进私人利益的同时，丰富了公共利益的内容，为社会公众提供了知识资源及接触机制。

（二）创作自由蕴含建构性公共利益

文化进步、观念培育等是对知识的价值评判或者功用的描述，由于著作权法对作品的价值、质量等内容采取中立态度，其与著作权法的制度性公共利益之间存在鸿沟。为此，著作权法的唯一选择就是通过维护制度性公共利益为上述价值的实现提供条件。沿着创作自由的思想，可以发现与创作自由有关的德行。“公共领域的自由争辩——没有内外障碍的自由争辩——是我们达到合理观点的可能性条件。”❶ 通常，在作出最初的表达时，人们对内容的逻辑性、论据的可靠性、关于前人作品解读的可接受性等容易处于一种相对封闭的、自我确证为正确的偏见之中。只有将创作公开，在相互自由的攻击与辩护中才能促进观点的合理性，并推进对真理的认识。“理越辩越明”即是如此。公开、丰富的知识表达对真理获知、观念塑造具有重要价值。在实践中，只有充分地论证、讨论与传播具有正义性的政治理念，政治文明

❶ ［挪］G. 希尔贝克，N. 伊耶．西方哲学史——从古希腊到二十世纪［M］. 童世骏，等译．上海：上海译文出版社，2004：309.

才能经历去粗取精、去伪存真的过程，日益深入人心，成为人们心中的正统观念与精神信仰。

在著作权法框架内促进创作自由并推动表达丰富多样的背后，无法否认按照“大数法则”可能会产生符合进步要求的结果。每个人都享有表达的自由空间，社会人的才智汇聚至少增加了产生有价值知识的机会。丰富的知识表达扩大了作品样本，具有创意的、特色鲜明的、充满哲理的、社会进步指向性的作品产生的概率就会增加。有调研显示：当版权保护期届满时，受版权保护的图书只有5%还在印刷发行中。[1] 假如用长期需求作为高质量作品的评价指标，那么著作权法毕竟对产生高质量作品有一定的作用，因而对促进文化进步也有可测量的影响。对著作权法促进知识进步的考察应当在这一层面上来理解。可以说，著作权法的公共利益包含孕育知识进步的基因。

创作自由也蕴含代际公平。从文艺哲学看，作者创作是在他人的经验、知识基础上的再创作，是一个“六经注我”的过程。大到伟大的发明，小到一个解决问题的方案，都包含着他人智慧的结晶。知识的增长表现为不断的积累。既然在某一个时点的作者是基于他人的知识进行再创作，那么该作者就无权阻止他人基于其知识的再创作，否则就会剥夺后人平等享有社会资源的权利，产生代际不公平。

因此，知识在个人与社会的互动关系中产生与发展，形成一个形式闭合但内容开放的系统。作为调整作品创作与传播关系的著作权法通过私人利益的维护与限制来实现公共利益的维护这一

---

[1] 世界知识产权组织．版权产业的经济贡献调研指南［M］．中国版权保护中心，译．北京：人民出版社，2018：35.

目标，并推动互动关系的动态发展。著作权法通常在立法目的中宣称促进创作自由、作品传播与文化进步，在维护公共利益的制度设计上却以知识的公共领域、使用作品的公共利益为中心。制度性公共利益与建构性公共利益处于差序格局中。著作权制度直接推动制度性公共利益的形成，知识的公共领域与作品的有效利用可以直接保障创作的消极与积极自由，并为作品传播提供条件。创作自由推动表达的丰富与合理观点的产生，隐含以“大数法则”为基础的文化进步。因而在观念上，应当避免以建构性公共利益为基础突破著作权法的具体制度，也应当避免以制度性公共利益为基础使著作权法变得平庸化。

第三节 著作权法私人利益的双重结构

作品在观念上有四个层次：第一层次是作品的载体；第二层次是作品的表现形式，即文字、线条、色彩与声音等；第三层次是划定著作权最大保护范围的抽象表达或称为实质性表达；第四层次是作品表达的思想、事实与情感等。这四个层次递次抽象化。其中，固定载体与复制载体在质上是相同的，均包含所有权的因素。[1] 思想等不属于著作权法的保护对象。第三层次以第二层次为基本范围，并包含价值判断，尤其是在演绎权存在的情况下。由表现形式构成的比喻给出了一个观念框架，

[1] 郑媛媛．论著作权法的价值选择——以作者的法律地位为视角［D］．北京：中国人民大学，2011：48.

"长期以来，人们对艺术作品的描绘就活动在这个观念框架的视角中"。[1] 而给出这个框架的主体正是创作者。表现形式与知识表达的私人性与此相关。著作权法中的私人利益围绕知识表达的私人性而展开，也就是围绕表现形式而展开。在私人利益的框架内，首先，表现形式的载体影响知识分工，进而决定私人身份的分化；其次，私人利益的内容也随着人们关于表现形式的观念而发生变化。

一、著作权法中的创作者利益

对创作者利益的理解应当放在更宽泛的范围内，将特定作品与特定创作者连接起来的社会观念就包含创作者利益，可以视为创作者身份利益。而且，创作者的身份利益是其经济利益的基础。这种身份关系在作者概念之前被认为包含在署名人这一事实概念中。现代著作权制度在这种事实基础上为创作者增加了对其作品的专有利益。如果采取一种新模式，新的权利类型也可以视为在身份关系上附加了另一类型的利益。这作为著作权法的历史抉择，是特定时期不太糟糕的选择。对现代著作权法上的创作者利益的理解应当遵循创作者身份利益与专有利益相结合的基本思路。

（一）创作者对作品的身份利益

创作者对作品的权利与对作品的责任同源，源于"作者和作品的天然关系"这一观念。[2] 将创作者与作品之间的关系界定为

---

❶ ［德］马丁·海德格尔．林中路［M］．孙周兴，译．北京：上海译文出版社，2004：4.

❷ 肖尤丹．历史视野中的著作权模式确立——权利文化与作者主体［M］．武汉：华中科技大学出版社，2011：77.

身份关系似乎与传统的著作人格权观念有较大差异，也与民法的“身份”术语大相径庭。版权法系的“著作人格权”通常藏于可以为创作者提供保护的普通法中，1988 年《英国版权法》第 77 条有限地规定文学、戏剧、音乐或艺术作品作者和电影导演享有表明作者身份的权利，❶ 这是传统著作人格权之组成部分，但是用语是“身份”，而不是人格。作者权法系的著作人格权具有深厚的自然法传统与人文精神底蕴，深受康德、黑格尔哲学的影响更成为本源性的权利。在这里，首先需要确定的逻辑前提是著作人格权中的“人格权”是否可以等同于民法上的“人格权”。姑且不论具有永久存续性的著作人格权与民法上人格权的差异，单是考察两者的内涵与外延就会发现其中的问题。民法上所谓的人格权“是一种受尊重权，也就是说，承认并且不侵害人所固有的‘尊严’，以及人的身体和精神，人的存在和应然的存在”。❷ 或者，“人格是主体实践或形成自己的意志的资格，由人格要素组成，是人格要素的总和”。❸ 人格权应当立足于人格构成，即人格权所关注的是人存在所需要的精神和身体要素，这些要素是人享有自由的资格。“身份权乃存在于一定身份（尤其是亲属）关系上的权利，如配偶间的权利、亲权等。”❹ 著作人格权包括表明作

---

❶ 本书所引用的国外著作权法文本参考了《十二国著作权法》（十二国著作权法［M］.《十二国著作权法》翻译组，译．北京：清华大学出版社，2011），并核对了英文版。

❷ ［德］卡尔·拉伦茨．德国民法通论（上册）［M］．王晓晔，邵建东，程建英，等译．北京：法律出版社，2003：282.

❸ 李锡鹤．民法哲学论稿［M］．上海：复旦大学出版社，2000：183.

❹ 王泽鉴．民法总则［M］．北京：北京大学出版社，2009：136.

者身份权、保护作品完整权等。[1] 两者均建立在创作者与作品的稳定关系上。表明作者身份权旨在固定创作者与特定作品的关系；保护作品完整权是在创作者与作品关系固定下来后，保持作品的稳定性，保证这一关系的实质内容不发生变化。相比于将著作人格权视为人存在的精神要素或者资格，将其视为表明创作者与作品身份关系的权利更符合立法本意。不过，这里的身份不是亲属身份，而是拟制身份。诚如斯言，“我国的著作人身权并非人格权概念，而是身份权”。[2]

创作者与作品的身份关系通过创作者在特定作品的载体上署名予以明确，并通过保护作品完整予以维持。署名虽然表现在载体上，但并不是对载体的占有或者对作品的占有，而只是将创作者与作品的隐蔽关系公开化。署名除了通过载体指向无形作品，告知创作者姓名、笔名或者其他特定符号之外，没有任何其他内容。如果将署名理解为物权法上的占有，实际则是在署名所表达的身份关系上增加了控制内容。将署名与占有等同起来无疑是扩大了署名所包含的利益内容。身份公开的方式可以类比物权法上的占有、交付或登记等方式，但是两者之间具有非常重要的差

---

[1] 《伯尔尼公约》在精神权利部分没有规定发表权。因为发表权涉及著作权人与著作财产权的被许可人或受让人之间的利益平衡，特别是英美法系国家认为，这一权利将与当事人之间的契约约定产生冲突（陆义淋．著作人格权之比较研究期末报告［R］．台北：“经济部智慧财产局”，2011：9）。郑成思先生对这一问题的说明是：发表权应当由法院在发生纠纷时进行灵活处理；赋予作者发表权，会使许多版权纠纷难以解决，甚至影响版权制度的有效性。基于第一种原因，很多国家地区没有规定发表权；基于第二种原因，规定发表权的国家和地区也明文规定了对发表权行使的限制（郑成思．版权法［M］．北京：中国人民大学出版社，1997：138-139）。实际上，发表权是按照物权关系拟制的作者对作品的控制权之一，将其作为与另外两种权利相并列的权利，混淆了权利产生的基础。

[2] 杨立新．人身权法论［M］．北京：人民法院出版社，2006：874-880.

别：一是后者的公示方式指向特定物，前者则通过对载体的作用指向无形的作品；二是后者通常作为确权依据，且与物在事实上的可控性相结合，可以成为财富的象征，前者只具有表明主体与作品对应关系的作用，是获取各种经济利益的前提。

身份关系产生利益的场景是创作者成就了知识与权威相结合的社会机制。通过身份关系的中介，作品明星可以过渡到创作者明星，并产生“马太效应”。创作者在特定载体上表达其与作品的关系能够表明或者确定其对知识世界的贡献，也便于考察知识的发展历史与不同时期的思想流变，对于解读知识与社会的关系也具有关键作用。这些观察所倚重的身份关系是支持创作者进入“明星体制”，获得社会认可或者“扬名立万”等功利观念的阶梯。即使创作者追求纯粹知识，社会所给予的认可与评价也是不因其个人意志而改变的。社会为每一个人的这种身份关系赋予一种或然利益，即个人能够从知识中获得荣誉与认同。这些认同成就了知识领域的权威，也带来了知识传播的“马太效应”，是特定身份利益的来源。

在人权昌明时代，社会对身份关系的维护也表达了对创作者的尊重，因为任何创作者都不应当被迫表达与自己不相关的思想、观点、信念与情感。允许其他人打破身份关系，随意变动作品或者在作品上署他人姓名，无疑是让未经创作者认可的一些内容打上创作者的标签传播出来，损害或者不正当地利用创作者声誉。国内对禁止冒名存在一些争论。[1] 但是，其实质不是否定创

---

[1] 王迁教授认为假冒署名不构成署名权侵权［王迁．署名三辨—— 兼评‘安顺地戏案’等近期案例”［J］．法学家，2012（1）.］。但是在一些案件中，法院将其认定为侵犯署名权。参见上海市第二中级人民法院（1994）沪中民（知）初字第109号民事判决书；上海市高级人民法院（1995）沪高民终（知）字第48号民事判决书；北京市第二中级人民法院（2010）二中民终字第5274号民事判决书。

作者身份利益，而是保护署名的法律适用问题，即是将创作者身份利益保护或者对创作者的人格尊重的一部分放在姓名专用权范围，还是统一在著作权法内。或许恰是这些争论，更加明晰了创作者身份利益的完整内涵。

（二）创作者经济利益的直接基础

创作者的经济利益并不是创作者身份的应有之义，也不直接源于作者概念的功能。从作品创作与知识传播的历史看，首先是载体所有者享有经济利益。将这种经济利益论证为作者专有权需要三个步骤：第一，作者在作品中具有独特身份；第二，只有依据这种身份才能够分配经济利益；第三，作者获取经济利益采取专有权的形式。虽然现代著作权法中的经济权利有劳动财产论、人格理论、抽象物理论等将作品视为“物”——无形物或者人格物——的理论的支撑，并将作品论证为具有支配性的经济权利的客体，但这些论证只是为现代著作权提供正当性说明或者是对既有规范的道德补救，即缘何现代著作权法采取支配权的形式保障作者经济利益，并没有提供第二层次的分析，即缘何作者依据特定身份能够获得经济利益。从作者身份关系出发，作者能够分配经济利益的直接基础是正义的道德直觉。

在私法理念上，“只有当原告和被告在一个单一和连贯的正当理由结构中连接在一起时，人们才能够弄明白从败诉的被告到胜诉的原告资源直接转化的实践意义”。[1] 在作者与传播者之间也存在这样的正义结构，使作品传播的利益能够在两者之间进行分配。正义的道德直觉告诉人们一种正义观念，即任何人不能完全

[1] ［加］欧内斯特·J. 温里布. 私法的理念［M］. 徐爱国，译. 北京：北京大学出版社，2007：59.

独占利用他人资源而创造的利益，只有对获得的利益在有贡献的人之间进行分配才符合正义。否则，有劳无获者将会有一种被剥夺感。产生这种剥夺感的心理基础在于对资源的占有欲。人们对于资源的控制与交换构成生活的基础与中心。占有欲驱使人们在生产、生活中不断地扩大对资源的占有，并通过资源的交换将对自己效用最大化的资源据为己有。由于人们需求的不同，不同类型的资源对不同的主体具有不同的效用。从马斯洛（Abraham Maslow）的需求层次理论看，在低层次的需求满足后，人们会追求更高层次的需求。越高层次的需求，越能体现精神消费的特征。当人们的需求逐渐得到满足时，精神需要就会逐渐成为新的需求，与精神需要有关的资源就会显现出重要性。由于知识具有社会性，知识资源对最初“占有者”即创作者的效用无法被直接发现，而被传播者发掘出来后，对资源的占有欲就会使人们将这些资源视为一种有益资源，进而希求获得一些对价。因此，基于一些源头控制或者载体控制，人们会在他人创造效用的基础上完成占有欲向现实需求的转化，并且这确实有坚实的实践基础。

作品资源能够获得认可得益于国家与私人两个层面的推动。著作权法就是创作者，传播者与社会公众在国家主持下达成的对价，即国家在认可知识资源的价值后主持达成“确认、制定、许可的、调整知识活动各方法律关系的、符合各类不同知识活动主体之间自由的‘对价’与衡平条件的‘社会契约’”。[1] 国家认可当然取决于政治目标、文化政策与公共利益等因素。私人之间的谈判是资源价值评估体系得以形成的决定方式。最初，传播者

[1] 徐瑄．知识产权对价论的理论框架——知识产权法为人类共同知识活动激励机制提供激励条件［J］．南京大学法律评论，2009（1）．

通过传播活动获得丰厚的利润，创作者所得的只是事先约定的微薄的报酬。但是，随着创作者进入“明星体制”，报酬成为创作者利润的源泉。这些资源要素的价格最终取决于双方的谈判，考虑因素包括国家主持的对价契约与市场竞争状况以及附加在作品上的额外因素，比如创作者影响力、作品的公众接受度等。动态来看，立法认可演绎权，创作者的控制范围就扩大到演绎作品的传播上。同样，随着信息网络传播的出现，创作者的控制就扩大到新的环境。新的资源又可以在私人之间进行配置。

现代著作权法为自发配置作品资源的市场机制提供了制度规则。美国自 1790 年以来的著作权法理念即“著作权是一部涉及公共场所与商业利益——图书的零售、剧本的公共表演或者对各类表演摄制电影、进行电台或者电视广播——的法律”。[1] 公共场所的运营者与商业利益的获得者作为中介商，维持着现代著作权法的运行。著作权体系是对作品这一生产经营要素的控制形式，每一种权利都对应一种控制方式。只要创作者牢牢控制作品生产的中间商，著作权人就能够以生产经营要素按照生产函数要求相应价值。虽然“作者应尽可能适当地参与分配其作品所产生的经济利益，参与分配的思想被限制在涉及作品中介活动所带来的经济利益上”，但是最终消费者也间接包括到这一等级体制中来。[2] 最终消费者向著作权人缴费的方式是通过中介商中转的。由于无论是作为生产要素的作品还是作为消费要素的作品，都可能具有相同形态，表示经济利益正当性的方式只能寻求外部约束方式，

---

[1] ［美］保罗·戈斯汀．著作权之道：从谷登堡到数字点播机［M］．金海军，译．北京：北京大学出版社，2008：7.

[2] ［德］M．雷炳德．著作权法［M］．张恩民，译．北京：法律出版社，2005：77.

中介模式恰好可以提供这种便利。中介商的生产经营领域可以用来划定著作权的正当性场域，生产活动可以用来揭示作品作为生产要素参与分配的实质。如果作品使用在消费领域或者由最终消费者利用，不再投入生产，则就不具有产生经济利益的正当性。以经济领域和行为性质来界定经济利益的范围是规则基础。例如，虽然唱片公司已经出让了唱片载体的所有权，但是如果购买唱片后用于商业营销活动，而不是用于自己欣赏，作品使用依然处于生产经营领域，购买者就要为使用生产要素的行为支付对价。在著作权法中，生产要素不是有形物的一次性买断，其具有可复制性，每一个复制者在市场中传播作品就是对生产要素进行使用。大型商场使用音乐作品的行为虽然不以传播为目的，但是构成向不特定主体传播作品，属于商业性使用。网络体系试图打破这一界限，直接面对消费者进行收费，并将对付生产经营者的手段与方式使用在消费者身上，这就发生从中介模式向直接交易模式的转换。这也是最终消费者利用他人资源获得精神满足的付费机制，符合正义的道德直觉。

因此，作者经济利益的直接基础引导著作权法走下“鼓励创造”的神坛，步入“分配利益”的俗境，其价值原则从创造伦理走向分配伦理。[1] 同时，作者经济利益的直接基础也反映出著作权法与现代著作权的支配权性质并没有必然关联，著作权法应当从自然法的神坛，走入实证法的俗境，其价值原则应当从绝对权利走向灵活的利益结构。

---

[1] 李琛．论知识产权法的体系化［M］．北京：北京大学出版社，2005：116.

二、著作权法中的传播者利益

传播者并不是著作权法上的专门用语，将其全部纳入一个类型的关键在于其利益实现机制是相同的，都通过市场运作机制来获得利益。至于其利益享有的基础是契约还是专有权则不是区别的重点。国内外学者将传播者所享有的权利与邻接权等同起来，已经遭到评论者的质疑，并指出从主体来论证邻接权的缺陷。[1]其实，传播者是非常广义的概念。口头传播者可以通过物理场所控制即在场权来促成契约利益的实现。传统的出版商与作者通过契约达成传播合意并享有自己的利益，我国规定了出版社的版式设计权，出版商的利益有了专门权利的保障。表演者、广播组织者与录音录像制作者在传播活动中通过契约获得使用作品的权利并享有相关权（作者权体系）或者版权（版权体系）等专门权利。提供新的传播方式的数据库制作者、信息网络服务商等享有的权利在不同的国家则有不同设计。对权利性质的探讨实际上已经落入权利正当性的问题领域，如果从法律分配利益的角度看，则不需要梳理传播者享有利益的内在统一性。

（一）传播者的构成

最早的传播者是独立的手抄工或者拥有大量手抄工的书商。在古罗马除了贵族作家外还存在自由职业者，他们的作品就是通过手抄工或者书商进行传播。[2] 在中世纪，修道院、大学周围的手抄工已经是最初的专业传播者。当然，将手抄工作为纯粹的出

---

❶ 刘洁．邻接权归宿论［D］．北京：中国人民大学，2011：77，81-82.

❷ 马宁．著作权制度与作者历史地位的变迁［D］．北京：中国人民大学，2010：21-22.

版者或许并不恰当，因为手抄文本既有知识内容，又有手抄形式的审美、抄写者的个性等因素，在抄写的同时传递着艺术审美，甚至在印刷术应用的初期，出版商仍不忘在印刷本中增加精美的插图与手绘。❶

从 15 世纪中期到 18 世纪初，印刷出版史清晰地表明，书籍的印刷出版以其质量的稳定与传播的标准化而成为传播的重要途径。印刷术提高了作品传播的效率，使得作品传播者成为关注的重点。“印刷术所引起的变化是，审查重心由作者转向了印刷者。”❷ 既然需要控制的是印刷者，出版者的义务与垄断利益就捆绑在一起，形成以出版者的保护为基本格调的规制体系。

随着传播技术的发展，传播者的范围逐步拓宽，一种新的传播方式对应一个新的产业，从而出现一批新型传播者。首先出现的是录音技术。录音实际上是将作品的现场表演活动记录在一定载体上，使表演能够跨越时空传播。录音技术产生两种关系：一是录制者与作者、表演者的关系；二是录制者与录制者的关系。这种关系的处理方案是将录制者纳入著作权法。其次出现的是无线电技术。虽然无线电技术的出现并没有立即引出著作权法上的问题，但是随后的远程传输极大地拓展了作品的传播范围，广播电台通过机械播放音乐、定时播放戏剧或者戏剧化表演等与现场表演出现分庭抗礼的局面，两者的利益纠葛就需要著作权法予以调整了。而且，当其他“海盗电台”随意转播或者播放电台的合法节目时，对电台的保护需求也就出现了。相比之下，电视技术

---

❶ ［加］戴维·克劳，保罗·海尔．传播的历史：技术、文化和社会［M］．董璐，何道宽，王树国，译．北京：北京大学出版社，2011：115-117.

❷ 易健雄．技术发展与版权扩张［M］．北京：法律出版社，2009：10.

只是将作品的表现方式从听觉元素扩展到视听元素，其对著作权法的影响就小了许多。最后是互联网技术。互联网的出现改变了作品的传播方式，扩大了作品的传播范围。以有形载体表现的作品在互联网传播中由同一的不同排列的数字形式构成，脱离了有形载体的束缚，作品的传播更加快捷，公众因此能够在网络遍及的范围内获得作品。著作权法相应地创设“避风港规则”“红旗规则”及“间接责任规则”等。

以上的简略回顾是从技术角度来看待传播主体的，关于技术与主体的生成关系只属于社会学意义上的观察。只有这些连续不断的生长还不足以满足法律的需要，无法彰显人们在追求知识时所持有的普遍性观念的霸气与豪气，也会被视为幼稚。法律作为社会现象的控制方式应当立足于抽象化与体系化，这样才能更具有稳定性与周延性。抽象既要有其他学科的辅助，也要有本学科的独到评判与逻辑。

研究传播学的学者认为，随着机械复制时代的出现，艺术作品的传播出现了两种形态：复制传播与演绎传播。[1] 这一论断只是单纯从传播技术引起的传播形态变化来总结，并没有考虑作品观念，所以还可以融合观念因素来认识全部作品的传播。而且，这一划分将变与不变作为一对范畴，体现了矛盾律的基本要求，在逻辑上是比较完整的。以原作品为参考标准，添加了被社会观念认为是二次创作行为的传播就是演绎传播，反之则属于复制传播。对演绎与复制的理解要放在社会观念背景下的原因在于不同国家的不同历史时期的社会观念所认可的创作标准是不同的，比较典型的例子是浪漫主义时期与现代关于创作与剽窃尺度的把握

---

[1] 陈鸣．艺术传播——心灵之谜［M］．上海：上海交通大学出版社，2003：26-32.

就有明显的不同。这将社会观念作为调节装置植入著作权法，能够保持著作权法的时代性。

不可否认的是，这一划分欠缺主体观念的介入。无论是复制传播还是演绎传播，划分的前提只能是在客观化的精神意志范畴内。只有对以特定符号表达出来的作品，才能判断一项相关行为是否构成同质复制、异质复制、转换性使用或者演绎传播。即使演绎传播需要人的参与，在客观化的表现形式没有形成之前，演绎过程没有结束，演绎传播也就无从谈起。表演得再惟妙惟肖的“模仿秀”达人也不能被视为复制传播的载体，因为“有理性之物是以自己为目的而存在”。❶ 没有理性的存在者只具有相对的价值，只能作为手段，人是理性存在者，人只能被作为目的，而不能作为手段。既然人不能被视为事物，与人的语言、行动等有关的行为传播与人不可分离，那么这些传播形态也就不能被视为事物，而必须被人的价值吸收。

因此，整体来看，传播者应当有两个层次：第一层次是行为传播者与载体传播者，第二层次是对载体传播者的再分类，即复制传播者与演绎传播者。这些传播者在著作权法上的地位被分为如下几个部分：行为传播者主要是指表演者。在第二层次的传播者中，复制传播者包括出版者、录音录像制作者与广播组织等邻接权主体，也包括数据库制作者、网络传播者等新兴主体；演绎传播者则被视为演绎作者。如此安排一方面取决于著作权法的历史传统与制度惯性，新兴主体的法律地位悬而未决，因而只能拟制；另一方面也取决于著作权法特有概念的内涵，所以演绎传播

❶ ［德］康德．道德形而上学原理［M］．苗力田，译．上海：上海人民出版社，2012：40，43.

者以再度创作具有独创性为由获得了独立的作者地位。不过，在著作权法范畴内谈论传播者，应当遵循著作权法的基本界定，仅涉及邻接权主体以及一些被视为传播者的新兴主体。

（二）传播者的利益实现机制

传播者实现利益的途径是使用作品。与消费性使用者不同的是，传播者使用作品的目的是使作品广为周知，而不是学习、欣赏、娱乐等文化产业上的消费目的。传播者使用作品需要特定的技艺与资本支撑。即使是书本的抄写工也一定要有熟练技能与美观字体，才能获得传播者的青睐；即使是拙劣的表演者也需要通过技艺来传达作品的信息。传播者使用作品也需要垫付著作权成本、载体成本等来保证作品传播的正常进行。现代著作权法上的传播者主要是利用技艺、资本等来传播作品的主体。传播者使用的有些作品可以是替代性的，比如教科书或者对某些理论的解说文字等。但是，传播者使用的作品并不总是具有竞争性的。这有两个方面的影响因素：第一，由于作品传播遵循“明星体制”，名人作品具有垄断性，且为传播者所看重；第二，著作权法要求作品具有独创性，虽然题材、情节、思想、主旨等可以具有相似性，但是表达风格与个性不同，读者的审美感受也不同，这就决定有些作品是不可替代的。因此，传播者使用的作品并不同于普通产品，也不同于稀缺资源。

传播者传播作品需要借助市场。市场是指“某种物品或者劳务的买者与卖者组成的一个群体。买者作为一个群体决定了一种产品的需求，而卖者作为一个群体决定了产品的供给”。[1] 随着人

---

[1] ［美］曼昆．经济学原理（微观经济学分册）［M］．梁小民，梁砾，译．北京：北京大学出版社，2009：71.

们消费层次的提高，文化消费的需求决定了一个巨大的买者群体。为了满足人们的文化需求，社会组织文化产品的供给，从而存在巨大的卖者群体。同时，基于文化消费的特性，一部分消费者进行了作品创作，履行着人类知识传承与创新的使命。这一类消费者构成作品要素的控制者与出售者。除了通常生产需要的物品、劳务与资本外，传播者为了出售作品载体或者提供劳务也需要作品要素。传播者与文化消费者（创作者）构成这个市场的买者与卖者。两者是经济活动中成千上万参与者按照身份划分的经济主体。两者组织经济活动的方式满足经济学中的循环流量模型（见图 1-1）。

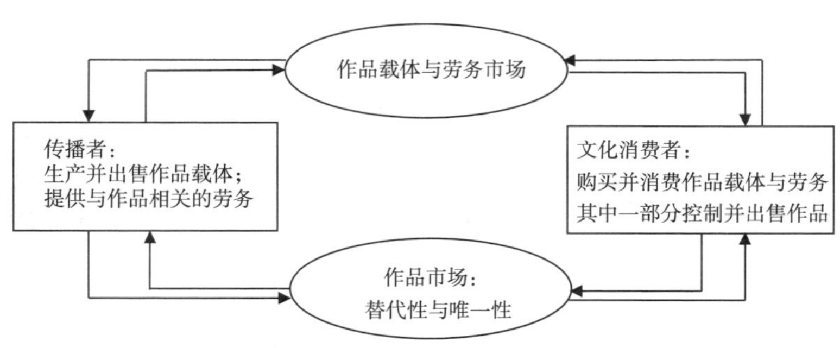

图 1-1　著作权市场循环流量模型

在图 1-1 的流程中，内部循环表达的是作品要素从文化消费者到传播者再到文化消费者的过程。外部循环表达的是金钱从传播者到文化消费者再到传播者的过程。以一篇论文写作为例，为了收集研究资料与素材，创作者利用之前出让或者许可传播者传播其作品而获得的报酬从传播者及其代理人处购买作品要素，或者从图书馆借阅图书，而这些素材也是传播者从其他的创作者及其代理人处利用其他购买者支付的报酬受让著作权或者获得许可才予以传播的。当然，这个流程还需要其他要素以及经济主体的参与，例如，纸张、颜料、印刷设备等物质要素，印刷商与编辑等参与者。只是这些要素与主体可以被视为与买者或者卖者有委托、雇佣、所有等法律关系，从而被缩略为买者或者卖者的代理人或者构成要素。

在传播者的生产过程中，如果传播者获得作品资源的成本是沉淀成本，传播者为了获得生产者剩余的最大化，就必然要在出售的物品或者劳务的价值量与其他生产成本之间保持最大的价差。其办法有：第一，最大可能地增加作品的销售，这表现为出版名人作品、打造畅销书等；第二，最大可能地缩小作品的其他成本。在传统模式下，作品的消费与作品的载体无法分离，作品传播的数量与作品载体的成本相关，这些成本与著作权成本相比并非微不足道。在互联网环境下，作品的最终使用已经可以脱离载体，甚至脱离传统意义上的传播者，作品传播成本主要是著作权成本与制作成本等沉淀成本，每一个新的传播收益都会摊薄著作权成本。相比之下，在其他条件无法通过传播者的努力予以改变时，提供作品使用服务是传播者获得生产者剩余的最有效的方法。

为了鼓励传播者传播作品并保障这些经济利益，著作权法赋予传播者诸多权利。包括复制权、发行权、信息网络传播权等。在我国《著作权法》第三次修改中，表演者的出租权也被建议规定进来。这些权利是为解决作品传播外部性而设置的。随着传播技术手段的便捷，传播者的产品或者服务很容易被他人利用，从而需要外部性内部化的方法。对于公共产品供给的外部性问题，政府有两种应对办法：一是自己提供公共产品以满足公共需求；

二是通过特殊的控制手段激励私人组织公共产品供给。[1] 设置传播者权利就是激励私人组织公共产品供给的方式。

第四节　著作权法价值目标的实现模式

按照美国社会法学家庞德对利益的划分，作者利益与传播者利益是个人利益，是以个人名义提出的，直接涉及个人的“要求、需要或者愿望”；社会公众的利益属于社会利益，是“直接涉及文明社会的社会生活并以这种生活的名义提出的要求、需要或者愿望”。[2] 这里的社会利益就是著作权法上的公共利益。只有社会利益的实现可以同时实现个人利益，个人利益的实现能够满足社会利益的需要，才有跨越公共利益与私人利益的道路：第一条道路是递进模式；第二条道路是平行模式。我国著作权法采取第一条道路，设计了相应的权利结构。

一、目标实现的递进模式

现行著作权法的目标通常采取公共利益与私人利益的平衡架

❶ 吴汉东教授认为，政府对知识产品市场进行干预的特殊的公共政策有两种：一是政府自己提供知识产品；二是政府对私人提供的知识产品给予补贴［吴汉东．利弊之间：知识产权制度的政策科学分析［J］．法商研究，2006（5）．］。笔者认为，除了补贴之外，还有一种政府管制手段可以运用，同样可以解决外部性问题。只是不同的政策在不同环境下存在不同的成本—收益比。

❷ ［美］罗科斯·庞德．通过法律的社会控制·法律的任务［M］．沈宗灵，董世忠，译．北京：商务印书馆，1984：37.

构。立法与学理研究均证实：著作权法的价值目标不是作者至上或者一元的，而是二元或者多元的。❶ 不过，公共利益与个人利益具有先后次序。德国著作权法非常注重保护作者利益，甚至将作者利益的保护作为第一位目标。我国也有类似观点："包括中国著作权法在内的世界各国著作权法，首先就是要保护作者的利益，以鼓励他们创作更多的有利于社会发展的作品。"❷ 这种观点即著作权法价值目标实现的递进模式，可以概括为公共利益为体，私人利益为用。值得说明的是，这种模式只是在著作权法中视产权为重。从整个法律体系看，外在于著作权法的公民基本权利、文化权利通常优越于著作权，但是这种优越性是外部优越性，在著作权法内通常缺少一种权衡框架。

（一）公共利益为体

公共利益为体是指著作权法的最终目标是实现公共利益，或者公共利益在著作权法上具有最高、终局价值。由于著作权法公共利益具有双重结构，这种公共利益实际上存在两个层次。一方面，著作权法的初衷是通过赋予作者与传播者以私利，激励他们向社会提供更多的精神产品，从而实现知识的积累与增长。如果能够创作的个人将自己的智慧贡献到社会，整个社会就会有丰富的智力成果。在这一层面上，现代著作权法构建了实现公共利益与私人利益同构的制度体系。或者说，著作权法保护创作者与传播者利益与促进作品的创作和传播是并行不悖的，对个人的保护符合公众的整体利益。❸ 但是，公共利益与私人利益非此即彼，

---

❶ 萧雄淋．著作权法论［M］．台北：五南图书出版股份有限公司，2010：61. 冯晓青．知识产权法利益平衡理论［M］．北京：中国政法大学出版社，2006：93.

❷ 李明德，许超．著作权法［M］．北京：法律出版社，2009：22.

❸ 崔国斌．著作权法：原理与案例［M］．北京：北京大学出版社，2014：1.

著作权人利益的扩张就会带来公共利益的限缩，从而使私人利益与公共利益处于一种潜在的冲突中。由于私人利益作为手段受到制度强化，警惕公共利益被侵夺就应当成为一种常态化的著作权法检修机制。

另一方面，在描述公共利益时，无论是著作权立法还是评论研究都遵循规划主义，即通常从整体上来说明公共利益，将著作权法与共同体的道德追求联系起来。社会规划论的核心是著作权“为社会带来的知识产品会使人们达致一种优良的生活，它们自身的架构也会成为构筑理想社会的要素，从而把人们带入到一个公正的、有吸引力的理想社会”。❶ 我国《著作权法》第 1 条、《日本著作权法》第 1 条以及《韩国著作权法》第 1 条都反映了社会规划的理想图景。只不过，理想场景的实现与著作权法的关系无法确证，对两者关系的解释有多种可能性。整体上，将著作权法与政治观点直接连接起来的考察过分地夸大了著作权法从赞助体制❷发展到市场体制❸的功能。赞助体制的主导者是贵族及有产者，市场体制的主导者则是传播者与社会公众，两者相比，市

---

❶ 张文显，等．知识经济与法律制度创新［M］．北京：北京大学出版社，2012：318.

❷ 郑媛媛博士曾引述国外的资料论述了席勒接受赞助的情况（郑媛媛．论著作权法的价值选择——以作者的法律地位为视角［D］．北京：中国人民大学，2011：67），洛克在《人类理解论》的献词中所表明的他的图书创作与出版的情况正是赞助体制的一个缩影（［英］洛克．人类理解论［M］．关文运，译．北京：商务印书馆，1959.）。这丰富了李雨峰教授所提到的前著作权时期的赞助体制［李雨峰．论著作权的宪法基础［J］．法商研究，2006（4）.］。

❸ 所谓的“市场体制”应当是麦考利所说的“版权是对读者施加的一种税”的具体运作环境（李雨峰．著作权的宪法之维［M］．北京：法律出版社，2012：9.）。读者通过市场购买作品，支持作者创作。

场体制只是解放了作者或传播者。其实，社会规划的场景缺乏逻辑证成，只成为一种可能的发展方向。“文化的发展与繁荣”等规划目标必须通过差序格局才能显现出来。

（二）私人利益为用

私人利益为用是指著作权法赋予私人对作品的利益只是一种手段。这一手段既是为了捍卫私人的表达自由与人格尊严，又是为了实现上述公共利益。在论述私人利益的保护上，哲学与经济学均提供了丰富的思想基础。其中，最能反映私益为用思想的是功利主义哲学的论证。

功利主义思想有激励论与新古典经济学证成两个部分。“激励论是要在知识产品的使用和激励之间进行平衡，而新古典经济学证成则是要创造出并完善关于知识产品的所有潜在市场。”❶ 在功能上，激励论主要是论证将产权赋予特定主体的功利目的，而新古典经济学证成则要尽可能地扩展产权的效力范围。反映功利主义思想的典型代表是美国宪法的“知识产权条款”。按照激励论思想，国家赋予作者一定期限的专有权是为了鼓励创作者创作，产生更多有益于社会进步的作品，国家以社会公众的暂时牺牲换取更多的文学、艺术与科学成果，以供社会公众使用。按照新古典经济学证成的思路，市场需求形成的市场力将有效地吸引有价值的作品创作，市场规则应当保障创作的各种资源供给，并按照投资收益原理，将产生成果的所有权利与收益分配给贡献者。现代著作权法为了保障应分配利益及其救济，采取了产权模式。

---

❶ Maureen Ryan. Cyberspace as Public Space：a Public Trust Paradigm for Copyright In a Digital World［J］. Oregon Law Review，2000，79（3）：647-720.

功利主义旨在论证私益的工具性，忽略了私益本身的内部结构，更具体地说是没有区分创作者利益与传播者利益。在权利转让体制下，由于事实地位的不平等，创作者利益保护容易出现缺失。我国虽然在著作权立法时关注创作者权益的保护，但是关注点是创作者的权利范围。比如，在《著作权法》第三次修改的草案中，复制权被修改为包括数字化在内的任何形式，发行权内容增加了其他转让所有权的方式，出租权客体增加了包含作品的录音制品，播放权与信息网络传播权的真空地带包括定时播放和转播等得以补充。为了保护视听作品的原作创作者、编剧、词曲创作者等的利益，《著作权法》第三次修改的“第二稿”与“第三稿”中均规定了创作者的报酬权与二次获酬权。实际上，真正需要关注的不是创作者的权利范围，而是权利贯彻执行的效果。如果一次获酬能够保障创作者正当利益的实现，则完全不需要增加第二次获酬；或者如果创作者能够从集体管理组织处获得正当的报酬，则也不需要增加其他的获酬权利。

另外，私人利益为用也依赖一个识别利益性质的机制。掌握大量资源的传播者能够根据著作权法的公益目标来成功应对权利人的收费需求。我国从 2001 年《著作权法》将录音制品的付酬办法授权国务院另行制定到《广播电台电视台播放录音制品支付报酬暂行办法》出台，用时整整 8 年。该办法出台后，执行效果如何仍待考证。细究可以发现，这实际上是创作者与传播者的私人博弈。或许，需要深刻体悟郑成思先生所提出的将使用者利益与公共利益，或者更进一步将著作权人、传播者、使用者与公共利益区分开来的建议与对策。

二、目标实现的平行模式

美国版权法作为宪法知识产权条款的具体化，直接受制于知识产权条款。在制度理想上，版权及其开放式限制体系成为实现宪法知识产权条款的两翼，两者并未固定地处于先后次序中，而是平行地作为公共利益的实现手段，是谓平行模式。在这一层面上，与著作权人的利益处于同一位阶的不是公共利益，而是社会中的其他个人利益。社会中的个人利益构成著作权法的全部目标。需要强调的是，之所以称为制度理想，是因为美国版权法在实质上甚至沦为跨国机构运用公权力建构的国际规则的母版。政治学观察表明：

围绕它（版权）而展开的夺取更多控制权、所有权、管理权的战争，从未停歇……大概可分为下列几个步骤：第一个步骤：发出警报……第二个步骤：向英国王室、英国国会、美国国会呼吁……第三个步骤：为执法部门的工作煽风点火、出谋划策……第四个步骤：大肆宣传自己的立场。[1]

将其表述为制度的美好愿景，并未言过其实。因此，平行模式只是以美国版权法的制度理想为描述对象。

（一）平行模式的基本立场

美国版权法的基本立场可以概括为方法论个人主义。其基本特征是：个人具有社会性质和社会的个人具有互动性质；个人和社会并非本体论上的实在而是意义客体；强调个人主观解释或理解的能动作用。[2] 这三个特征和个人与集体关系的传统观点相契

---

[1] ［美］约翰·冈次，杰克·罗切斯特．数字时代 盗版无罪？［M］．周晓琪，译．北京：法律出版社，2008：180-181.

[2] 邓正来．哈耶克方法论个人主义的研究（下）［J］．环球法律评论，2002（4）：438-445.

合。个人与集体是一对范畴，是解释社会结构与秩序价值的基本概念。“柏拉图和亚里士多德的政治理论中都有一个根本概念：‘共同体中的人’，而不是孤立的个人，也不是高悬在个人之上的普遍的法律或国家。”❶ 梅因在解释古代文明的起点时也认为：“人们不是被视为一个个人而是始终被视为一个特定团体的成员。”❷ 对个人应当从其发挥的社会功能与扮演的角色进行理解。这一判断确定了个人主义的话语场景，即应当从社会关系的视角来看个人；也确定了集体主义的话语场景，即应当从个人成员的角度来看待集体。因此，方法论个人主义是一种解释性学说，强调理解集体的前提与基础是理解个体。❸

具体而言，美国宪法知识产权条款所追求的实用技艺进步这种社会价值，必须立足于个人价值的实现。只有社会中的个人能够在有益于社会价值的个人行动中拥有自由与便利，才能最终实现这种社会价值。公共利益由每个人的利益构成，以个人利益的全部实现为前提。个人利益既有作者利益，也有文化消费者的利益，这些共同体成员的个人利益的充分实现是公共利益的基本内涵。不仅如此，“从长远来看，一个国家的价值便是组成它的个人之价值。”❹ 站在这一立场，著作权法所关注的公共利益也就不再是抽象的共同体利益，而是个人利益。不过，这里的个人利益是向每一个共同体内的个人开放的，在享有的机会上也是平等

---

❶ ［挪］G. 希尔贝克，N. 伊耶．西方哲学史——从古希腊到二十世纪［M］．童世骏，郁振华，刘进，译．上海：上海译文出版社，2004：2.

❷ ［英］梅因．古代法［M］．沈景一，译．北京：商务印书馆，1959：147.

❸ 李强．自由主义［M］．北京：东方出版社，2015：160.

❹ ［英］约翰·斯图亚特·密尔．论自由［M］．于庆生，译．北京：中国法制出版社，2009：178.

的。在作品领域，每个人都能享有的利益就是接近自由，即能够作为作品的最终使用者，例如读者，自由利用人类知识成果。经过这种转换，著作权法中的公共利益就可以正当地用来指称作品最终使用者的个人利益。

这一观念也有国外评论者的支持。针对加拿大最高法院的判决，有评论者指出：

著作权的目标不是基于自然权利理论或者其他理论保护作者本身，而是在必要的限度内保护作者获得公正报酬，同时通过鼓励文艺与智慧作品及其传播促进公共利益，且最好是没有任何重负或不公平的社会成本。为了实现这一目的，最高法院声明，版权的独占权不应侵入最终用户的领域，而应当与其他可能影响总体福利的措施相比较，例如技术与研究的发展、个人隐私的入侵等。❶

这虽然是在互联网时代反思著作权制度并进行著作权改革工作的核心问题，但是由于其切入问题的思路是对著作权制度合理范围的界定，相应结论对于彰显著作权制度的观念极为有益。由于最终用户指涉包括潜在创作者在内的所有共同体成员，最终用户的利益是每一个共同体成员的利益综合，将最终用户作为豁免的对象这一观点反映了保护公共利益上的个人主义。著作权法中的合理使用以及对最终使用者的责任豁免等都是体现这一思想的制度。如果在法律的具体适用中始终将权利与豁免作为一对范畴来考量，就是将共同体成员内的每个人作为关注对象进行思索。

这一描述符合古典经济学的一贯传统。在斯密的经济学定理

---

❶ Daniel J. Gervais. The Purpose of Copyright Law in Canada [J]. U. Ottawa L. & Tech. J., 2005, 2 (2): 315-356.

中，自愿交换对个人是互利的。[1] 在一个需要大量人合作和帮助的社会中，“如果他能诉诸他们的自利心，向他们表明，他要求他们所做的事情是对他们自己有好处的，那他就更有可能如愿以偿”。[2] 在个人组织社会资料的生产模式下，个人利用市场配置的资源进行社会供给，不是为了服务社会，满足其他个人的需要的前提是自利。但不可否认，通过这种模式，社会成员能够取得绝大部分必需的物质资料。个人按照熟练程度进行分工选择，逐渐提高个人技能，提高劳动生产率，就能提高整个社会的供给水平与福利。如果从经济个人主义来理解个人与集体的关系，集体利益实际上就是普遍的个人利益，并且更为重要的是要从个人视角来观察个人利益的总体供给。

（二）平行模式的实现机制

按照方法论个人主义来解读著作权法的公共利益目标，即解读对“接近知识和信息的公共利益的保障”，[3] 可以发现著作权法实际上是私人利益间的平衡机制。其中一方是组成公共利益的每个人的利益或者称为最终使用者的利益；另一方是作品创作与传播贡献者的利益。基于作品特性，实现双方利益的重要方式就是传播。传播有利于公共利益实现的关键在于传播是作品广为周知的重要渠道，能够使公众有机会接触更多的知识与信息。作品只有进入传播渠道才能算是真正进入知识交流环节，包含在其中的思想、观念、情感与意志才能为更大范围的人们所接触、学习与

[1] 钱弘道．经济分析法学［M］．北京：法律出版社，2005：8.

[2] ［英］亚当·斯密．国富论［M］．唐日松，等译．北京：商务印书馆，2005：6.

[3] 冯晓青．知识产权法利益平衡理论［M］．北京：中国政法大学出版社，2006：97.

理解，也才能成为对人们有价值的知识。否则，“藏在深闺人未识”，无论多么重要的作品也不能得到理解与流传。随着特定的表达形式被社会公众理解与解释，思想、事实、观念、情感、方法与意志等公共领域内的知识资源就进入接触者的知识范围。无论作品文本的意义解读受制于何种文艺观念，其总会包含意义，也总会负载个性化思想，并成为在后思想之源。

同时，传播有利于私人利益实现的关键在于其驱动了作品传播市场的运行，促成了私人利益的实现。文化传播与文化消费的互动关系使传播活动总能够成为一个经济活动，甚至可以说，是人们的消费需求使包括作品传播活动在内的文化传播成为社会必需的，形成利用相关资源进行生产、交换、分配与消费的产业链。传播作品的利润一方面可以借助载体或者服务价值来实现；另一方面随着文化消费重要性的凸显与价值的独立化，无形的作品成为交易的对象也符合基本的经济循环。

在方法论个人主义者看来，公众利益的内容就是每个人的接触自由，是广泛传播的结果。作品传播的市场机制也保障了私人利益的生成，在公平分配机制下，创作者与传播者合理分配的目标能够达到。作品传播实质上是兼顾不同私人利益的价值中点。问题的关键是传播带来的接触作品的广泛可能性如何实现，或者说如何兼顾作品传播带来的经济利益与公众接近作品的消极自由。

体现私人利益间平衡的制度例证是美国版权法的合理使用规范与权利规范。按照因素主义设计的合理使用制度，暗示美国合理使用制度的开放性。这种开放性所容纳的正是社会中的其他个人的各种各样的合法利益，也是著作权法与其他法律沟通的桥梁，而非仅是作者利益的外部限定。基于开放性，一项待决行为的意义实际上必须在权利规范与合理使用规范之间进行权衡后才能确定，而非初始地涵摄于权利规范。在理论上，权利规范所代表的著作权人利益与合理使用规范所代表的其他个人利益共存于著作权法，并共同指向宪法知识产权条款，体现了彻底的方法论个人主义。作品的最大化传播在理论上是两者权衡的价值中点。但是，合理使用规范的权重实际上可能屈服于商业集团的利益诉求或者院外游说集团的压力。因此，美国版权法在传播的利益链条中打入一个开放的合理使用制度，以此保障合理地接近作品的自由。合理使用成为动态的利益调节器。

第二章

著作权法对物权关系的主体构造

著作权法是对知识传播进行调整的规范，所谓“无传播即无版权”。在传播的正常秩序被扰乱后，著作权法才会从孕育环境中破土而出。在经历交往实践的各种试错后，著作权法最终形成固定结构，成为人们塑造行为模式与社会关系的重要制度选择。著作权法最终被塑造为权利法，绝大多数国家在这一法律的名称上都强调“权”字，《伯尔尼公约》与《保护表演者、录音制品制作者与广播组织罗马公约》也以不同方式提示人们其保护内容是专有权，而不是客体或者主体本身。[1] 既然围绕权利展开，那么著作权对著作权法的目标就具有决定作用。著作权法的哲学背景是近代哲学的主观理性以及主客二元。现行的著作权规范体系得益于法哲学理论的证成与法律的拟制技术。

论证著作权法正当性的理论大致有功利论、劳动论、人格论、社会规划论、平衡论、增强竞争论与利益补偿论等理论。[2] 法哲学学者通过研究前四种理论所使用的概念、范畴和原则得出结论，认为：

它们（上述诸理论）甚至在极大程度上直接把财产权的一般理论适用于知识产权。可以说，知识产品套上了一层财产权的光环。对照各种知识产权理论，我们发现，知识产权理论家们都存有一个共同假定：和有形财产一样，知识财产也属于财产这个大家族。既然都是财产，那么，论证财产权的理论在知识产权那里

---

[1] 郑成思．版权法［M］．北京：中国人民大学出版社，1997：317.

[2] 功利论、劳动论与人格论是知识产权法哲学研究的传统理论，冯晓青教授提出了知识产权利益平衡论（冯晓青．知识产权法哲学［M］．北京：中国人民公安大学出版社，2003.），曹新明教授提出了增强竞争理论与利益补偿理论［曹新明．知识产权法哲学理论反思——以重构知识产权制度为视角［J］．法制与社会发展，2006（6）］。

便是理所当然可以成立的。❶

这一论断有利于知识产权祛魅化，同时也阐明了知识产权法学者完善知识财产权内在结构的努力。财产权学说支持的知识产权独占论虽然已经为学者所检讨与反思，但是知识产权的工具主义并没有瓦解财产权的结构。工具主义所做的是为知识产权安装了一个具有目的论色彩的“大脑”，使其有一个明确的方向。

知识产权法哲学观的最大功绩同时也是最大罪过就是将包括著作权在内的知识产权论证为一个具有财产权属性的权利。与财产权的勾连实现了知识产权垄断的合法化。近代财产权体系是绝对私人所有权、私人财产神圣不可侵犯原则和行使私人财产权利的自由或经济自由的三位一体。❷ 将财产权描述为一个“排他性、对世性与可转让性”的权利得到了来自伦理学、经济学与理性哲学等方面的理论与学说的强力支持。❸

著作权法的价值目标包含公益属性，为其实现所设计的权利结构却滑入预设的财产权结构。其历史根源在于现代绝对排他性的版权是现代国家“比照罗马法的物权建构技术，设定一种‘准占有’的状态，借此确认个人在智慧信息公开后的控制权”而创制的。❹ 当然，按照所有权的结构来建造，并不仅仅是著作权法的创举。“在亲属法中，‘奴隶制度得以形成，仅仅是因为采纳了

---

❶ 张文显，等．知识经济与法律制度创新［M］．北京：北京大学出版社，2012：323.

❷ 赵文洪．私人财产权利体系的发展：西方市场经济和资本主义的起源问题研究［M］．北京：中国社会科学出版社，1998：31.

❸ 刘云生．西方近代所有权立法的三大前提——所有权的伦理学、经济学与法哲学思考［J］．现代法学，2004（1）．

❹ 徐瑄．知识产权的正当性——论知识产权法中的对价与衡平［J］．中国社会科学，2003（4）．

家庭共同体中的通常的所有权'，'家主的支配权是所有权的结果，并且与后者共命运'。"[1] 只是基于近代的人文精神与哲学上的主客二元，指向人身的支配权不再具有正当性。虽然著作权法带有来自"娘胎"的权利外部限定，包括思想排除以及逐步发展的合理使用等限制，但是按照拟制技术建立起来的对物权关系无疑在作者与作品的内部关系上设置了支配力量。本章集中阐释对物权关系的主体要素，旨在解释作品的作者与作品的财产权人的关系。

第一节　作为伦理性存在的作者

著作权主体的法律人格是要说明著作权法选取的人是以何种资格存在的。保护创作主体是现代著作权法产生的标志。"安妮法"能够成为现代著作权法开端的重要理由是其中出现了作者的法律地位。但是，这并不代表现代著作权法是以创作身份作为区隔权利原始主体的前提或唯一标准。19 世纪末 20 世纪初，版权体系与作者权体系分道扬镳，版权体系采取法律拟制技术创制出"视为作者原则"，作者权体系则固守"创作人为作者原则"。[2] 自此以降，版权体系的著作权原始主体结构有作者与拟制作者两类。作者权体系的著作权原始主体仅有创作者。我国著作权法也

[1] 朱虎．法律关系与私法体系——以萨维尼为中心的研究［M］．北京：中国法制出版社，2010：144.

[2] 孙新强．论作者权体系的崩溃与重建——以法律现代化为视角［J］．清华法学，2014（2）.

采取了二元主体。在主体的这一发展进程中，与私法上“人的再发现或复归的方向”❶ 相反，著作权主体从具体向抽象发展，最终完成主体人格的统一，并具有与物权人相似的人格抽象平等的效果。

一、作者的具体类别

在著作权法萌芽时期，著作权主体能够获得保护不仅需要完成作品创作这一事实，还需要特别法令的认可。对特定作者是否予以保护，主要取决于是否有利于实现特定的政策目标，包括知识扩散与产业发展等。只有经过政策评价，才会有特别法认可其资格。这种资格是具体评价的，是从个体到行业逐步发展的。英国“安妮法”出台后，“在文学财产争论当时并且一直持续到19世纪中叶的对智力劳动授予财产权的法律，是一种反应性的和按具体对象制定的法律，它趋向于对特定（有时是轻微）的问题作出回应。”❷ 因而，在著作权法系统化以前，作品是具体化的，创作者也只是创作书籍、绘画、音乐、剧本等具体作品的作家、画家、作曲家、剧作家等，并不是内涵统一的创作者。

（一）早期的作者类别

将“安妮法”作为现代著作权制度的起源并不是该法已经确定了著作权法的结构，而是“它已经从过去以出版管理为主转向

❶ ［日］星野英一．私法中的人［M］．王闯，译．北京：中国法制出版社，2004：82.

❷ ［澳］布拉德·谢尔曼，［英］莱昂内尔·本特利．现代知识产权法的演进：英国的历程（1760—1911）［M］．北京：北京大学出版社，2012：19.

了保护作者为主”,❶ 开启了著作权法的新纪元。“毋庸置疑，这一权利的原初目的就是成为作者版权。”❷ 郑成思先生在与安守廉教授关于版权起源的争论中所使用的例子是行政敕令授予编著者禁止“翻板营利”行为，其标准也是保护编著者或者继承人。❸ 这说明作者保护对著作权法性质的判断具有重要影响。虽然这种追溯的方式“在很大程度上是在 19 世纪下半叶才首次出现的，在此之前，《垄断法》与《安妮女王法》并未被人认为标志着专利法或者著作权法的开端”,❹ 但是如果出版商的印刷垄断利益在观念上没有根源于作者，或者不向作者“分一杯羹”，则“安妮法”与之前的出版审查法律并无二致。虽然“安妮法”中的“作者”通常与“稿件购买者”“稿件所有人”“书商”“受让人”等替换使用,❺ 但是“安妮法”规定的“作者”不必购买权利。❻ 这种区别足以说明作者与传播性使用者不同，具有独立地位。

经过“安妮法”之前很长一段时间的“鱼龙混杂”之后，作者占据了作品保护法的中心，虽然处于该地位的“作者只是书商们达到目的的工具而已，因为直到早期的请愿书被否决，他们才

❶ 郑成思．版权法［M］．北京：中国人民大学出版社，1997：31.

❷ Lyman Ray Patterson. Copyright in Historical Perspective［M］. Tennessee：Vanderbilt University Press，1968：144.

❸ 郑成思．版权法［M］．北京：中国人民大学出版社，1997：5、24、25.

❹［澳］布拉德·谢尔曼，［英］莱昂内尔·本特利．现代知识产权法的演进：英国的历程（1760—1911）［M］．金海军，译．北京：北京大学出版社，2012：246-247.

❺ Lyman Ray Patterson. Copyright in Historical Perspective［M］. Tennessee：Vanderbilt University Press，1968：143-145.

❻ Lyman Ray Patterson. Copyright in Historical Perspective［M］. Tennessee：Vanderbilt University Press，1968：146.

为作者呼吁版权”。❶ 1710年“安妮法”开篇就指出是为了保护“图书的作者或者其复制品的购买者”，如果任由其“自由印刷、重印和出版”，则会损害作者或者权利人及其家庭的利益。❷ 根据“安妮法”的规定，作者不需要从印刷者手中购买原稿的复制权，且在14年届满时，作者如果尚在世，印刷或处分原稿的专有权还可以由作者再享有14年。这已经说明作者微弱的优先地位。因此，“安妮法”首次确认作者在作品传播上的正当地位与参与利益分配的合法性，开创了现代著作权法在一类作品中保护作者的先河。需要说明的是，此时的“作者”并不是抽象意义上的作者，而只是指文字作品的作者。

在英国历史上，各类具体作者是随着行业发展而逐渐出现的。1734年通过的《雕刻版权法》赋予雕刻以版权保护，雕工由此进入作者行列。此后通过的1798年《鼓励制作新模型与胸像以及其他物品法》《修订有关戏剧文学财产法律法》、1838年《在某些案件中保护作者的国际著作权利益法》、1839年《关于白棉布印花工之外观设计著作权扩展至一般性外观设计法》《关于在限定时间内确保制造品外观设计所有人对该外观设计享有版权法》等法令均将付出实质性创造的人作为保护主体。陆续出现的作者包括模型作品的作者、白棉布印花工等。

随着图书贸易的扩大，比较优秀的作品开始跨出国界，作品的翻译随之出现。翻译权成为著作权一类权项的主要原因是文化输出大国的作品被大量翻译为外文，其可以在双边谈判中作为保

❶ 王太平．安娜法300年祭［C］//刘春田．中国著作权法律百年国际论坛论文集．北京：法律出版社，2010：28.

❷ The Statute of Anne，1710.

护本国文化利益的筹码。[1] 在英国的实践中，曾出现过为了捍卫思想自由而将翻译者观点视为作者的观点。随着“在已有作品的基础之上进行创作的作品仍然作为具有原创性的作品而受到保护”，[2] 演绎者的作者地位也就确立了。1886 年缔结的《伯尔尼公约》就包含演绎者的权利保护。[3] 可以说，演绎作者地位的确立是作者内涵抽象化的开始。

（二）作者类别的扩张

在著作权法的发展中，如果忽视传播技术的作用，则无疑会理不出著作权法变迁的头绪。传播技术交由专利法保护，与文学、艺术或者科学相关的借助传播技术创作与传播的作品则属于著作权法范畴。技术史表明：新技术不仅能够扩大同一形式作品的交流范围，也会增加作品的表达方式。可用于表达的新技术必然推动新型作者的出现。

最先冲击版权的是摄影技术。虽然《大清著作权律》迳直规定了照片的著作权保护，但是在 19 世纪照片是否构成作品不无争议。在英国，照片首先被作为外在物体经过“纯粹机械过程的产物”，缺乏独创性，但在 1862 年的《美术作品版权法》中以美术作品的形式获得保护。在 1900 年的 Walter v. Lane 案中，法院彻底解决了独创性的羁绊，并明确指出：“版权不需要独创性作

---

[1] 易健雄．技术发展与版权扩张［M］．北京：法律出版社，2009：83.

[2] 联合国教科文组织．版权法导论［M］．张雨泽，译．北京：知识产权出版社，2009：21.

[3] 《伯尔尼公约》1886 年文本第 10 条规定：凡未经许可，以翻案变曲等种种名称，私自剽窃文学及美术之著作，或同体裁，或假他体裁，仅将不要节目，删改增补、全无新创性质者，本条约皆谓之不法翻印。参见周林，李明山．中国版权史研究文献［M］．北京：中国方正出版社，1999：27.

为正当化基础，它就是由制定法所创作的特权”，判断版权的标准不是独创性，而是必要的“劳动和技巧”。[1] 在美国，1865 年版权法已经规定了摄影作品，1884 年的代表性案例则明确了该修正案的合宪性。法院阐述了两点重要理由：一是参与 1790 年版权法与 1802 年修正案制定的人是与宪法制定者同时代的人并且很多是参与宪法制定的人，他们对宪法知识产权条款的解释应当具有很强的权威性。1790 年版权法规定的地图就不是文字作品，同样没有理由将照片排除在外。二是原告通过将“王尔德”摆放在相机前，选择和布置照片中的装束、装饰物和其他配饰物，布置拍摄对象使其呈现出优美轮廓，布置和处理光线及阴影使人唤起可欲的形象等一系列努力，使照片成为可见形式。这种形式完全是原告根据自己的精神观念作出的，是原告的智力发明。[2] 在德国，“过去，《艺术作品法》把所有的摄影作品都作为智力成果作品来保护，现行的《著作权法典》则把摄影作品与照片区分开来。受著作权保护的是摄影作品，而照片则被认为是具有某种邻接权的劳动投入”。[3] 因此，将摄影作品纳入著作权法的路径至少有三：一是抛弃传统独创性标准；二是从产生过程描述独创性；三是按照艺术标准认定摄影作品。从最终结果上看，摄影技术的产物被纳入广义著作权法，摄影作者顺理成章地成为作者群体的一员。

对著作权产生深远影响的另一项技术是摄制技术。摄制技术在原理上是摄影技术的升级版，是连续摄影的有序排列。电影史

---

[1] 易健雄．技术发展与版权扩张［M］．北京：法律出版社，2009：115-117.

[2] Burrow-Giles Lithographic Co. v. Sarony111 U. S. 53，4 S. Ct. 279，28 L. Ed. 349.

[3] ［德］M. 雷炳德．著作权法［M］．张恩民，译．北京：法律出版社，2005：151.

料也显示，最初的电影就是摄影师的奇思妙想。在美国最初的电影作品著作权纠纷中，电影就是由系列照片构成的单独照片。❶在1905~1918年的短暂时间里，电影观众的增长速度令人称奇。故事片的引入以及精致的制作与电影作为独立娱乐活动的产生是其主要原因。❷这两者增加了电影作为衍生作品纳入著作权法的可能。故事片的制作常常需要精彩的故事剧本，包括马克·吐温、乔治·艾略特、狄更斯、列夫·托尔斯泰等知名作家的故事文本。当格里菲斯放映公司从马克·吐温的作品《死亡之碟》（*the Death Disk*）中抽取一些元素进行电影制作时，直到20世纪末——至少是中期，法庭会毫无疑问地判决侵权。❸但是，侵权绝对不是复制意义上的，这一点在翻译权的产生过程中就进行过实质性讨论。对实质性表达的保护是翻译权、摄制权等演绎权的产生目的。参与演绎的主体或采取个案认定制或采取列举制，通常包括编剧、演员与导演等，这些主体也就成为作者家族的新成员。

二、作者概念的形成

著作权主体的扩张历程是，从最初的文字作品的创作者，扩大到包括文学、艺术和自然科学、社会科学及工程技术在内的作品的创作者。在国际公约的约束下，著作权主体产生趋同性，通常包括文字作品、口述作品、音乐、戏剧、舞蹈、美术、建筑、

---

❶ Edison v. Lubin, 122 F. 240（3rd Cir. 1903）.

❷［加］戴维·克劳利，保罗·海尔．传播的历史：技术、文化和社会［M］．董璐，何道宽，王树国，译．北京：北京大学出版社，2011：224-226.

❸［美］希瓦·维迪亚那桑．著作权保护了谁？［M］．陈宜君，译．台北：商周出版社，2003：123.

摄影作品、视听作品、工程设计图、产品设计图、地图与示意图以及三维作品等的创作者。对这些主体进行抽象思考就能发现著作权主体所需具备的要件。只有主体的某些要素外在化为一种定在物才能构成著作权主体。从著作权法产生之初，主体与保护对象就一直保持着对象化关系。主客体间的这一内在关联阐释了作者内涵，也奠定了著作权主体人格抽象的基础。

（一）概念形成的美学背景

18~19世纪的英国，反古典主义、启蒙主义的浪漫主义文学思潮蓬勃发展起来。这一思潮的哲学背景是近代哲学的认识论转向。主体意识的觉醒与自然科学的发展使人们发现，人的价值与尊严不在于神性，而在于理性。❶ 具有理性的人是至高无上的，人在认识与改造自然上的巨大能力与浪漫情怀被空前激发。任何新事物的产生都宁愿归结为人运用理性能力的胜利或者主体能动性活动的结果，甚至是主体天赋、禀性的流露，而不再被视为神意的授予。在艺术哲学上，彼时的英国经验主义认识论美学已经成为时代主线。“这一派美学最直接的理论成就，是从美感的直观性和相对性出发，摧垮了西方传统客观美学和神学美学中占统治地位的形式主义……打开了人的内心世界的大门。”❷ “被当作浪漫主义先声并产生重要影响的两位诗人当属布莱克和彭斯，前者强调‘诗意的象向’和‘诗才’的重要性……（后者提出）诗的灵感源于大自然、诗的价值在于用真挚的情感打动读者心灵。”❸ 这一时代的代表人物华兹华斯的诗歌观代表了诗人身份的

❶ 张志伟．西方哲学十五讲［M］．北京：北京大学出版社，2004：194.

❷ 邓晓芒．西方美学史纲［M］．武汉：武汉大学出版社，2008：70.

❸ 李维屏，张定铨，等．英国文学思想史［M］．上海：上海外语教育出版社，2012：269，283.

变化，“诗人与读者的本质关系是人与人的关系，但诗人又必须具有超越凡人的才能”。❶ 而且，在稍后年代，浪漫主义美术与音乐也在英国乃至欧洲大陆盛行。❷ 这些观念逐渐映现出大写的天才作者。

形成鲜明对照的是，在17世纪初，莎士比亚的《安东尼与克莉奥佩特拉》（*Antony and Cleopatra*）中克莉奥佩特拉对她的画舫的描绘重述了马斯·诺斯爵士翻译的普鲁塔克撰写的马克·安东尼传记，但这不属于剽窃，其原因在于“在莎士比亚的时代，和我们的时代不一样，创造性被理解为改良而非原创——换句话说，创造性在那时候是指创造性地摹仿”。❸ 莎士比亚时代的英国正处于文艺复兴时期，遵循模仿自然的希腊古典主义是一种无可厚非的创作方式，而且其作品对欧洲现实主义文学具有深远影响。

在著作权法多源流涌现时代，占据主流地位的美学思想对作者概念形成的影响还表现在：一是近代的艺术等级观念与实用艺术的没落造成实用艺术在著作权法上的缺席。艺术是现代性的产物。1746年，法国神父巴托把艺术分成美的艺术、实用艺术、机械艺术三种，美的艺术存在的唯一理由是为了情感愉悦，又可分为音乐、诗歌、绘画、戏剧与舞蹈五种；1750年，德国哲学家鲍姆加通（Baumgarten）提出建立研究人的感性经验的学科，这一经验就是美的经验、艺术的经验，其中演讲术、诗歌、绘画、音

❶ 李维屏，张定铨，等．英国文学思想史［M］．上海：上海外语教育出版社，2012：293.

❷ 李泽厚，汝信．美学百科全书［M］．北京：社会科学文献出版社，1990：262-263.

❸ ［美］波斯纳．论剽窃［M］．沈明，译．北京：北京大学出版社，2010：61.

乐、雕塑、建筑等算作美和自由的艺术。[1] 文艺复兴时期不加区分的工匠与艺术家在此分道扬镳。纯美术与工艺内涵殊异：纯美术是个人主义的产物，是为了欣赏而作的作品，追求纯粹之美，是自由的艺术；应用美术则是为了实用的作品，追求实用物品的审美效果，受限于用途、材料与工艺，是不自由的艺术。[2] 这种艺术的等级制在黑格尔的美学理论中也有体现。“建筑、雕刻、绘画、音乐和诗的划分，形成了艺术发展由低到高的阶梯，在这个过程中，精神因素越来越多，感性因素越来少。”[3] 受此影响，实用艺术作品的作者在著作权法形成初期并未纳入作者体系。进入 20 世纪，艺术形式多样化，艺术的定义出现了功能主义美学、制度论与历史决定论等观点，“艺术品的唯一共同之处是相关专家们将它们列为艺术，而这些专家并没有无可置疑的或是令人信服的（尽管他们或许有清楚但不充分的）理由来支持自己的决定。”[4] 并且，在 19 世纪末 20 世纪初，艺术界出现了席卷东西方的工艺美术运动。实用艺术作品及其作者的地位才逐步得到改观。二是表演者虽然在作品的再现中可能存在创造性贡献，但是并未明确为演绎作者。近代表演艺术观存在表现派与体验派之分。表现派的历史可以追溯到 18 世纪中期的启蒙主义。表现派在表演上更重视外形的肖真，排斥主体情感的介入，体验派则反

---

❶ 周宪．艺术理论的文化逻辑［M］．北京：北京大学出版社，2018：42，87.

❷ ［日］柳宗悦．工艺文化［M］．徐艺乙，译．桂林：广西师范大学出版社，2006：12，26.

❸ 李醒尘．西方美学史教程［M］．北京：北京大学出版社，1994：399.

❹ ［美］斯蒂芬·戴维斯．艺术哲学［M］．王燕飞，译．上海：上海人民美术出版社，2008：39-45.

对过分理智化、技术化的表演，主张在情感体验的基础上创造角色。❶ 而且，主流观点虽然综合了两派观点，但更偏重表演技巧。这就决定了表演者的著作权法命运。

（二）作者内涵的抽象统一

“安妮法”开启了关注作者经济利益的历史，其所认同的作者地位成为现代著作权主体内在统一的着眼点。主体资格在单线条式、具体化的作者保护法中是先于法律而讨论的，与政策目标相对应。随着法律抽象化运动，主体资格就不可避免地成为前瞻性的焦点话题，因为抽象化的法律首先需要明确的是主体的判断标准。截至19世纪，英国通过了大约14部与著作权相关的成文法案，此时显然需要一部合并法案统合各个组成部分。1875年，皇家委员会就曾建议过一个将各种版权保护的形式合并为一部法案的清晰的、一致的方法。❷ 具体法案的整理、归纳与体系化需要抽象主体。采取归纳法的必然结果是发现作者内涵，并将主体概括为具有抽象意义的作者。

19世纪后期的法律抽象化包含依照此前的思想观念对作者概念的抽象与系统思考。从18世纪英国关于作品的观点中可以发现，其中散布着关于天赋、想象以及诸如此类的参考数据，个人作为创作者在法律上发挥着越来越重要的作用。❸ 现代著作权法的起源可以视为出版者为保存自己的既得垄断利益而提出应当对创作或个性表达予以保护的主张的另一种胜利。虽然出版者的自

---

❶ 董健，马俊山．戏剧艺术十五讲［M］．北京：北京大学出版社，2004：157.

❷ Tina Hart，Linda Fazzani. Intellectual Property Law［M］. Macmillan Press Ltd.，1997：130.

❸ ［澳］布拉德·谢尔曼，［英］莱昂内尔·本特利．现代知识产权法的演进：英国的历程（1760—1911）［M］．金海军，译．北京：北京大学出版社，2012：41.

然权利梦想破灭了，但是个人创作的正当性在“尊重人、保护人”的人本主义背景下“无心插柳”般地生长起来。[1] 然而，19世纪末，抽象化的作者概念发生了分化。版权体系的司法实践将创作个性滤除，进一步推动作者内涵的抽象化，作者与作品成为一种来源关系。例如，1884年，美国联邦最高法院指出作者系事物源于其之人。[2] 作者权体系则坚守与主体相关联的创造性。例如，“著作权的主体必须是那些给予作品独创性的人，作者就是那些在内容与形式方面赋予作品以独创性的人。”[3] 1992年《法国知识产权法典》规定“运用心智创作作品的人”为作者。《德国著作权法》也规定作者是进行创作之人。戏剧性的是，美国在20世纪末转而强调独创性。自此，对作者的认识总体上可以从独创性或者创作来判断。每当有主体要纳入著作权法时，都要经受创作特征的考验，无论是从名词的角度还是形容词的角度。

在作品形成与传播过程中的其他主体，可以简单分为三类：一是保障性主体，主要是为主体创作提供各种物质技术条件与资金支持的个人或者法人。这类主体在前著作权法时代以赞助人的身份存在。二是主要投入劳动的主体，主要任务是以自己的方式将他人的作品传播出来。这类主体所作出的贡献是技术性的、机械性的，在技术支持下的作品是整齐划一的。“这些劳动投入并没有为主体取得独创性的智力成果：与作品相比，它们只是在外观上、主体上具有某种独特性（由某位演员担任某个角色，其他

---

[1] 个人在创造无体财产时发挥重要作用是英国文学财产争论中突出强调的问题。参见［澳］布拉德·谢尔曼，［英］莱昂内尔·本特利．现代知识产权法的演进：英国的历程（1760—1911）［M］．金海军，译．北京：北京大学出版社，2012：41.

[2] Burrow-Giles Lithographic Co. v. Sarony，Co. v. Sarony，111 U. S. 53（1884）.

[3] ［德］M. 雷炳德．著作权法［M］．北京：法律出版社，2005：181.

的演员同样可以担任）。”[1] 三是对作品进行演绎的个人，主要工作是利用已有思想、情感与意志的表达进行一定程度的再表达。这些主体的特性是不具有唯一性，不同的人可以翻译相同的诗句，不同的人可以表演同一部话剧。通常而言，第一类、第二类主体无法纳入狭义著作权主体体系中。稿件的打字员只是准确记录了创作者的主观活动，录音录像师也仅仅是将记录的形式多样化而已，与上述贡献自己智慧的作者存在本质不同。将资金支持者纳入著作权法的主体中实际上是资本雇佣劳动的结果。没有实际主体的参与，支持者的资金很难转变成作品。“如果这些企业的投资得不到保障的话，它们就只会把注意力集中在那些能够获得商业利益的产品以及已经取得成功的艺术家身上，从而使得那些有价值的产品不被重视，假如这样的话，将会使我们文化的多样性以及信息时代的竞争力受到损害”。[2] 在上述类别中，只有演绎者与作者具有直觉上相似的精神投入，具有创作内涵。

因此，近代文艺哲学的基本观念是将从事创作行为的个体从社会知识体系中割裂开来，既忽视主体在知识上的继承性，又对创作的质量视而不见，将主体运用思维的过程视为理性的判断、投入与思考，从而树立个人在理性成果上的权威。作品在人的创作、印刷出版、传播等活动中得以存在，其最能反映人的理性表达的就是创作，因而作品被认为是创作者的理性成果。虽然这最初是为出版者争取永久性垄断利益服务的，但该观点的产生在那个时代背景下是呼之欲出的，近代哲学的主体转向使作品的个人创作理念为社会所接受，而且一旦为争论者所援引，就以其道德

---

[1] ［德］M. 雷炳德．著作权法［M］. 北京：法律出版社，2005：导论 10.

[2] ［德］M. 雷炳德．著作权法［M］. 北京：法律出版社，2005：66.

性与正义力量反客为主，成为著作权法的坚实基础。现代著作权法是建立在作者地位上的，发现作者是建立著作权法体系的关键。

(三) 创作内涵的心理学解释

包括原创作者与演绎作者在内的作者的抽象人格基础是独创性或者创作，这可以从心理学的角度更加清楚地发现。心理学对作品艺术而言并没有价值，但对于透视主体创作的过程则非常有价值，因为“任何具有正常认知能力的人都有可能在某个领域有所创造，或者说常人都具有一定的创造力……所有的个体工作中都包含着某种程度的创造力”。[1] 只有深入心理层次，创造力的发挥过程才得以窥见。

著作权法从一开始就是从这点创造力的发挥来建立正当性的。运用这点创造力与熟练技术经验不同：熟练技术的运用在心理上表现的是一种重复劳动，作品创作是一种创造性思维活动；创造性思维是一种正“邪”思维，既要依赖于已经形成的知识，又要有所突破，在整体意识指导下，产生不可预料的思维结果。研究创作过程的方法“主要都是关注于无意识的活动和意识活动所起的相对的作用”。[2]

具体的创造性思维活动包含对他人智力成果的吸收，也包含作者集中创造力组织思维过程并固定思维形式等环节。除此之外，具体的创造性思维还伴随着个人思维模式的形成与发展这一过程。按照班杜拉的观点，个人思维起始于对具象事物的认知，

---

[1] 黄希庭，郑涌．心理学十五讲［M］．北京：北京大学出版社，2005：229.

[2] ［美］勒内·韦勒克，奥斯汀·沃伦．文学理论［M］．刘象愚，邢培明，陈圣生，等译．北京：文化艺术出版社，2010：87.

而后逐渐运用语言系统进行抽象思维。❶ 语言是“塑造思想的形式”，学习过程也是创造性过程，“儿童不是复制特定的发音，而是从体现句法特征的示范发音中抽取出句法规则，于是使儿童能产生他们从没有听到过的、几乎是无限的、各种类型的新句子”。❷ 这种创造性认知又受制于其所理解的知识或者先前的知识结构，表现出一种延续性。所以知识总是按照学习者自己的理解予以抽象，并表现出自己一贯的风格，从而产生知识图景的借鉴、融合与创新，形成新的知识体系。这一整体的、有意识的创作过程是简化的创作图景。

事实上，创作并不总是那么简单。洛斯用少数几个纯粹是比喻性的用语说明了创作的过程，套用詹姆斯的说法是“意向和理念一时掉进了‘脑海无意识的深渊之中’，在经历了（用学者们爱用的说法）‘沧桑’之变后再次浮现了出来”。❸ 无论进行文学创作，还是各种艺术创作，潜在的意识总能渗入创作过程中去，成就思想、情感与意志的无意识流露。当然，无意识过程在事实作品与艺术作品上的运用差异还是比较明显的。事实作品能够进行想象的空间相对较小，作者创作需要遵循一定的事实、规律、数据与结果，是一种受限的创作过程。

在经历了有意识与无意识的心理过程之后，主体的心理活动最终凝结为一部作品，通过笔墨、打印以及电子显示的方式表达

---

❶ ［美］A. 班杜拉，林颖，王小明．思想和行动的社会基础——社会认知论（下）［M］．胡谊，等译．上海：华东师范大学出版社，2001：706.

❷ ［美］A. 班杜拉，林颖，王小明．思想和行动的社会基础——社会认知论（下）［M］．胡谊，等译．上海：华东师范大学出版社，2001：710.

❸ ［美］勒内·韦勒克，奥斯汀·沃伦．文学理论［M］．刘象愚，邢培明，陈圣生，等译．北京：文化艺术出版社，2010：89.

出来，形成主体心智的表达形式。对象化的主观活动因而成为著作权法调整的对象。

整体上，作品创作的心理学过程有两大环节：第一，作者对已有知识的整体感知是信息重新编码、组织与解释的过程，取决于作者先前的经验习惯、心智特点以及环境要素。质言之，输入的知识是对榜样、外界事物、经验、习惯进行融合、借鉴与创造性抽象形成的整体形象。人的感知系统是一个能动性反映系统，使得知识的输入是个性化的。第二，知识的输出是作者对相应的问题、现象、角色、情节等刺激作出白炽化反应的结果，并包含潜意识组织的知识形式与灵感因素。创造性思维形式总是按照一幅主观图景进行组织，“蜜蜂建筑蜂房的本领使人间的许多建筑师感到惭愧。但是，最蹩脚的建筑师从一开始就比最灵巧的蜜蜂高明的地方，是他在用蜂蜡建筑蜂房以前，已经在自己的头脑中把它建成了”。[1] 经过能动性抽象与表达，作品不可避免地会呈现出与已有知识不同的形态，或者哪怕一丁点的思维痕迹。

演绎者的心理活动也对象化为特定的作品形式，著作权法为之提供保护。实际上，演绎者的心理创作过程并不比创作者有丝毫的减损。对一个词语或者语段的精准把握很可能是一瞬间的“灵光”。在对作品的阐释与解读过程中也常常发生灵光一现的“妙语”与“感悟”。这种潜意识在演绎者的心理过程中出现过，整体的有意识的心理活动当然也会存在。只是这种体会或感悟是对原创者的解读与阐释，在想象空间上受制于原创者，因而成为与特定作品有关联的独立主体。

---

[1] 中共中央马克思恩格斯列宁斯大林著作编译局．马克思恩格斯全集（第23卷）［M］．北京：人民出版社，1972：202.

第二节 作者的功能取向

现代著作权制度中作者概念的兴起是一个功能性选择，并不具有纯粹的自然性。这种选择包含的功能取向可以从词源考察中获得。[1] 从抄写者（Scribe）、书写者（Writer）到作者（Author）至少有三方面变化：一是作者具有创造者含义，回应了当时的美学观念，与创作、天才等观念相契合。使用作者概念是“18世纪的作家们旨在获得著作权利益的一个发明物”。二是作者强调事实性，是创作大众化的一个标志。书写者描述的是一个以写作为职业的群体，通常也是接受文化教育的知识分子与僧侣等。作者不强调职业性，而是专注于写作事实。三是作者也具有发起人含义，强调作品源于其的观念。相比之下，抄写者强调的是一份或多份包含作品内容的载体的成就者。当然，这种转变吸收了书写者概念的原有内涵。综合来看，反映个人主义文化观的作者概念表达了社会对个人影响力的重视与来源责任的认同，也塑造了社会中知识传播的方式。这些功能虽然源于特定的知识观念，但是具有独立性，能够自发防范新的知识观念的冲击。

一、生成史视角下的作者功能

作者概念的第一个功能是基于作品发起者身份产生的公法责

[1] 李雨峰．从写者到作者——对著作权制度的一种功能主义解释［J］．政法论坛，2006（6）．

任功能。当作品的作者需要被施以惩罚或者作品被认为是违法之时，作者才从神话人物或者重要的宗教人物恢复到现实中的人身上。❶ 历史上，王权可以根据思想控制的效果在传播者与作者之间进行选择。不过，传播者控制是传播前的审查，与传播者的商人性质相关，控制手段更为多样；作者控制是与表达自由相关的源头防控。“对于书报审查制度中控制对象的选择和标准，基本上依然遵循上述的价值（指维护王权的绝对权威，一切以统治利益为最高价值），以方便和高效的控制为要素。”❷ 困难的是效率价值如何确定难以把握。英国的统治者选择了与出版商公会各取其利的政策。不过，这种责任功能随着文明发展与社会进步已经进入历史。

作者概念的第二个功能是表征作品的来源主体。通常认为，浪漫主义的美学观构造了现代著作权法中的作者概念，确立了作者的中心地位。如果深入探究现代著作权法的权利概念就会发现，浪漫主义美学观带来的是作者对作品绝对占有的一种权利观。质言之，浪漫主义美学观为作者作为所有者提供了充分的理论准备与说服工具。按照这一思想，作者运用自己的心智表达了一定内容，如同自己制作、生产产品，都应当归属作者。作者对作品的绝对控制决定了作者的权利具有绝对性。实际上，作者被作为一种来源主体古已有之。在考证著作权制度的起源时，学者们通常会举出古代保护作者权益的一些做法。如果抛开作者权利中所包含的绝对控制性，作者概念很早就用来表征首先将作品系

---

❶ ［法］米歇尔·福柯．什么是作者［C］//赵毅衡．符号学文学论文集．天津：百花文艺出版社，2004：517.

❷ 肖尤丹．历史视野中的著作权模式确立——权利文化与作者主体［M］．武汉：华中科技大学出版社，2011：77.

统表达出来的主体。无论是作品的最后定稿人，还是作品的首创者，都在创作作品的意义上被标定为作者。我们现在能看到古代作者的作品都是表明身份关系的结果。否则，我们现在无法辨识柏拉图作品与亚里士多德的作品，也无法辨别孔子言行录与董仲舒改造的儒学。不过，由于前印刷时代知识垄断依赖载体，作者与其他主体的经济利益并没有明确区分，甚至所有者更具有控制优势，而且出于对传播的偏重，作者对作品的身份关系与抄写者的出版关系似乎并没有严格区分。

作者概念的第三个功能是知识交流节点功能。在文献交流中存在“马太效应”，著名学者的著作很快就能进入交流系统，并得到畅通的传播，而没有名望的学者的著作则迟迟不能进入交流系统，得不到畅通的传播。[1] 这其实是注意力经济学中“明星体制”的一个典型表现。[2] 虽然注意力经济学并没有界定“明星”的内涵，但是“明星体制”的核心不在于具象的名人，而在于名人的知名度，是“明星”吸引了社会公众的注意力。作品领域内的“明星”同样能够吸引公众的注意力资源，引导公众的阅读取向。在另外一个层面上，作品积累的声誉也可以培育“明星”：一方面，作品的艺术性、思想性或者情感特征可能会赢得公众的赞许，从而增加作品的声誉；另一方面，传播者通过成熟的作品营销方式也可以培育热销市场，利用社会的从众心理制造作品声誉。作品的荣誉能够带动作者荣誉。因此，作品领域内的名气集

[1] 周文骏．文献交流引论［M］．北京：书目文献出版社，1986：138.

[2] 所谓“明星体制”或者“名人体制”，是指一切经济活动均以名人与名声为中心，把生产名人、应用名人，建立企业与组织的名声作为经济活动的一项主要内容，通过名人或者名声与特定对象的连接来最大限度地赢得注意力资源的制度（张雷．注意力经济学［M］．杭州：浙江大学出版社，2002：7.）。

聚需要一个载体，作品影响力向作者的转移也需要一个载体，在这一意义上，作者概念为文献传播机制提供了一个节点型识别符号。或许可以说，正是作者概念成就了“知识与威权相结合”的社会机制。

二、后现代主义与作者功能

近代哲学高扬的理性传统或者主体性自其产生伊始就面临着对人与人之间交流模式的作品进行价值重估而带来的挑战。冷静来看，主体的创造性并不是无源之水，而是包含对前人智慧的汲取与能动性回应，也包含对后人的启发。主体传递的精神意义也只有与读者合作才能得以阐释与生发。不过，在表现论的视野下，艺术形式更多地来自“艺术家对这个现实世界的主观反应和理解”，❶ 是对充斥着感情意志、思想观念等要素的人造世界的构造，主体在客体产生中充当了创造者角色。因此，“再现所突出的是艺术品与现实的关联，以及艺术如何真实地描摹现实”；而表现强调的是“艺术品与艺术家之间的关系，亦即艺术品如何表现出艺术家的情感世界”。❷

但是，在后现代主义的视野中，故事的讲述是“非中心的，因为你作为个人主体所讲述的故事并不属于你”。❸ 后现代主义不仅包含“对现代主义那些形式主义和纯粹论思想，以及批评家们

❶ 张志伟．西方哲学十五讲［M］．北京：北京大学出版社，2004：148.

❷ 周宪．美学是什么［M］．北京：北京大学出版社，2002：147.

❸ ［美］弗雷德里克·詹明信：关于后现代主义［C］//福柯，哈贝马斯，布尔迪厄，等．激进的美学锋芒．周宪，译．北京：中国人民大学出版社，2010：93-97.

据以描述现代主义风格的观点的反动与对照”，❶ 而且随着文本解释的主观主义倾向表达一种多元化价值，即“观众的参与对著作来说是不可或缺的，把‘观众’从被动的目击者变成合作的创造者，也同样是至关重要的”。❷后现代主义否定作者在作品文本意义解读与阐释中的决定地位造成了作品中特定作者风格、印记的消隐或者多元化，割裂了作者与文本的精神纽带，以作品的作者解读意义与在文本脱离作者之后读者的解读结果的不同以及不同文化背景中解读方式的差异否认文本意义的确定性，否认作者对作品人格底蕴的赋予。这一思潮在不同作者的笔下有相同的描述。❸ 按照这种知识观念，知识组成的网络中，作者、读者以及特定社会背景都发挥了重要作用。

可以说，后现代主义冲击的是表现论思潮下作者与文本的意义关系，对文本作了去中心化的理解：

不承认对作品的本意和同一性负责的作者，存在的不过是作者的功能，而这个功能可以任意地由批评者、解释者甚至普通读者来承担……最初的书写者、言说者不过是提供了有待解释的原材料而已。他们捍卫自己本意、排斥任意解释的权力就这样被剥夺了。❹

即便在这一意义上，后现代主义的颠覆性意义依然是有限

---

❶❷ ［美］约翰·T. 波莱蒂：后现代主义艺术［C］//福柯，哈贝马斯，布尔迪厄，等. 激进的美学锋芒. 周宪，译. 北京：中国人民大学出版社，2010：98-114.

❸ 李雨峰教授与肖尤丹博士在不同文章中分别引用了罗兰·巴特与福柯关于作者在作品中地位的消解的观点，参见李雨峰. 版权法上基本范畴的反思［J］. 知识产权，2005（1）. 肖尤丹. 历史视野中的著作权模式确立——权利文化与作者主体［M］. 武汉：华中科技大学出版社，2011：11-12.

❹ 徐晟. 晚期福柯思想中的谱系学方法及其伦理意义［J］. 现代哲学，2010（6）：75-80.

的。不可否认，学界对科斯定理存在误解，人们可以解释“如果说我看得比别人更远些，那是因为我站在巨人的肩膀上”这句名言包含着谦逊或者对胡克的轻蔑。但是，当一个文本被连贯地解读出来，并存在误解与否的评判时，作者对文本意义的解释权即使不是至高无上的，也是优先的。

而且，对作者中心论的冲击，后现代主义并非先锋。典型的自然主义者丹纳就认为：艺术品的目的是表现某个比实际事物表现得更清楚的主要或突出特征。为此，艺术品必须是由许多互相联系的部分组成的一个总体，各个部分的关系则是经过有计划的改变的。在雕塑、绘画、诗歌中，那些总体是与实物相符的。[1]这就意味着艺术品并非艺术家任意解释的对象，更非观众可藏私的对象。艺术品具有客观美，这源于艺术由种族、环境与文化所决定的属性。

无论如何，后现代主义并未割裂作者与作品的利益关系。作者概念的功能性对于解决后现代主义文艺观念解构文本作者从而冲击法学中作者概念的问题也具有重要作用。后现代主义对作者的解释打破了作者在作品中的主宰地位，作品的思想与解读对作者的依赖并不如浪漫主义者所主张的那样强烈。如果简单地将这一观念移植到著作权法中则会得出如下逻辑：一是淡化作者在其中的至上角色；二是为投资者等与作品有间接关系的利益主体变身为作者打开了可以合法辩护的缺口，因为作者并不是先前理论所宣传的作品的“上帝”。问题的关键是法学与后现代理论着力

[1] ［法］H. 丹纳．艺术哲学［M］．傅雷，译．北京：商务印书馆，2018：38.

点不同，这种冲击只是一种臆想。[1] 由于文学艺术领域的个人主义或者浪漫主义作者观从一开始就没有演化成版权法上绝对的“作者”崇拜，结构主义更像是在解释和印证著作权法过去的制度安排。[2] 承认文艺观念中的作者与法学中的作者具有不同的内涵以及法学中的作者具有功能性无疑找到了攻击作者概念的法学理论的致命的、自负的弱点。从功能上看，著作权法中的作者从来不是为了确定文本意义，而是表达作品的来源关系以及利益归属等，这恰恰是文艺理论的盲点。作者概念的功能取向巧妙地避开了文艺观念的侵蚀。结构主义作者观无法解构经由浪漫主义作者观证成的作者概念。

第三节 作为法律存在的著作权人

作为法律关系归属点的“人”乃至“法律人格”与生活中的个人是两个层面上的存在，前者仅是关涉人的某个一定侧面的概念，仅指权利义务所归属之主体，即权利义务的归属点。[3] 后者则指生物人。著作权主体的法律人格是建立在自然人作者的伦理基质上还是建立在著作权人的法律基质上，是著作权主体构造的

---

[1] 郑媛媛．论著作权法的价值选择——以作者的法律地位为视角［D］．北京：中国人民大学，2011：86.

[2] 崔国斌．否弃集体作者观——民间文艺版权难题的终结［J］．法制与社会发展，2005（5）：67-78.

[3] ［日］星野英一．私法中的人［M］．王闯，译．北京：中国法制出版社，2004：20.

根本问题。这种构造反映了著作权法对创作人中心原则的取舍，体现了著作权法所选取的人的侧面的特质，因而影响着著作权法的基本精神与理念。

一、著作权主体法律人格的基质

法人“视为作者”与“视为原始版权人”存在区别。[1] 作者与著作权人不是一个概念，或者说两者分别代表不同的价值。作者作为运用智力创作的人，是对创作事实的主体描述，法人没有“大脑”进行创作，法人意志的“多数决”在著作权法上并不具有约束力。因为表决只代表判断，“多数决”代表对一个问题、观点等的多数判断，而不形成创造性的表达。著作权人是著作权法上权利的归属主体，是法律判断的描述。因此，自然人作者与著作权人分别代表事实判断与价值判断。这对于构造著作权法抽象人格非常有帮助。著作权主体的法律人格应当建立在著作权人的基础上。

（一）自然人作者与著作权主体法律人格

使用自然人作者概念实属迫不得已。因为在我国著作权法中“法人视为作者”，这是一个法律判断或者价值判断句式，但使用了事实判断的描述词。对作者的认识本来不应该有分歧，只有从事创作的人才是作者。但是，中国与日本的著作权法混淆了事实判断与价值判断，造成法人“是”或者“视为”作者的逻辑矛盾。

“写者是一个事实描述概念……作者是一个法律判断概念”这一结论的根据是书写者被视为作者取决于一个社会的政治环

[1] 郑成思．版权法［M］．北京：中国人民大学出版社，1997：30.

境、法律思维与法律习惯，还包括文艺观念及文学家的参与，而不仅仅是创作与否。[1] 从语言来看，使用作者（Author）而不是书写者（Writer）回应了哲学思想的转变，即“Author”同时代表了对作品的创造（create），是在浪漫主义作品观与近代哲学的主体原则中，强调作者对作品的主宰地位的结果。“‘Creative’在18世纪与艺术（art）、思想（thought）产生了关联，在19世纪，这个词充满高度的自主意识”。[2] 从词源来看，书写者（Writer）则表达了更宽泛的含义，因为它既代表职业从事写作的作者，也代表“执笔人”“提刀人”与“写字的人”。但是，作者只是被视为对作品有特殊贡献的一类书写者的独立称谓，是对书写者群体的功能拣选，还是一个不充分的法律判断。

按照创作伦理，自然人作者都应当被确认为著作权法的主体。但是，如果按照著作财产权益的观点，不赋予自然人作者著作权主体资格，而是给予其获得财产利益的保障，也能满足其利益诉求。事实上，不赋予自然人作者独立主体资格的国家都给予其强有力的保障。美国编剧工会对编剧权益的保障就是如此。因此，著作权法构造主体的人格并不完全以自然人作者的创作特质为要素，著作权法并不是毫无保留地将自然人作者评价为著作权主体。如果著作权主体人格要素是一元的，则创作要素并不足够抽象，以致可以成为著作权主体法律人格的统一要素。通过下面的论述将会发现，著作权法有时采取偏重其他因素的方式。当出现这种结果时，著作权法所给予的关注应当是分配意义上的公正。这对于保障自然人作者权益具有更加重要的意义。

---

[1][2] 李雨峰．从写者到作者——对著作权制度的一种功能主义解释［J］．政法论坛，2006（6）．

（二）著作权人与著作权法律人格

著作权人是享有著作权法所规定的权利的原始主体。著作权法赋予作品产生的参与者著作权的考量因素通常包括如下方面：创造性贡献、权利体系的配置、传播效率、意思自治以及资本贡献等。只要具备其中之一就有可能被著作权法纳入主体范畴。

创造性贡献是主体评价的一般原则。在大多数国家的立法中，著作权属于从事作品创作的人，即作者。权利体系的配置适用于戏剧。通常而言，一场戏剧的参与主体既包括剧本作者，又包括表演者、录音录像制作者等。各个主体按照自己在著作权法中的定位受到保护。戏剧作品专门指剧本，剧本作者属于著作权人。不过，这两者所使用的法律评价要素在根本上是一致的，均将创作要素作为法律人格的组成部分。

将传播效率作为主体判断的原则表现在视听作品与匿名作品上。按照版权法系的做法，视听作品的著作权属于制片者。在作者权体系中，视听作品属于参与创作者，但是“参与”行为本身被法律推定为暗含已经将权利的行使授予制片者的意思。由于事实作者已经获得片酬、报酬等收益，并通过劳动法等获得了公正待遇，这一处理方式正当，且与版权法系的规定有异曲同工之妙。匿名作品的推定权利人是原稿持有人。当然，对这一类作品的主体判断只是推定，在事实作者出现后，则应当重新回归事实作者。总体而言，法定主体或者推定主体的规范设计均包含便利作品传播的意图。

意思自治作为判断要素主要适用于委托作品。大部分国家均规定委托作品的归属可以采取合意原则，即只要在合同中明确约定享有著作权者都可以称为著作权人，但是在没有约定的补充规定中，有遵从创作原则的，也有遵从资本原则的。

资本贡献适用于雇佣作品。[1] 从雇主雇佣劳动的现实考虑，雇主的一般需要是使用这类作品，赋予雇主主体地位符合目的推论。这类作品的财产收益已经在雇佣劳动合同中得到保障。法人雇主能够成为作者有两种论证方式，但不论论证的角度如何，它们都是结果检验式的。这种结果不仅保护了投资者，也反映了现代作品创作的特点，即作品不再是一个人的成果，更多是集体智慧的结晶。法人作为集体的代表，回应这一趋势。

除此之外，需要特别关注的是法人作者的价值判断。虽然由法人作为作者并不符合创作人原则，但是法人作为著作权主体则是价值判断的结果。法人作品包含四层非常重要的价值：一是法人作品参与者的开放性。法人作品是对组织化的创作主体的创作成果的拟制。法人代表整个参与创作主体，并且预示后续作者参与的可能性。从一个时间切面看，创作法人作品的主体是固定的，无论参与原因、方式与时间如何，但是从时间轴上看，他们又是不固定的，即不特定的第三人都可以按照一定的条件参与到作品的创作中来，成为新的主体。在法人作品中，每一个新的雇员都有机会成为作品的创作者，参与尚未完成的作品创作或者作品的修改。二是法人作品创作的开放性。由法人享有著作权的作品具有修改上的便利性。法人享有人格权在学理上存在争议，即

---

[1] 我国没有规定雇佣作品，与其相类似的有职务作品与法人作品。我国《著作权法》第 16 条规定的职务作品归属规则比较复杂，分为一般职务作品与特殊职务作品。特殊职务作品的著作权原始主体是“分裂”的：署名权属于作者，而其他权利属于单位，其衡量依据就是资本贡献。一般职务作品的著作权虽然属于作者，但是雇主在业务范围内享有优先使用权，也是考虑到资本贡献。《著作权法》第三次修改草案甚至明确单位享有免费使用权（参见国家版权局 2012 年 3 月公布的《中华人民共和国著作权法》（修改草案）第 17 条）。

使不能完全证伪“法人人格权”，保护法人著作人格权的动因也会减弱。事实上，法人并没有相应的人格要素，法人只是资本的集合而已。在法人内部，为了作品利用的便利，进行一定程度的修改在道德上不会产生责难，在法律上也不会产生负罪感。相比之下，在现有著作权制度中，相当大部分的作品修改受制于修改权，类似视听作品创作中剧本修改权的限制只是一种权宜之计。[1]三是法人作品减少了创作者的多头控制，降低了交易成本，能够促进作品的快速传播。四是设计了作品的新的控制权模式，作品创作者的变化不会影响作品的控制权，不会影响作品传播。现代的开源软件与知识产权社区模式即体现了作品的内部共享与控制权结合的思路。在开源社区内，原创作者将作品置于能够进入社区的每一个成员的可使用范围内，通过契约对作品的修改、使用方式作出约定，以满足每一个成员的个性化需求。在社区的外部，其他作者不得进行商业性开发，比如将 Linux 作为系统软件出售。这类似于将社区视为一个法人单位，单位享有著作权，内部个人使用具有较大自由，著作权合理使用也受到尊重。这种方式的实质是将创作集体作为一个拟制主体赋予其著作权。

二、著作权主体的人格拟制

在作者地位确立后，著作权法的主体随着技术发展与新作品的出现产生联动变化。技术发展增加了作品的创作与传播形式，产生新的作品类型，新的作品类型则对应新的主体。对待

---

[1] 比如《意大利著作权法》第 47 条规定，制片人有权对电影作品中使用的作品进行必要的修改，如作者和制片者没有约定，则由文化部部长根据有关条例指定的专家小组裁决这种修改是否存在必要性。

这些主体，现代著作权法并没有遵循作者的创作要素，而是将不具有智力创作性的主体也纳入著作权法框架。在作品的创作与传播过程中，资本投入者占据非常重要的地位，尤其是创作者集体出现后。对这些主体的安排，版权体系没有区分邻接权人与作者，一律将之纳入作者体系。美国1909年版权法创设了视为作者制度。作者权体系虽然区分了两者，但是对新兴主体的划分，这些国家的著作权法依然无所适从。我国也规定了拟制作者。作者所包含的心理学意义被拟制化了。这些做法以作品为中心展开，扩大了著作权主体，也滤除了著作权主体的创作内涵与实质性要素。

（一）人格拟制的条件

在现代社会，创作方式出现三点变化：一是随着第三次技术革命出现的互联网、数字技术引起作品创作与传播方式的双重变化。除了控制模式的变化外，应用于计算机的程序出现在著作权法中，人机结合创作作品，[1] 任何作品都可以借助数字技术进行传播，实现从有载体到无载体、从复制发行到发行复制的转变。新技术还催生了数据库产业、游戏产业与直播产业，将传统版权产业推到一个新高度。同时，大数据、移动互联网、物联网、云计算、深度学习、生物特征识别、神经网络等技术带动了人工智能的新发展。人工智能生成内容的归属也是与著作权法相关的新问题。新技术主体在保护上的需求以及与传统主体的利益均衡出现在理论界与实务界面前。二是创作对资本的依赖加大。作品创作需要物质资料的支持，创作者也需要生

[1] 早在十几年前，张平教授就专门探讨了计算机辅助艺术的确权问题，参见张平．关于“电子创作”的探析［J］．知识产权，1999（3）．

存。在赞助体制下，作品的报偿来源于赞助者，作品创作失败的风险也由赞助者承受。在自由创作阶段，虽然创作者获得了思想自由与地位独立，但是创作的风险则完全由个人承担，更为重要的是独立创作者依靠创作收益维持生存。如此一来，创作风险的权重就增大了。随着技术支持作品的出现，各种广播节目、视听作品均需要大量的人力资源与资本支持。利用计算机辅助创作时所需要的技术软件也需要资本支持。作品创作后的开发利用更需要风险投资者予以承接。在作品的创作、开发阶段，风险的存在增加了创作对投资的依赖。三是创作主体的组织化。“与某些作品从最初开始到最终结果均由一个人完成相比，更盛行的，是大量采摘外部信息的创作手段。可以预想在一个作品中，数量众多的原作者，会与创作者并存。”❶ 以组织化的形式出现的创作主体成为社会创作的一个新趋向。对这些拥有技术的参与主体、利用技术的创作主体以及创作集体的地位安排考验着著作权法人格统一的原有基础。

随着对著作权法涉及的主体进行体系化整理，作者权体系与版权体系发生分离。在作者权体系国家，从创作要素观察，主体被分为邻接权人与作者两个支系。邻接权人有时也被称为传播者，反映出这一类主体的传播特性与外延。❷ 本来将两者分离开来是为了保持狭义著作权主体的人格纯洁性。因为邻接权人“是文学艺术创作的辅助者……表演者决定音乐作曲和戏剧作品的命

---

❶ ［日］中山信弘．多媒体与著作权［M］．张玉瑞，译．北京：专利文献出版社，1997：93.

❷ 骆电．作品传播者论［M］．北京：法律出版社，2011：21-22.

运，录音企业使稍纵即逝的音像长存，广播组织消除了距离的障碍”。[1] 他们的服务虽然很重要，但是邻接权主体的创作性与作者的创作性存在观念差异。在划分上，德国法将服务于作品的各种劳动投入，包括精神方面的投入行为与具有独特性的精神方面的劳动投入等作为邻接权要素。[2]《法国知识产权法典》将“表演艺术者”“录音制作者”“录像制作者”“视听传播企业”“卫星播放及有线转播企业”等作为邻接权人。两者的划分结果不同，也就是说各作者权体系的代表性国家的著作权法对待新兴主体并没有一致标准，这不免让人怀疑上述体系是否与其目标相一致。严格来说，如果答案具有唯一性，而现实出现了不同的解，著作权法的评价失误就会破坏其初衷，从而使得著作权主体人格要素多元化。在版权体系，通常认为不存在作者与邻接权人的划分。其实，版权体系将判断作者地位所依赖的创作要素降到了一个合适的标准，这样在作者权体系存在的作者与传播者就都能包括进来。广播组织、录音制作企业与视听传播企业等都能够在原始意义上成为著作权法的保护主体。作者权体系的困境与版权体系开放式构造人格要素的经验相互对照，为我国人格拟制提供了法学智识。

（二）人格拟制的逻辑

创作方式的变化与作者概念的质疑使得个体作者在作品中的地位衰落，作用也淡化了。创作个体在著作权法中的地位已并非不可替代。作者的浪漫主义色彩逐渐被资本现实洗尽。现实中委

---

[1] ［法］克洛德·科隆贝．世界各国著作权和邻接权的基本原则——比较法研究［M］．高凌瀚，译．上海：上海外语教育出版社，1995：123.

[2] ［德］M. 雷炳德．著作权法［M］．北京：法律出版社，2005：56.

托作品、雇佣作品以及法人作品的作者认定规则体现了著作权法向这一事实的妥协。我国《著作权法》规定，委托作品的著作权可以通过约定的方式归属委托人，在没有约定的情况下采取创作人主义，第三次修改的草案新规定了委托人免费使用的范围。我国职务作品的归属规则比较复杂，在《著作权法》第三次修改草案中，职务作品实行约定优先原则与利益分享规则。法人作品的著作权则属于“主持或者投资，代表其意志创作，以其代表人名义发表，并由其承担责任”的法人或者其他组织。[1]《英国著作权法》第11条与《美国著作权法》第201条均规定，除雇佣合同另有规定外，雇佣作品归属于雇主或者作品为其创作的他人。这一规则类似于我国著作权法上的委托作品、职务作品与法人作品的归属规则。《法国知识产权法典》第L.113-5条也规定，集体作品的著作权归属于“以其名义发表作品的自然人或法人”。德国对待这类作品仍然坚持创作人主义，是一个另类。即便如此，面对法人成为作者或者更深层次的资本所有者优先于创作者这一现实，版权体系采用法律拟制技术创制了“视为作者原则”，奉行“创作人中心原则”的作者权体系除了借鉴拟制作者的经验外，尚无更佳的途径可循。[2]

在理论上，论证这一类规则的合理性也是采取个人主义方法。著作权法为了激励这类主体，将创作整体进行重新包装，纳入自身框架。法人主体就是将法人作为抽象个人来看待的，也是个体式的。不过，对这种个体的解释有意志主义的，也有出资委

---

[1] 国家版权局《〈中华人民共和国著作权法〉修改草案（第三稿）》。

[2] 孙新强．论作者权体系的崩溃与重建——以法律现代化为视角［J］．清华法学，2014（2）：130-145.

托主义的。意志主义即在考虑法人与作者之间的关系时，将法人的意志作为观察对象，认为法人被视为作者的条件首先应当是作品所体现的意志是法人的整体意志，而非体现某个或者若干个自然人的意志。出资委托主义将经济行为引入对法人与作者的关系的分析中，认为法人被视为作者的原因在于作品的创作是法人出资并委托的，因而委托人或出资人被视为作者。[1] 意志主义的解释方式认为集体组织多个作者进行创作并承担责任，这个过程形成的集体意志来源于个人意志，但又不是个人意志或者个人意志的简单叠加，而是综合起来的合意，将合意赋予法人拟制了法人意志。当然，这个拟制方式是整个私法的拟制技巧。出资委托主义是采取“资本雇佣劳动”的思路，将资本与劳动的交换关系在著作权法的初始规范上就予以考虑。这个过程将对作者的激励转换为对资本的激励，已经与著作权法的整体设计相违背。我国在视听作品的著作权人设计上采纳了版权体系的制片者主义，即体现了出资委托主义。

意志主义与出资委托主义包含的人格拟制逻辑具有广泛的应用情境。以人工智能生成内容为例，按照意志主义提供的证成逻辑，其反映的是具体操作人的意志，软件设计者只是提供了意志表达的工具与范围，具体操作人更具有成为作者的合理性。按照出资委托主义提供的证成逻辑，实际出资者才具有成为作者的合理性。这些逻辑在面对游戏及其直播画面、体育赛事直播画面著作权归属等前沿问题时也具有解释力。需要说明的是，不同逻辑

---

[1] 费安玲．法人作为著作权原始性利益人的理论思考［C］//冯晓青．知识产权权属专题判解与学理研究：第 1 分册．北京：中国大百科全书出版社，2010：35-41.

体现不同立场。

这些作者被安排在著作权法中冲破了作者人格要素形成过程中的心理学基础，表现出著作权法律人格泛化的倾向。按照资本雇佣劳动的法则，任何资本都能够成为著作权主体而享有著作权法确认的越来越广的权利。按照法人意志的规则，任何法人都能够成为著作权主体而不需要付出实际的心智与努力。在这一意义上，著作权主体的道德人格变成了抽象人格。

第三章

著作权法对物权关系的对象构造

著作权法对物权关系的对象或称作品有智力成果、抽象物、知识、知识产品、信息、符号（组合）等称谓，分别代表其所具有的法学、经济学、信息学与文化学属性。不同称谓所展示的仅是作品的不同侧面，更体现对越来越庞杂的具体作品类型的抽象方法。这构成事物本体与法学认识的对立与统一。一方面，无论是已经纳入著作权法保护范围的类型还是尚存争议的类型，都具有各不相同的面貌，即使是同一类型的对象也存在千差万别。例如，以游戏指称的对象，可以简单到纸牌类、俄罗斯方块类，也可以复杂到画面唯美的大型网络游戏。在类型与保护对象之间存在不一致。另一方面，著作权法的普遍性特征又表现出对保护对象统一性的需求，即以著作权法视之，各不相同的保护对象中都存在相同的类本质。这种本质可以是艺术统一，也可以是“具有精神功能的符号组合”。[1] 这种本质又为一个具体对象纳入著作权法保护范围提供了重要解释依据，是著作权对象保持开放性的内在规定性。因而，著作权对象的构造在某种程度上是以抽象方法与视角对具体对象进行同一性认识的过程。

同时，作为一项前提，著作权法需要解决作品独占的正当性问题。在消极层面上，早期著作权制度的支持者为了论证著作权制度的正当性，划开了作品中的接近领域或者公共领域。在积极层面上，他们借用主体哲学高扬的浪漫主义作者观念，提出作者对作品的创造性贡献思想。现代化的表达方式是：“作品独创性的本质在于具备一定的增量要素。”[2]这种论证方式具有典型的洛克特色：

[1][2] 王坤．论作品的独创性——以对作品概念的科学建构为分析起点［J］．知识产权，2014（4）．

既然是由他来使这件东西脱离自然所安排给它的一般状态，那么在这上面就由他的劳动加上了一些东西，从而排斥了其他人的共同权利。因为，既然劳动是劳动者的无可争议的所有物，那么对于这一有所增益的东西，除他以外就没有人能够享有权利，至少在还留有足够的同样好的东西给其他人所共有的情况下，事情就是如此。❶

思想的留取是为了给别人接近留下足够好的同质资源，独创性则是为了昭示创造性劳动作为公有思想与个人的结合。但是，洛克的前提是理性使人分享共有财产以维持生存需求，知识显然不具有这种需求。而且，更为重要的是创造与劳动存在质的区别。因此，思想表达二分法与独创性是为了满足论证需要借用劳动财产理论的结果。

思想表达二分法与独创性奠定了著作权的正当性。思想表达二分法的作用在于判明著作权保护的内容与范围，独创性的作用在于说明著作权保护的条件并连接主体与对象。思想表达二分法是评价性概念，不仅抽象思想属于思想范畴，事实、功能、方法、原理以及规律等也都属于思想范畴。为了实现思想表达二分法的目标，例外的规则包括情景原则与合并原则等。独创性是标识主体创造性劳动的法律工具，与作者中心地位相互锁定，具有识别作者并确保作品作为财产的正当性的功能。在某种程度上，作者利益保护、作品独创性与智力劳动的正当性三者之间具有逻辑自洽性。独创性也是公共领域的控制阀，并通过对公共领域理论与差别原则的运用，为公众自由接近作品并繁荣文化艺术产业

❶ ［英］洛克．政府论（下）［M］．叶启芳，瞿菊农，译．北京：商务印书馆，1964：18.

等公益目标保留必要空间。随着两大法系概念的借鉴与融合，独创性概念在“独立完成”与“创作性”两个维度上展开，为各国协调作者、传播者与公众利益提供了契机。

上述两项规则实质上是将公众作为著作权法规范建构的在场者，但是仅将其作为法律关系成立的外在约束条件。具体表现为：在从客观规范到具体法律关系的过程中，将作品视为一个抽象物，是通过对抽象物的支配来表达作者与不特定公众的关系，即公众反而成了义务主体。从历史的角度看，在印刷技术出现前或者前著作权法时代，作品载体的稀缺使得稀缺的载体与其所有权直接关联，为作者提供了物理状态的在地权（House Right），产生以所有权为中心的配置资源模式。在数字技术出现前，作品来源与复制传播技术具有稀缺性，产生以复制权为中心的配置资源模式。在数字技术与网络技术条件下，控制复制式微的情形催生了以科技主导权为中心的资源配置模式，作者与传播者重新获得控制效果。

第一节　著作权对象的形成

在历史上，著作权对象的内涵有一个逐渐清晰的过程。在对具体对象进行专门规制的时代，保护对象的内在尺度是不清晰的，白棉布的印花与制衣上的印花并不存在值得考虑的差别要素，但是否对其进行保护则不由其类同性决定。通过归纳方式将保护对象体系化后，评论者与立法锁定了保护对象的内在特质，即智力性或创作性。著作权法的保护对象由此清晰，并冠之以“作品”之名。对象体系化需要理论支撑，形成著作权对象的论证逻辑。

一、著作权对象的体系化

从英国著作权法的早期历史看，依法令保护的具体对象并没有章法可循。著作权对象是在对具体对象进行抽象观察后才得到的。规定著作权法保护对象定义的立法例是抽象化运动的风向标。著作权法保护对象的抽象化运动是著作权法走向系统化、理论化的重要标志，也是法治化的重要标志。抽象化以对象的内在特质为依据，将同类性质的对象归为一个整体予以保护，避免了特权思想。抽象的保护对象也使得在论证著作权的保护对象时将不予保护的证明责任转嫁到主张者身上。不过，究竟是主体的创造性转化为作品独创性，还是著作权对象引发主体创造性的构建，尚缺乏明确线索与确切证据，抑或两者共生。

（一）著作权对象的具体类型

在著作权法体系化完成之前，著作权对象是具体的。文学作品、雕刻、印花等文学艺术类作品均是单个法令的保护对象。英国有保护图书、雕刻、速记技术与方法、亚麻布、棉布、白棉布与平纹细布的设计与印花技术，以及稍后较为抽象一些的美术作品等的具体规定。美国著作权法的保护对象也是逐步增加的，1790 年只规定了地图、图表与书籍三类作品，1802 年增加了印刷字体，1831 年增加了音乐作品，1865 年又规定了摄影与底片，1879 年新增绘画、素描、彩色石印图画和雕塑，1912 年规定了电影作品，1971 年增加了录音制品，1980 年明确增加计算机软件，1990 年新增建筑作品。[1] 德国在 1965 年著作权法之前有《关

---

[1] 陈剑玲．美国知识产权法［M］．北京：对外经济贸易大学出版社，2007：88.

于文学作品与音乐作品的著作权法律》与《关于美术作品与摄影作品的著作权法律》两部与著作权有关的法律，分别处理不同类型的作品保护问题。《伯尔尼公约》使用了“文学艺术作品”的概称，用以指称在文学艺术领域内产生的小说、戏剧、音乐、绘画、摄影等。现代著作权法虽然也使用了概称，但是从列举的作品类型中亦可发现这些具体类型的踪迹。

（二）著作权对象的抽象化

如果不仅仅将人看作理性的动物，人就还是符号的动物。各种符号是思维世界的唯一质料，“语言、神话、艺术与宗教则是这个符号宇宙的各个部分，它们是组成符号之网的不同丝线，是人类经验的交织之网”。[1] 书籍是记录这些交流符号并予以传播的重要载体。后人在对集体记忆形态或者书籍记载形态的内容进行比较、分析、体会与感悟的基础上，能够获得对知识的一定理解，从而能够沿承或者批判前人的思想、逻辑与结论，形成自己对旧问题的新见解，或者新问题的看法。正如福柯指出的：“在书的题目，开头和最后一个句号之外，在书的内部轮廓及其自律的形式之外，书还被置于一个参照其他书籍、其他文本和其他句子的系统中，成为网络中的结。”[2] 后人正是顺着这些“网结”把握整个知识之网。凭借书籍，人类思维的对话在不同的作者间进行，从而丰富社会文学艺术思想。

将书籍从交流网络中割裂开来而成为一本本的图书时，人们对其认识有不同阶段。在手抄传播阶段，“原则上，一旦文本被

---

[1] ［德］恩斯特·卡西尔．人论［M］．甘阳，译．上海：上海译文出版社，1985：32-33.

[2] ［法］米歇尔·福柯．知识考古学［M］．谢强，马月，译．北京：生活·读书·新知三联书店，2008：23.

赠送或托付给别人——朋友、同事、书商、个人等，它就差不多完全脱离了作者”。[1] 书籍被视作融合载体与内容或者两者不予区分的文化产品。在“文学财产”争论时期，人们提出了载体与作品分离的认识方案。这是人类认识书籍的新阶段。文学财产的支持者最早的观点是作品保护范围仅限于作品的印刷权和重印权，但这显然无法应对改头换面式的出版印刷，包括节选、汇编或者翻译形式。如果著作权的保护范围可以扩展到印刷之外，印刷就将不再“为描述此文学作品与彼文学作品之间的区别提供方法和便利了”。针对这一问题，文学财产的支持者开始转向对被保护对象的本质特征和范围的检验。当其时，超越书籍才进入人们的视线，为此提供思想的是书籍或者文本的功能。质言之，现实的需要提供了发掘作品本质的条件。实际上，这时的思考结果已经蕴含了思想、表达与载体区分的思想。[2] 这一思考的意义是深远的，从载体中解脱出来的作品是翻译权、表演权、广播权等除印刷出版权以外所有权利的论证基础。

具有交流特质的不仅包括书籍，还有艺术品。一幅画、一件手工艺品都是表达作者情感、意志与思想的媒介。在表达符号上，画作使用的是颜色与线条，雕塑使用的是物理材质，舞蹈使用的是形体动作，音乐作品使用的是乐符。符号的不同不影响著作权法所关注的侧面，艺术表达符号构造一种可识别形式，传递给人们一种感受、经验或意志。如果从质料与形式的关系来解

---

❶ ［法］弗雷德里克·巴比耶．书籍的历史［M］．刘阳，等译．桂林：广西师范大学出版社，2005：23.

❷ ［澳］布拉德·谢尔曼，［英］莱昂内尔·本特利．现代知识产权法的演进：英国的历程（1760—1911）［M］．金海军，译．北京：北京大学出版社，2012：36-39.

释，表达符号与物质体都是固定形式的质料，这些形式可以通过不同的质料来表达，艺术作品在本质上是形式的，其意义也是通过形式表示的，这就决定了文学与艺术可以超越质料而具有相同的本质。这种类比拟制技术整合了不同类型的著作权对象，标示着其抽象化的完成。

著作权对象内在特质的实证性应当从各国立法以及国际条约的规定中获得证明。因为如果一部法律是内生的，它就不应当脱离一国成熟的生活习惯与交往规则。立法所反映的内容是社会的共识，而且唯有共识才能够上升为法律。国际公约更是各国立法经验的共识与总结。《伯尔尼公约》规定的作品包括文学、科学与艺术领域内的一切成果，不论其表现形式或者方式如何。这一定义只是限定了作品的存在领域，并没有对作品的内在性质作出规定。《法国知识产权法典》也没有正面回答作品的内涵，只是排除了部分参考因素，即不考虑作品的体裁、表达形式、艺术价值或功能目的，仅考虑作品的智力性。《德国著作权法》明确规定作品是个人的智力创作。意大利立法从独创性来界定作品内涵，并增加了计算机软件与数据库的保护。《美国著作权法》所保护的作品是指附着于现在已知或者未来可能出现的有形表达载体的原创性的作品，并可以直接或者利用机械或装置予以显示。《日本著作权法》规定作品是指文学、科学、艺术、音乐领域内，思想或者感情的独创性表现形式。我国《著作权法实施条例》将作品规定为文学、艺术和科学领域内具有独创性并能以某种有形形式复制的智力成果。因此，从这些立法例看，著作权对象的内在特质是独创性。

事实上，现代著作权法对作品的解读不可能离开作品的独创性。无论是讨论主体对内容的贡献，还是讨论主体对形式编排、组合与整理的努力，无论是讨论作品的创作高度，还是论述“额头出汗”或者“判断与技巧”，实际都指向独创性概念。当新对象出现时，论证其纳入著作权法保护的必备条件之一就是对象是否具有独创性。“著作权法所收录的作品新类型，只要属于具有独创性的智力创作成果，也通常会被司法判例或者立法者在此后的法律修订过程中予以确认。”❶ 临摹以及临摹品的定性需要独创性的判断。❷ MTV 法律属性的判断也需要独创性要件。❸ 汇编作品以及数据库的著作权法保护如此。❹ 计算机字体与字库的著作权法保护亦如此。❺ 在对象保护上，也存在独创性判断问题。被侵权的部分应当是创作者的原创性部分。无论是采取“接触+实质性相似”规则，还是采取“抽象、过滤、对比”的方法，其最终对比的结果均是涉嫌侵权者的作品全部或者部分内容与他人具有独创性的部分构成相同或者实质相同，如果相同部分是来源于原始资料、史料以及已经进入公共领域的作品，则不构成侵权。

在著作权对象的寻找过程中，人们将视线转移到作品的抽象

---

❶ ［德］M. 雷炳德．著作权法［M］．张恩民，译．北京：法律出版社，2005：导读 8.

❷ 周艳敏．临摹作品著作权保护问题探讨——从“盛世和光”敦煌艺术大展谈起［J］．知识产权，2008（3）.

❸ 吕国强，芮文彪．MTV 法律属性的思考［C］//冯晓青．著作权侵权专题判解与学理研究（第 1 分册）．北京：中国大百科全书出版社，2010：11-20.

❹ 对汇编作品进行定义时强调独创性主要体现在对内容的选择或者编排上。参见陶舒亚．汇编作品著作权相关问题探析［J］．中国政法大学学报，2010（5）.

❺ 关于计算机字体与字库著作权保护的讨论大部分都围绕字体或者字库的独创性来展开，具体可参见刘春田．论方正“倩体字”的非艺术性［J］．知识产权，2011（5）．张今．计算机艺术字体的可版权性［N］．人民法院报，2011-10-12．陶鑫良，张平．具独创性的汉字印刷字体单字是著作权法保护的美术作品［J］．电子知识产权，2011（4）．崔国斌．单字字体和字库软件可能受著作权法保护［J］．法学，2011（7）.

形态即符号上，并将独创性作为作品的内在特质。这清楚地说明了著作权对象，即著作权不再是对书籍的权利，而是对作品的权利。表达作品的可以是各种各样的符号。新兴符号包括电磁符号、数字 0 与 1，甚至是气味符号。同时，抽象的作品概念也成就了著作权对象的独立化。作品与表达符号、载体的分离使得所有权的对象被剥离出来，著作权就有了完整的对象。作品与载体的结合是物权的对象，而单纯的作品则只具有形式，是著作权的对象。

（三）著作权对象体系的开放性

布拉德·谢尔曼与莱昂内尔·本特利在评论知识产权法的演进时认为：19 世纪五六十年代形成的著作权法是一个抽象法，它涵盖了“在最广泛意义上的全部文学作品和美术作品”。[1] 此后的国际公约与各国立法对著作权对象一般均采取抽象概括加例示的规定模式。《伯尔尼公约》第 2 条第 1 款、《德国著作权法》第 2 条、《法国知识产权法典》L. 112-1 条、《日本著作权法》第 2 条、《埃及知识产权保护法》第 138 条等立法例都首先概括作品的内涵，然后例示作品类型。在我国著作权立法过程中，类型化的方法有竞争方案：一种是经验优先的类型例示，例如，文字作品、美术作品、音乐作品等；另一种是逻辑优先的类型例示。我国著作权立法权威人士曾指出：著作权法保护的作品类型可以按照构成要素或者表现形式进行分类，包括文字形式、口述形式、音符形式、动作形式、画面形式、综合形式、连续不断的画面与

[1] ［澳］布拉德·谢尔曼，［英］莱昂内尔·本特利．现代知识产权法的演进：英国的历程（1760—1911）［M］．金海军，译．北京：北京大学出版社，2012：142.

音响形式等。❶ 这些形式是对现实中各类作品的抽象，虽来自经验事实，但又具有一定程度的单纯性。为了条文表述的经验化，著作权法采纳了国际上的普遍选择。

普遍接受的作品类型是规范性的真实类型，因为“在形成类型及从事类型归属时，均同时有经验性及规范性因素参与其中”。❷ 其中的经验性要素源于文学艺术学科的知识，可以为著作权法提供对象范围；规范性因素则源于著作权法的价值判断，可以为列为保护对象提供论证前提。在我国《著作权法》第三次修改过程中，国家体育总局建议将“体育舞蹈、健美操、体操、艺术体操、技巧、武术、跳水、花样游泳等”体育活动中的智力成果纳入著作权法的保护范围，其理由就是这些内容“具有独创性、艺术性、表达性和可复制性，符合作品的特征，是智力成果”。还有人建议将景观作品，将具有独创性的网站页面，将广播剧、广播演说作品、动画作品，将具有独创性的电视节目等纳入著作权法的作品范围，其理由也在于独创性。❸ 某种形式的作品一旦被列入类型，就可以认为完成了该作品的著作权法地位的构造。由于交往实践的立法确认，对列举类型的保护不再需要举证证明其可作为作品获得保护。

但是，类型并不总是足够具体的。发型、音乐喷泉、插花造型等是否属于作品就不是显而易见的。就发型的著作权法保护而言，否定说认为：发型本身可以被喻为雕塑，但其造型的固定性显然不同于雕塑；且发型与人体本身的契合及手工劳动的特性均

❶ 肖峋．论我国著作权法保护的作品［J］．中国法学，1990（6）．

❷ ［德］卡尔·拉伦茨．法学方法论［M］．陈爱娥，译．北京：商务印书馆，2003：340．

❸ 参见《关于〈著作权法〉（修改草案第二稿）的意见和建议汇总表》。

使得其传播限于模仿而无法实现完全的复制。❶ 肯定说认为：以发型形式展示的形象造型带有艺术表演性质，具有审美意义，属于艺术领域的智力成果；在创造该造型时，对发型、头饰等具体的搭配、布局等作出了个性化的选择和判断，由此形成的智力成果具有独创性。该造型已经以有形的表达方式呈现，可以通过拍照、摄录等有形形式进行复制，具有可复制性。❷ 类似的肯定性说理方式同样存在于音乐喷泉与插花的作品化上。❸ 类型为作品体系的开放性提供了可能。在类型化的作品无法涵盖新对象或者存在模糊时，就要诉诸作品经验性要素与规范性要素的判断，即是否符合文学艺术的经验，是否符合独创性。如前例音乐喷泉案，《著作权法实施条例》所规定的美术作品是平面或立体造型艺术作品，是一种具有审美意义的艺术表达，构成要素可以是线条、色彩这些典型要素，但不排除其他方式。这些典型特征与整体形象为音乐喷泉喷射效果的呈现的等置提供了比较点。

但是，问题在于音乐喷泉喷射效果的呈现与表达作者个性并满足消费者个性化需求的花束所体现的审美意义是谁的审美意义。上述三案裁判理由的共同点是个性化表达，既包括创作者的智力劳动考量，又包括客观呈现的重视。其实，隐藏在“表达”一词背后的是著作权法所接受的艺术观或者美学观，是文学艺术的理论知识。虽然自 19 世纪末以来，艺术与美迷失在理论与现

---

❶ 参见北京市海淀区人民法院（2005）海民初字第 8065 号民事判决书。需要说明的是：本案判决被二审以原告不适格为由撤销［北京市第一中级人民法院（2005）一中民终字第 12299 号民事裁定书］，但裁判理由仍具有典型意义。

❷ 浙江省杭州市中级人民法院（2011）浙杭知终字第 54 号民事判决书。

❸ 北京知识产权法院（2017）京 73 民终 1404 号民事判决书；山东省济南市中级人民法院（2017）鲁 01 民终 998 号民事判决书。

实中，但是一些基本线索依然具有导向性。一方面，表达的工具是符号，表达的功能是意义展示，“表达”术语与符号学美学具有近亲关系。在符号学看来，人类艺术的本质是“构型”。当内部情感世界与外部物理世界“融汇和服从于艺术‘构型’的音律词语，色彩关系，线条形象，形式节奏等形式法则中，才会获得真正的审美价值”。[1] 强调“构型”带来了表意符号的普遍性，形成吸纳新作品的条件。另一方面，在 20 世纪六七十年代现代主义艺术客体观念瓦解和更新中，“艺术品作为一种物理存在，与普通日常物品的物理区别已经不是衡量艺术作品的普遍标准，更深刻的标准在于作为艺术品的物品与现实的关系，这一关系构造出来的东西就是观念”。[2] 在我国，“从‘现代’到‘当代’，作品不再是赏心悦目的，不再为观众提供‘美’的图像，而是引发观众对现实社会的关注与思考。艺术开始介入到现实社会的种种问题中。”[3] 这意味着，艺术与美已经大众化、普遍性，艺术品与日常物品的差异已经部分地消除。在作品判断上，文学艺术观念造成了形式主义与观念主义的分野。因此，发型、喷泉呈现、插花、杜尚的《泉》、实用艺术品等非典型作品的著作权法保护，在一定程度上是占据主流的大众审美观的力量折射，是观念主义作品观的胜利。

只是，这种大众审美有时又与商业文化、流行艺术等不自觉地糅合在一起，形成一种社会驱动的著作权对象扩张轨迹。一个

---

[1] 朱立元．西方美学思想史（下）［M］．上海：上海人民出版社，2009：1282.

[2] 李笑男．从现代到当代——西方现代艺术的“艺术客体”观念转化［J］．文艺研究，2010（7）.

[3] 杨杰．“现代”与“当代”——三十年来中国新艺术之变化［J］．文艺研究，2014（3）.

对象能够纳入作品体系需要的不仅是作品特质，还需要有驱使发掘这一特质的理由。我国的立法建议如果能够纳入法律体系也需要这样一个理由。事实上，著作权对象是特定保护政策与不断变动的结果回溯论证方式相结合的产物。约束著作权法的特定政策既有文化政策、知识产权政策等宏观政策，又有法律实施的微观政策。结果回溯论证方式在 Donaldson v. Becket 案中已经有所体现，即英国上议院基于他们对于交换和流通的自由主义式关注，从而将注意力集中于若对伦敦出版商公会授予一种永久性垄断将对图书交易所造成的结果上。[1] 也就是说，在该案中，法院更希望将判决结果的社会影响纳入法律决定，再反向寻找值得保护的作品的独创性。现代著作权法保护汇编作品的思维方式可以视作这种结果回溯论证方式的延续。因为汇编作品包含产业的大量资本投入，成本的回收在邻接权、不正当竞争等法律不能满足的情况下，只能回溯式地求助于著作权法，再运用著作权法的独创性概念论证汇编作品的独创性。计算机软件保护的论证方式也是如此，所以才根据保护需要游离在著作权法与专利法之间。政策的前瞻性与论证的回溯式相结合是著作权对象体系扩张的社会逻辑。

不过，在确定需要使用独创性概念论证新对象的合法地位后，法律给予新对象的地位也不尽相同。作品类型随着传播技术的发展而发生变化。随着录制技术的出现产生了录音制品，随着广播技术的出现产生了广播节目，随着摄制技术的出现产生了摄影作品与视听作品。随着互联网技术的发展，出现了各种传统作

---

[1] ［澳］布拉德·谢尔曼，［英］莱昂内尔·本特利. 现代知识产权法的演进：英国的历程（1760—1911）［M］. 金海军，译. 北京：北京大学出版社，2012：45.

品的电子化，并出现了程序作品。从表达方式上进行抽象，作品沿着声画技术在不断发展。如果抛弃制作过程的区别，则动漫作品以及电脑特技制作的作品都属于视听作品。但是，作品的用途或者功能、独创性标准以及制度惯性等因素会影响作品的判断，比如同是视听形式的网络游戏，其保护方案就不同于视听作品。对这些新作品无法进行事前概括，作品类型的发展就无法按规律演进，以至于我们可以确定作品内涵，却无法统一把握作品体系。

二、著作权对象的理论证明

著作权法是人为制度，不具有自然伦理性，也不蕴含逻辑必然。[1] 著作权对象当然也就脱离伦理视野，进入价值构造上。由于在“形”“体”观念上认识不同，著作权对象有有形无体与有体无形之争。[2] 无论是无体还是无形，著作权对象的特质均包含否定性肯定。对“无”的东西如何享有著作权，确实需要一番论证。如果站在主体与客体的二元范畴，著作权对象就有两条论证

---

[1] 萨维尼在家庭法中按照“自然—伦理”标准区分了“自然制度”与“人为制度”。朱虎认为，这一区分也可应用到家庭法与财产法的区分上，即家庭法是一种“自然制度”，财产法是一种“人为制度”。但是，一些具有自然的、必然的制度也被认为是“人为制度”，这是舍弃了制度的“社会根源”使然（参见朱虎．法律关系与私法体系——以萨维尼为中心的研究［M］．北京：中国法制出版社，2010：142－143.）。将著作权制度视为一种“人为制度”实际上是舍弃了著作权制度的自然法基础。从出版商版权到作者权利的演变过程可以发现自然法渗入的痕迹（Lyman Ray Patterson. Copyright in Historical Perspective［M］. Tennessee：Vanderbilt University Press，1968：17.）。

[2] 刘春田．知识财产权解析［J］．中国社会科学，2003（4）．吴汉东．知识产权基本问题研究（总论）［M］．北京：中国人民大学出版社，2009：6－7.

与说明路径：经由人格的论证与经由外在对象的论证。

（一）经由人格的论证

作品体现作者人格是与先验唯心主义、浪漫主义美学观等思想背景相联系的。黑格尔、康德、费希特都从“人格之反映”的角度来解释作品的本质与对作者权利的看法。学界一般认为，主张“作者权利是人格权”的观点始于康德。康德认为作品是作者个人禀赋的实现，作者权利是内在的人格权利。[1]

黑格尔在思索“艺术家和学者等是否在法律上占有着他的艺术、科学知识，以及传道说教和诵读弥撒的能力等，即诸如此类的对象是否也是物”时感到“有所踟蹰”。[2] 我们应当理解黑格尔踟蹰的真正意义所在：发现人格成为作者所有物的方式。如果将人格意志与运用人格意志的活动成果区分开来的话，我们将会发现他的问题已经可解。实际上，黑格尔也正是在这一区分前提下从作者人格出发，最终将意志活动的成果落在了人格的外在表现即特殊物上。可以说，他的法哲学思考更多地希望将作品视为一种物，无论是抽象物还是特殊物。如此一来，作品就财产化了，财产属性抹杀了人的神圣性可能带来的崇高地位，使得作品去魅化。意志活动产生的作品不再是具有自由性的人的精神，而是不自由的存在者。相应地，其与人的关系就由组成部分变成人所有的财产。

虽然在哲学上，财产是人权的重要组成部分，但是要区别对待哲学上的财产权观念与私法上的财产权。洛克论述劳动能够为

[1] 杨延超．作品精神权利论［M］．北京：法律出版社，2007：187.

[2] ［德］黑格尔．法哲学原理［M］．范扬，张企泰，译．北京：商务印书馆，1961：51.

自己取得财产的结构包含将人身视为财产的思想，即“每人对他自己的人身享有一种所有权”。[1] 私法上的财产权与人身权属于不同法律关系。按照萨维尼对法律关系的划分，[2] 对不自由的自然的法律关系以及上述法律关系的救济性法律关系都包含着财产。在这个意义上，著作权的财产价值与物权的财产价值是等值的，均是对不自由的自然的法律关系的提取，并不具有优越性。

论证作品为人格表现的这条路径似乎为人格权的构建提供了新的契机。德国法学家将人格细分为自由组织个人生活、个人姓名权、商业名称权和商标权、人格尊严权与文学艺术作品权和发明权。[3] 比较苦恼的是人格权客体的发现。“正是因为有了作品的承载，早期人格权研究中遇到的难题被化解了，‘作品’为人格权的客体与主体之分离提供了认识上的契机。”[4] 但是一旦作品与主体分离之后，还能不能带有人格性则不无疑问。根据民法关于人身分离物的通常见解，[5] 人格要素的分离物并不先天带有人格特征。人格权的最终目的是维护人身的存在与发展，而不是保护组成人身的物质要素。与此相类似，从人的思维中发展出来的作品也不例外。从与所有权的比较出发，将署名权与占有权，修改

---

❶ ［英］洛克．政府论（下篇）［M］．瞿菊农，叶启芳，译．北京：商务印书馆，1964：18.

❷ 朱虎．法律关系与私法体系——以萨维尼为中心的研究［M］．北京：中国法制出版社，2010：129-130.

❸ Edward J. Damich. The Right of Personality：a Common-law Basis for the Protection of the Moral Rights of Author［J］. Georgia Law Review，1998，23（1）：325-397.

❹ 张今．著作人格权制度的合理性质疑［J］．社会科学辑刊，2011（4）.

❺ 江平．民法学［M］．北京：中国政法大学出版社，2011：222. 谢在全．民法物权论（上册）［M］．北京：中国政法大学出版社，2011：18. 王泽鉴．侵权行为法（第一分册）［M］．北京：中国政法大学出版社，2001：108-109.

权、保护作品完整权与特殊处分方式，收回权与事实上、法律上的处分权等同起来，[1] 也就不足为奇了。

因此，从人格出发的作品论证并不必然包含著作人格权。如果经由人格发现了著作权的人格权性，则即使不是不加深究的妄语，也是逻辑疏忽。只要作品与主体相分离，作品的"类物"性即使没有明确，也是暗含的。可以认可这一逻辑：在知识、技能与经验没有被人表达出来前，这些内容只存在于主体范畴；当这些内容被明确表述出来后，即使是初始的，也已经脱离主体而成为外在物，从而也就构成客体意义上的东西。在主体与客体之间没有妥协与中庸。如果在社会背景下理解著作权，这种浪漫主义情怀恐怕就要有所"收敛"。在法学上，论证人格意志活动的结果为物的目的就是论证作者对作品支配的合理性。这可以从黑格尔的"踟蹰"中发现端倪。一旦经由人格的东西成为作者的所有物，支配权性质就确定无疑了。

（二）经由财产的论证

财产视角的论证方式是实用主义的。著作权法所要关注的是通过作品获得利益的合理性，至于"作品为何"既不是著作权法关注的，也不影响著作权法的制度理性与规范基础。经由财产的论证并不是将作品视为外在对象，而是不考虑作品的性质，将作品带来的利益视为财产。这一路径的核心是故意忽略作品性质的追问，直接关注作品利益的正当性，恰好切中了著作权法的要害。

潜藏在这一逻辑中的作品是引起财产利益的前提。从英国著作权法史看，作品产生财产利益是起源于政治的。技术的发展虽

[1] 杨延超．作品精神权利论［M］．北京：法律出版社，2007：163-170.

然对这一结构有重大贡献，但真实作用只是扩充了财产利益的市场范围。如果没有政治上对图书审查的需要，图书出版与思想审查没有完美地结合起来，获得作品印刷的垄断利益就不会成为出版商的习惯。据资料显示，英国的统治者在一开始寻求控制“异端邪说”的方式时，并没有太多地依赖民间资源，后来的书商兄弟会引起了玛丽的注意。在与书商兄弟会的合作中，英国统治者一直是“欲说还休”的态度，只是到了“形势的发展让伊丽莎白认识到，要使书籍审查制度达到满意的效果，必须加强与书商公会的合作，也确有必要加大对书商公会的支持力度”时，这种利益共同体才组建起来。[1] 尝到甜头的书商公会在后来的利益较量中均与时俱进地维护自己的利益。垄断利益经过资本主义改造之后，虽然已经失去了封建特许的味道，但是已然无法褪去作品上的财产色彩。

为了对作品的财产利益进行论证，著作权法的既得利益者不得不寻求传统财产理论的支持。巧合的是，作品从共享到独占的转变契合财产史传统。无论是柏拉图理想国中阐释的共产模式，还是基督教教义的财产共有观念，财产共有一直为财产哲学的逻辑原点。缺乏私人占有的合法性论证，现有的私有财产就是盗窃。[2] 就著作权而言，无论是作者权体系还是版权体系，均无法回避主体获得财产利益的正当性问题，也无法回避对一般财产正当性论证的回归与目的性解释。理论家们为财产私有奉献的理论

---

[1] 易健雄．技术发展与版权扩张［M］．北京：法律出版社，2009：12-14.

[2] 1840年，贝桑松的皮埃尔-约瑟夫·蒲鲁东提出了这样一个问题：什么是财产？他给出的答案是财产就是盗窃。这是对私有财产必要性与正当性的怀疑。参见［英］彼得·甘西．反思财产：从古代到革命时代［M］．陈高华，译．北京：北京大学出版社，2011：123.

学说有洛克的劳动财产论、格劳秀斯（Hugo Grotius）与普芬多夫（Samuel Pufendorf）的共同体同意或协议说、康德与黑格尔的自由意志说、卢梭的社会公意论等。著作权法曾经奉行的“额头出汗”理论就是洛克式的。不论何种解释模型，都是为了说明作者享有作品带来的利益具有合理性，将主体与利益的关系建立在一种具有道德性的联结点上。

对著作权对象保护的重视还受到一般财产权保护的人文背景的影响。“拥有财产也许不是一种自然权利或人权，但是，复杂社会中的人们不遗余力地去获取、占有感到所需或者认为有价值的外界事物，并给它们贴上‘我的’标签。”[1] 洛克将劳动作为财产权取得道德律令的时候，财产权作为与生命权相联系的人权地位就确立了。“洛克的指挥棒没有传给1776年的美国革命，而是传给了1789年的法国革命者。”[2] 但这并不代表美国不重视财产地位，只是为了防止奴隶制以及印第安人的自然财产权利与财产观念相矛盾。[3] 在这一背景下，财产具有超越实证法的地位。著作财产权本身与个人特性或者劳动有关，带有伦理光环，更属于应当保护的财产。

著作权法从一开始就保护作品带来的财产权益，并被作为一条原则保留下来。每一次作品利用方式的扩大，都会带来著作权的扩张，从而为著作权人谋取更大的市场利益，甚至出现了按照

---

[1] ［英］彼得·甘西．反思财产：从古代到革命时代［M］．陈高华，译．北京：北京大学出版社，2011：263.

[2] ［英］彼得·甘西．反思财产：从古代到革命时代［M］．陈高华，译．北京：北京大学出版社，2011：266.

[3] ［英］彼得·甘西．反思财产：从古代到革命时代［M］．陈高华，译．北京：北京大学出版社，2011：252-253.

市场原则来分配作品带来的财产利益的做法。经由外在对象的论证方式只考虑财产利益的正当性，对著作权的扩张也是有益的。

第二节 著作权对象的正当化

作品是由一系列自己的观点与表达、公共领域的素材与合理使用他人的表达构成的有机体。人们无法从作品的表达中抽取出来自己的表达部分，或者只能抽取零散的知识碎片。即使能够抽取，抽取的内容也不构成作品保护的全部范围，因为作品存在实质性相似与演绎的可能性，而且没有作品保护范围的描述与登记机制，所以“确定著作权作品的表述技巧的艰难任务就落到了立法机关和法院的身上”。❶ 法院也不能一成不变地使用确定作品范围的技巧，因为从结果来看，这一技巧对于实现特定的政策目标并不总是有用的。在关注点转移到作品上后，“法律将其注意力从在保护对象所体现的劳动价值那里，转移到了该对象本身的价值上：转移到了该特定对象为读者公众、经济等所作出的贡献上”。❷ 作品的内在特质从智力劳动离开并转向社会公众的喜好与经济价值后，不可避免地要发生一些变化。首先，作品与智力劳动付出的正相关关系变得不明显起来，一些追求知识的严肃作品

❶ ［澳］布拉德·谢尔曼，［英］莱昂内尔·本特利．现代知识产权法的演进：英国的历程（1760—1911）［M］．金海军，译．北京：北京大学出版社，2012：228-229.

❷ ［澳］布拉德·谢尔曼，［英］莱昂内尔·本特利．现代知识产权法的演进：英国的历程（1760—1911）［M］．金海军，译．北京：北京大学出版社，2012：207.

虽然耗费了作者大量的心血与智慧，但可能在公众面前无法过关，也无法产生经济效益。作者与公众的市场正在发生逆转，公众喜好的才是作者应当创作的。其次，建立在保护作者创作基础上的著作权法变得“心口不一”，严肃作品的智力劳动不能对应应有的保护效力，著作权法沦为公众选择的附庸。最后，著作权法的价值发生错位，“值得复制的就是值得保护的”“市场替代性或者效益”等基本理念占据著作权法的舞台，彻底贬低了作者智力创作在作品中的影响力。这些变化带来了著作权对象评判中创造价值或者劳动价值与市场价值的持久性争论。著作权对象正当化的标尺也在两者之间滑动，即思想表达二分法与独创性等制度的工具理性在上述价值理性间往返穿梭。

一、思想表达二分法的界分功能

在国际上，思想表达二分法并不是一个独一无二的概念，德国著作权法采用“内容与形式”这对颇有哲学意味的概念来表示。郑成思先生在批驳“内容与形式”这一表述时认为“思想表达二分法”比“内容与形式”更确切一些，表达包括了内容与形式。[1] 德国法学界通过将“形式”划分为“外在形式”与“内在形式”而将一部分“内容”披上“形式”的外衣重新塞到“形式”的队伍中来。[2] 按照雷炳德教授的解释，内在形式是在作品创作人头脑中形成的，用以展示作者独特的思维、理解与想象方式，包括计划、思想的连贯性、证明过程、发展过程、人物形象的勾勒、场景或构图的发展、构思与构图、建筑结构设计、句子

[1] 郑成思．版权法［M］．北京：中国人民大学出版社，1997：43.

[2] 郑成思．知识产权论［M］．北京：法律出版社，2003：312.

与节奏等。❶ 如此一来，两者在内涵上基本一致。

（一）思想表达二分法的形成

思想表达二分法是否萌生于英国“文学财产”争论时期寻找著作权法保护对象的过程中，现有的资料表达了一种对立的观点：布拉德·谢尔曼与莱昂内尔·本特利通过资料显示，文学财产的支持者认为图书由思想、知识和情感构成，作者表达其情感的体裁或风格构成私人财产权的对象。❷ 因为将著作权法的保护对象限制在印刷上无法遏制改头换面的盗版与复制，如果扩大到印刷的背后，则需要告诉质疑者具体的保护对象。这一论据支持“思想表达”这一术语并不是后来者的杜撰或者反思，而是在文学财产争论时期就已经切实存在了。但是，从耶茨法官与曼斯菲尔德法官的判决意见可以证实早期并没有思想表达二分法的对立。耶茨法官认为，“在作者认为适于公开以前，这些思想一直处于他的控制之下”；曼斯菲尔德法官也认为，版权是对以“语词、句子和各种表达方式”传达的“思想或者思维方式”的权利。❸ 而且，双方均言之凿凿，有据可凭。

美国法上的思想表达二分法最早起源于 Baker v. Selden 案。在该案中，法院指出：在数学科学作品上的版权不能授予作者对其提出的操作方法或者他用于解释这些方法的图表享有独占权，以便其阻止工程技术人员在需要的时候使用这些方法或者图表。出版科学或者有用艺术方面的书籍的目的正是向世界传递其中包

---

❶ ［德］M. 雷炳德 . 著作权法［M］. 张恩民，译 . 北京：法律出版社，2005：43.

❷ ［澳］布拉德·谢尔曼，［英］莱昂内尔·本特利 . 现代知识产权法的演进：英国的历程（1760—1911）［M］. 金海军，译 . 北京：北京大学出版社，2012：39.

❸ 李雨峰 . 思想表达二分法的检讨［J］. 北大法律评论，2007（2）：433-452.

含的有用知识。如果不被指责为盗版就无法使用知识的话，这一目标就会受到阻碍。并且，如果不利用书中包含的操作方法和图表就不能使用书中所传授的技艺，或者类似情况，那么这些方法和图表就被视为技艺的必需品，随之向公众提供。法律考虑以这种方式给予他们报偿：从对公众的有用性寻求资助和保护，这不是科学的任务。❶ 如果说该案的说理尚需要借助宪法条款的助力而不具有自足性的话，在 Nichols v. Universal 案中，法院表达的维护思想领域自由的观点就是直观清晰的了：我们假定原告的戏剧全部是原创的，尽管在某种程度上很难相信。我们进一步假定，她对在她之前的戏剧完全不知，事实上这是不现实的。但是，正如我们已经表述过的，她的版权不能覆盖从她的戏剧中抽取的所有部分，在某些方面戏剧内容已经进入了公共领域。❷ 按照智力成果保护的基本原则，既然理论上假设作品是完全原创的，那就没有将其构成部分排除在专有权之外的道理，因为每一部分的原创性都是同质的。如果有一些内容被排除，诚如法院的讲述，则可以断定这一假设是天真的，思想的公共领域存在于司法的先验判断中。作为一个维护公共利益的机制，法院还在该案与 Morrissey v. Procter & Gamble 案❸中提出了必要场景原则与唯一表达原则作为公共领域判定的补充准则。

思想表达二分法所指的“思想”不是抽象思想。冯晓青教授明确指出了抽象思想不予保护的三点理由。❹ 按照这一立场，将

---

❶ Baker v. Selden，101 U. S. 99 (1879).

❷ Nichols v. Universal，45 F. 2d 119 (2d Cir. 1930).

❸ Morrissey v. Procter & Gamble，379 F. 2d 675 (1st Cir. 1967).

❹ 冯晓青．知识产权法利益平衡理论［M］．北京：中国政法大学出版社，2006：682-683.

TRIPs协定中关于该概念的"思想"修改为"创意"以避免专利法中出现"思想悖论"，实现专利法与著作权法概念的协调，确属的论。[1] 这既是立法用语的严谨所系，也反映了区分抽象思想与思想表达二分法中的"思想"的努力。

思想表达二分法所指的"表达"具有外观性、想象性与可确定性："某些思想只有具备了从外观上显而易见的具体的想象性内容，并且通过这种方式，外界也能够从物化后的作品中得到相同的信息时，它们才可以受著作权法保护。"[2] 思想表达于外部才能为公众所知悉，隐匿于内的思想没有分离的形式，与主体融为一体，无法成为法律的调整对象。想象性指明了表达于外的思想的特点，即包含主体的自由空间。如果缺少主体可表达个性的空间，"法律允许人们把建立在某种思想之上的那些说明性的东西（方法、体系、程式）从其个别特定的地方分开并自由使用"。[3] 可确定性是指公众接近可得到相同的信息，公众对这一信息可以有不同理解，作者也可以修改完善，但是当其展现在公众面前时，公众已经有普遍接近的可能。这一点反映了著作权法以知识传播为导向的理念，如果表达的内容对公众而言是虚幻的、不可知的，则无法构成可版权性的表达。

在思想表达二分法理论提出之后，著作权的保护范围从"字面侵权"迈入"非文字性要素"阶段。[4] 在"字面侵权"阶段，思想存在于手稿等载体的字面范围之外，很多资源都可以作为创作的基本素材。在"非文字性要素"阶段，超越于文字限定之外

---

[1] 寿步．关于修改著作权法的若干建议［J］．知识产权，1998（6）.

[2][3] ［德］M．雷炳德．著作权法［M］．张恩民，译．北京：法律出版社，2005：50.

[4] 卢海君．版权客体论［M］．北京：知识产权出版社，2011：23-25.

的范围就是主观范畴，保护到何种程度实际上是判例的“呓语”，取决于一定时期政策的“一时兴起”或者可能的社会影响。

（二）思想表达二分法的评价性

思想表达二分法是按照公共领域保护要求得出的判断。为了保障知识的接近自由，作品中包含的有用性思想不得保护。将公众的新知需求作为构建不受保护领域的理由，反映了现代著作权法的基本政策导向。但是，公众需求的不仅有思想，还包括操作方法、数学概念等。从语义角度分析，无论如何扩大解释，也无法完成这一任务。随着著作权法不予保护的内容种类的增多，思想逐渐隐喻化。正如戈斯汀（Goldstein）所建议的，对思想表达不应该按照字面意义来理解，而是应当作为一部作品中“不受保护的要素”和“受保护的要素”的比喻。❶ 乌尔默更是直截了当地将隐喻明确化，即“判断某部作品是否应当受保护，不应当从作品的形式或者内容来判断，而是从作品本身的独创性特征或者以作品本身所包含的公共精神财富来判断”。❷ 这一观点将保护范围的界限直接划到值得保护的独创性要素与不值得保护的公共精神财富的边界上。“思想表达二分法”作为一个价值判断准则，类似于分别设置了著作权法不予保护与予以保护的两个“账户”。在结果回溯论证的基础上，将不予保护的内容放置在“前账户”，将予以保护的内容放置在“后账户”。

这一判断源于思想表达二分法指向公共利益目标的工具理

---

❶ Paul Goldstein. Goldstein on Copyright：3rd Edition（Volume 1）［M］. Wolters Kluwer，2007：2.3.1. 转引自卢海君．版权客体论［M］．北京：知识产权出版社，2011：15.

❷［德］M. 雷炳德．著作权法［M］．张恩民，译．北京：法律出版社，2005：43-44.

性。二分法为平衡公众接近信息的需要和报偿、鼓励作者创作的需要提供了一个基础，对司法实践平衡作者或其他著作权人与广大作品使用者之间的利益具有指导意义。[1] 这一表述显然是将思想表达二分法作为著作权法价值构造的方式，为了维护利益平衡，立法与司法都应当遵循。思想表达二分法也反映了机会平等与代际公平要求，缓解了版权与信息自由之间的紧张关系。基于目的性，"'思想'与'表达'之间的界限是模糊的，隐喻性的，它并不是一个预先将某个作品置于公共领域或者作者专有权之内的原理，而是一种事后描述"。[2] 这一论断表述了思想表达二分法的评价性。当一部作品或者作品的一部分构成对公共利益的垄断或者损害时，法院就倾向于采纳将其视为思想的观点，并采取积极论证。

如果将思想与表达这两个概念都隐喻化，思想代表著作权法不保护的范围，表达代表著作权法的保护范围，那么思想表达二分法就是划定对象保护范围的基本工具。思想与表达的界线存在绝对清楚与相对模糊的地带。作品具有不同层面，包括谐音、节奏和格律，语言与文体，意象、隐喻、象征与神话，主题与事实，体裁与题材等内容，这些属于思想范畴。对于情景而言，有些是实现特定叙事所必需的内容，比如悲剧中悲戚哭泣的场景、爱情男女分手时的倾盆大雨以及谍战剧中的舞会等，这些内容在性质上也属于思想范畴。除了对这些内容的判断外，相对模糊地带的判断就要诉诸著作权法公共利益的考量，并采取回溯论证的

[1] 冯晓青．著作权法中思想与表达二分法原则探析［J］．湖南文理学院学报（社会科学版），2008（1）．

[2] 李雨峰．思想表达二分法的检讨［J］．北大法律评论，2007（2）．

方式。在实现知识享有机会均等的必要限度内，著作权法应当尽量将相关因素安排到思想范畴，便利学习、交流与沟通。在保障作品单一性时，著作权法应当尽量将相关因素视作表达，以增加不同作品的区别性。这一判断的最终结果决定着著作权人以作品参与生产经营环节的分配的妥当性，为作者的创作指明了方向，也为与作品有关的社会财富配置提供决策参考。

在司法实践中，对思想表达二分法的运用也是模棱两可的。美国法院先后发展了“减除测试法”“抽象测试法”“模式测试法”“功能目的测试法”以及1992年阿尔泰案件的“三步检验法”，即抽象、过滤与比较等方法。❶ 这些方法的目的都是在公共领域的目标指引下，找到一条更适于判断思想与表达的线索。“三步检验法”的目的是通过对思想的鉴别，将抽象的思想从文本中剔除，剩下的反映作者个性的表达就构成作者财产权的核心内容，其他内容则划归公共领域。❷ 但是剔除的过程仍然充满了主观色彩与政策变数。如果从概念的科学性与确定性来考虑，这似乎是为思想表达二分法吹响了死亡的号角，顺便捎带着著作权法。因为思想表达二分法是一个“靠不住”的概念，容易为人的主观观念所左右。但是，法学具有强烈的主体间性，只要能够超越个人判断的恣意性，就具有合理性。

或许正是带有先天不足，思想表达二分法在维护公共领域方面才具有卓越表现。在法律层面上，萨缪尔斯（Edward Samuels）教授建议，将思想表达二分法作为实质性相似判断、独创性原

---

❶ 卢海君．版权客体论［M］．北京：知识产权出版社，2011：32-44.

❷ Computer Associates International，INC.，v. AltaiI，INC.，23 U. S. P. Q. 2d 1241（2d cir 1992）.

则、合理使用以及实用原则的最后补充手段。[1] 他的观点显然是将思想表达二分法作为公共领域的最后屏障，作为维护公共领域的最后一道安全阀。在社会层面上，思想是人人可以接近的对象，对于相同问题，每个人都可以表达自己的判断、选择与意见。表达是著作权人的专有领域，该领域的独占权为作者设置了一个激励机制，也体现了尊重色彩。在这一目标下，思想表达二分法能够与当时的文艺理论、思想观念与发展政策相结合，实现有机融合与充分协调。

二、独创性的证成功能

作品概念形成后，主体判断与对象判断就通过行为的创作特性连接在一起。作者的作品通过创作行为来识别，在作品中存在的作者通过独创性来识别。独创性既是一个与作者相关联的概念，又是对作品内在秉性的判断。独创性内涵的明显转变典型地发生在 18 世纪后期、19 世纪早期现代著作权制度的形成过程中。[2] 这一概念的现代形态是对哲学的主体转向与文艺理论转型的响应，并随着不同利益主体的需求与公共利益保护的结果回溯而发生变化，构成主体与客体连接的桥梁。独创性之意义，仅为著作之创作归属于著作人之原因。[3] 这种联系不是“血缘”关系，而是文化思潮影响下的拟制产物，意在强调作者运用理性能力在知识输入与输出上的贡献以及对人类知识的增进，反映了面向知

---

[1] Edward Samuels. The Idea - Expression Dichotomy in Copyright Law [J]. Tenn. L. Rev., 1989, 56 (2): 321-388.

[2] 李琛. “法与人文”的方法论意义——以著作权法为模型 [J]. 中国社会科学, 2007 (3).

[3] 萧雄淋. 著作权法论 [M]. 台北: 五南图书出版股份有限公司, 2010: 83.

识增量的努力。事实材料与事实材料汇编在著作权法上具有不同命运的核心在于"版权的必备条件是独创性"，"事实材料的独创性不能归因于作者的作用"，"只要事实材料的选择与排列是编辑者独立进行的，并具有最低限度的创造性，就具有足够的独创性，国会可以通过著作权法保护这些汇编物"。[1] 对作品提出独创性要求，是主体中心地位价值观的映射，是对主体在作品中的人格影响或贡献的认可。

（一）独创性的形成

在18世纪上半叶，作品观已经在转向浪漫主义，独创性具有空前高的地位。英国诗人扬格全面而深刻地阐述了独创与模仿的区别及其价值：

> 模仿有两种：模仿自然和模仿作家；我们称前者为独创，而将模仿一词限于后者……独创性作品可以说具有植物的属性：它从天才的命根子自然地生长来，它是长成的，不是做成的；模仿之作往往是靠手艺和工夫这两种匠人，从先已存在的本身以外的材料铸成的一种制品……我们阅读模仿之作，总多少带着听第二遍故事者的懒散心情；一见到独创性作品，我们的精神振奋，那是个百分之百的陌生人，人们群集要想探听外国的新闻。[2]

其对独创性的解读重在"从无到有"的新。因为"多数拉丁文经典作家和全部希腊作家……都属于模仿者之列，却获得我们最高的赞美……他们虽不是真正的、却也是偶然的独创性作家；

[1] Feist v. Rural, 499 U. S. 340, 1991.

[2] ［英］爱德华·扬格．试论独创性作品［M］．袁可嘉，译．北京：人民文学出版社，1963：5-8.

他们所模仿的作品，除少数外，都已散佚。”❶ 无独有偶，同时代的德国文艺理论家莱辛也提出摹仿有两种含义：“一种是这一方实际就用另一方的作品为摹仿的对象，另一种是双方都摹仿同一对象，而这一方采用另一方的模仿方式和风格。”❷ 前者是独创，后者则是一种抄袭。这些思想至今仍对独创与模仿（复制）的区分具有指导意义。不过，这一时期关注作者的创作过程，是从模仿的对象来判断作品。其本质是重视作者的新贡献。

自 19 世纪下半叶起，随着著作权对象的抽象化与统一进程，法律规制的对象从行为转移到创作成果上。“在现代法中，创造性可能并不像其曾经那样发挥着关键性作用，但是，这个被认为从知识产权法中消除了的创造性，又以新的外表出现了。”❸ 判断一个对象是否可以获得版权法保护时，先前对主体创作的智力付出的识别自然而然地隐藏在过程背后，直观来看是作品的内在特质决定对作者的保护，实际上主体的智力创作与独创性只是词性替换关系。从实证路线出发可以发现，作者的创造因素间接融入对作品的判断中。因为只有人具有创造性，能够成为创造者。每一部作品实际上均是作者通过自己的实践提交给社会的一份表达自己思想、感情、看法、意志、观点等内容的综合报告。将作品界定为具有独创性特质的东西就是为了在实现保护对象逻辑一致性的同时保持从现代著作权法产生以来所采用的话语方式。

独创性判断要素包含对创作者智力劳动的承认，以独创性来

---

❶ ［英］爱德华·扬格．试论独创性作品［M］．袁可嘉，译．北京：人民文学出版社，1963：7.

❷ ［德］莱辛．拉奥孔［M］．朱光潜，译．北京：人民文学出版社，1979：44.

❸ ［澳］布拉德·谢尔曼，［英］莱昂内尔·本特利．现代知识产权法的演进：英国的历程（1760—1911）［M］．金海军，译．北京：北京大学出版社，2012：237.

统一作品的内在特质与一直以来保护智力劳动的初衷似乎一脉相承。但是，独创性的传统运作效果并不理想。作品的交流特质实际上是将主体拉入文本的创作、解读与传播之中，并形成一个无限递增的网络。主体参与作品的活动，既有文本创作，又有文本解读，有时后者更为重要，因而作品不仅无法脱离主体，反而需要借助主体发展自己的意义与价值。这部分地使作品主观化了。由于作品包含主观性，对作品的判断就缺少了客观、确定的标准。

在传统上，英美法系的独创性判断更多地强调作者的独立完成。英国的判例表明：独创性包含个人技巧、时间、精力、经验、劳动或者判断的投入。❶ 作者任何足够的付出都具有强烈的道德力量促使其将成果视作独创性作品。美国法院在“Trade-Mark Case”案和“Sarony”案“发现”了宪法中的原创性观念，后案认为作者是“任何事物来源于其的人”。❷ 美国的独创性标准最初也是指作品包含某种独特的东西，即使在笔迹中它也能够表现出其独特之处，而一件极低水平的艺术品中也存在某些不可约减的东西。❸ 在 Feist 案中，美国联邦最高法院强调著作权法上的创作性（Creativity）要素，从而独创性被构造成一个结构性概念。德国法也将独创性视为一个结构性概念，与作者个性（Individualitaet）等同，包含“必须体现个人的智力成果”的创造性（Kreativitaet）与非人人均可为之的“独立性”（Eigenstaendigkeit）

❶ ［澳］彭道敦，李雪菁．普通法视角下的知识产权［M］．谢琳，译．北京：法律出版社，2010：119-120.

❷ 卢海君．版权客体论［M］．北京：知识产权出版社，2011：136.

❸ 吴汉东，胡开忠，董炳和，等．知识产权基本问题研究（分论）［M］．北京：中国人民大学出版社，2009：35，37.

两个部分，并利用“小硬币”（Kleine Muenze）理论为创作程度较低的作品打开一个缺口。❶ 法国法虽然在理论上强调作者个性的表达，但除规定标题保护的前提条件是独创性外并没有明确规定独创性。❷ 埃及法律规定，创造性是指在作品中真实体现的创新要素。❸ 日本将作者的“思想、感情或者意志”等因素作为独创性的判断标准，❹ 韩国也规定作品是对人的思想或情感的独创性表达。❺

可以说，独创性在传统上是一个地方性知识，为一定的社会、经济与思想文化所渗透，也与一国的法律体系相协调。英美法系在作品来源于作者的意义上使用独创性概念，将“独立完成”作为独创性概念的质的规定性来认识，明确版权激励的主体，从而尽可能在经济价值范畴内确立作品的保护范围，建立版权体系。独创性是作者身份的标签。大陆法系从作者权体系出发，在作品与作者人格的关联意义上来使用独创性概念，蕴含着作品凝聚了作者内在精神或者是其人格延伸的思想，作品是作者精神的外在形式，独创性具有人格特征，反映作者的独立个性。独创性是作者人格的指示。它们在著作权法是作者权益的保护法还是作品的保护法这一认识上存在差异：作者权益的保护法强调作者与作品的专属关系，将作品的终局利益归于作者；作品保护

---

❶ ［德］M. 雷炳德. 著作权法［M］. 张恩民，译. 北京：法律出版社，2005：115.

❷ 《法国知识产权法典》第 L. 112-4 条；也可参见［法］克洛德·科隆贝. 世界各国著作权和邻接权的基本原则［M］. 高凌瀚，译. 上海：上海外语教育出版社，1995：7.

❸ 《埃及知识产权法典》第 138 条。

❹ 参见《日本著作权法》第 2 条第 1 款第（1）项。

❺ 《韩国著作权法》第 2 条。

法则关注作品的产生与传播过程，创作者、投资者、传播者以及风险承担者都会成为利益分享主体。

随着国际趋同趋势，两大法系的独创性概念在以最低保护标准为约束原则的国际知识产权体系的协调中必然相互影响。从趋势看，两大法系的独创性概念传统的鸿沟正逐渐弥合，并按照二元结构展开。对“独立完成”一个比较经典的解读是“非抄袭”或“非剽窃”。❶ 其逻辑图景是：作品的来源要么是他人，要么是自己，两者构成矛盾命题，如果非抄袭他人，则一定是作者独立完成的。但是，知识的共享天性早已超越了所谓“你的”与“我的”界限，展示出相互吸收、相互借鉴的特点。而且，关于剽窃如何认定尚存在不同认识。波斯纳认为，剽窃除了在误导预期读者的意义上具有欺骗性之外，还造成预期读者对它的信赖，并且不是所有的复制行为都是剽窃，也不是所有的剽窃行为都是侵权。❷

相比独立完成的争议性，两大法系对“创作性”的解读则是独创性概念的主要差异点，反映着独创性的协调功能与工具性价值取向。为了在更大范围内统一作品的保护标准，作者权体系的司法实践降低了创作性；为了排除一些“汗水”之作，版权体系的司法实践则相应地提高了创作性。在我国，创作性部分的认定有创作高度说、个性说与最低限度创造说。据对426份判决书的实证分析显示，持创作高度说206份，持个性说188份，持最低

---

❶ 关于抄袭与剽窃的关系，国家版权局认为，抄袭与剽窃是同一概念，参见国家版权局版权管理司《关于如何认定抄袭行为给青岛市版权局的答复》（权司［1999］第6号）。而国内著作通常使用“非抄袭”来表述“独立完成”。

❷ ［美］波斯纳．论剽窃［M］．沈明，译．北京：北京大学出版社，2010：15，23.

限度创造说 32 份，分别占比 48.4%、44.1%、7.5%。[1] 这表明，我国对创作性的认识也存在形式差异，而且主流观点倾向于作者权体系。同时，在简短表达、人工智能生成内容的判断上，我国司法实践在独创性之外也强调其能否相对完整表达或者反映思想感情这一因素。[2] 这一要素在某种程度上回归到对创作行为的关注上，与单纯从客体出发的实用主义思路具有一定的区分性，也是合理吸取日本与韩国独创性判断经验的结果。

需要指出的是，独创性与艺术价值这一审美标准、新颖性等社会标准无关，这一点得到理论界与实务界的一致认同。[3] 至于创作意图与独创性的关系，有学者认为，“明确在‘创造性和文艺性’著作和只是‘俗物’的著作之间进行划线是不可能的”，“唯一能够区分的就是创作意图”。[4] 按照这种限制作者范围的观点，具有创作意图的随意涂鸦与毫不经意的神来之笔相比，更容

---

[1] 实证分析数据来自北京市朝阳区人民法院李自柱法官在北京知识产权法研究会 2019 年年会上的报告。

[2] 简短表达的案例参见北京乐动卓越科技有限公司与北京昆仑乐享网络技术有限公司等计算机软件著作权权属纠纷一审民事判决书［北京知识产权法院（2014）京知民初字第 1 号民事判决书］。在我国首例人工智能生成内容著作权纠纷案中，法院认为：生成内容并非传递软件开发者与用户思想、感情的独创性表达［参见北京互联网法院（2018）京 0491 民初 239 号民事判决书］。

[3] 具体可参见联合国教科文组织．版权法导论［M］．张雨泽，译．北京：知识产权出版社，2009：21.《法国知识产权法典》第 L. 112-1 条；李伟文．论著作权客体之独创性［J］．法学评论，2000（1）．Julie E. Cohen，Lydia Pallas Loren，Ruth Gana Okediji，Maureen A. O' Rourke. Copyright in a Global Information Economy［M］．Aspen Publishers，2003：76.

[4] 尼默持这种观点，转引自王太平，韩梅．评尼默的新著作独创性要件——“意图”［C］//冯晓青．知识产权权属专题判解与学理研究．北京：中国大百科全书出版社，2010：13-17.

易获得著作权法的保护。创作意图体现了以主体为中心的研究思路，符合知识产权法鼓励创造过程的要求，但与以客体为逻辑起点的抽象的法律体系并不相容。而且，创作意图要素将人的理性能力纳入作品范畴，对作者的限制过于严格。

（二）独创性与公共领域

在作品独创性范围之外存在广泛的公共利益。以独创性为分水岭，作者利益与公众利益统一在这个“一体两面”中。由于独创性本身是“一个需要法院解释的问题”,❶ 独创性遂成为公众利益与个人利益的控制阀：趋于严格的解释标准会倾向于保护公众利益，趋于宽泛的标准则会倾向于保护个人利益。在维护公共利益方面，独创性具有双重作用：一是立足个人主义，维护每一位作者的利益即构成共同体利益。独创性在于“让作者保持其对表达来源上的一种健忘，并使其想当然地认为作品就是自己的‘独创’”。❷ 独创性判断便利了作者的创作活动，不至于因审查每一个可能与在先作品相似的要素而中断。二是通过判断标准对公共领域、差别原则等的依赖直接实现公众自由接近作品及保护后续作者的创作空间等公益目标。

独创性与公共领域难解难分的关系使得在独创性认知上存在虚无主义，即独创性完全依靠公共领域和思想表达二分法以及合理使用才能发挥作用。❸ 其实，在著作权法保护对象转移到作品上后，独创性与公共领域作为作品两个部分识别标准的地位就奠

---

❶ 联合国教科文组织．版权法导论［M］．张雨泽，译．北京：知识产权出版社，2009：21.

❷ 黄汇．版权法“独创性”理论的困境与出路［J］．电子知识产权，2009（9）.

❸ Jessica Litman. The Public Domain ［J］. Emory L. J.，1990，39（4）：965－1024.

定了，两者天生的相互依赖关系使独创性对公共领域产生保护功能。“公共领域理论的关键并不限于确定著作权保护的边界以及在具体的案件中用于确定保护与不保护的内容，而是以此为基石建立整个著作权法理论框架。”[1] 同时，公共领域保护创作原材料的关键性制度设计为独创性提供了正当性。[2] 因此，独创性不仅不是虚无的，而且从反面划定作者独占领域与公共领域的空间大小，维护公共利益与私人利益的均衡。

独创性对公共领域的促进体现在不同类型作品独创性判断标准的差异性上。这一特性不仅存在于低要求的版权体系国家，而且存在于高要求的作者权体系国家。独创性标准会因所涉及的作品是科学作品还是虚构的文学作品，是民间音乐作品还是交响乐作品，是原作还是演绎作品而有所不同。[3] 通常，文学艺术作品的创作性标准较高，在具体人物关系情节设计、矛盾后冲突等方面的相同就可能丧失独创性。实用艺术作品与科学作品受制于现实需要，创作的可能空间在整体上有限，在独创性方面的平均要求比较低。实用艺术作品创作时受到的限制影响了作品创作的自由度，从而决定了著作个性表达的有限性，所以其独创性标准应当低于纯美术著作，[4] 殊值赞同。“合并原则”的作品，由于表达要素的限制而不符合法律意义上的独创性要求。二次作品是对原

---

[1] 冯晓青．著作权法中的公共领域理论［J］．湘潭大学学报（哲学社会科学版），2006（1）．

[2] 冯晓青．著作权法中的独创性原则及其与公有领域的关系［C］//冯晓青．知识产权权属专题判解与学理研究．北京：中国大百科全书出版社，2010：3-18．

[3] ［西］德利娅·利普希克．著作权与邻接权［M］．联合国教科文组织，译．北京：中国对外翻译出版公司，2000：44．

[4] 丁丽瑛．略论实用艺术品独创性的认定［J］．法学评论，2005（3）．

作的演绎，既有忠于原作表达的部分，又有独创性部分，所以二次作品独创性量的要求相对较低。

不同类型作品的创作空间不同，作者所能采用的表达方式、语言、风格、体裁等内容也不同。为繁荣文艺创作，对创作空间较大的作品类型应当适当扩大著作权所覆盖的范围，以减少同质化作品，促进作品质量的提升；对创作空间有限的作品类型，为防止信息垄断，需要适度刺激作品创作，缩减著作权所能覆盖的领域，促进作品数量的增加。因此，对不同类型的作品总有一些例外学说来支持独创性判断的差异性，比如“合并原则”“情景原则”“选择与编排的独创性”等。差别原则因此具有促进公共利益的目标。

甚至，著作权法为促进公共领域，对在量上比较微小的独创性表达也不予保护。通常而言，响亮的口号、醒目的标语、创意广告语、独特的作品标题等都是特定作者深思熟虑的成果，是对相关主题或者作品的高度提炼与概括。据文学创作实践观察，作品标题既要体现整部作品的主旨与精神实质，又要表达文学意味，拟定一个好的标题有时甚至比作品创作更难，更要体现作者智慧。一首歌词既要符合音律朗朗上口，又要营造意境与氛围，确实需要独具匠心。按照平等原则，著作权法应当对此予以保护，但是相关案例与规范性文件并没有遵循这一原则。国家版权局版权管理司于 2001 年 12 月 25 日作出的权司（2001）65 号《关于文学作品名称不宜受著作权法保护的答复》认为作品名称是否受著作权法保护取决于该名称是否具有独创性，这一建议深刻表明了独创性的功用。在“五朵金花”案中，一审法院认为：“五朵金花”不能独立表达意见、知识、思想、感情等内容，不具有独创性，如果对之予以保护，既有悖于社会公平理念，也不利于促进社会文化事业的发展与繁荣。二审法院则从作品的构成要素、“双重著作权”的逻辑悖论与公共利益的维护三个方面来否定该标题的著作权法保护。❶ 2008 年北京奥运会开幕式的主题曲《我和你》被指控侵犯了王瑞华的参赛作品《我和你》和张明仁的参赛作品《奥林匹克·北京》，一审、二审法院均认为使用“我和你”“心连心”“相聚在北京”“同在地球村”等不构成实质性相似。❷“接触加实质性相似”是抄袭剽窃的判断标准，独创性的第一层含义就是非抄袭或剽窃而来，因而不构成实质性相似就是在肯定后续作品的独创性，并否定在先简短表达的独创性。在“娃哈哈案”中上海市第二中级人民法院认为：“‘娃哈哈’是‘娃娃笑哈哈’的紧缩句式。‘娃哈哈’作为歌曲中的副歌短句、歌词的一个组成部分……所表现的内涵并不是作者思想的独特表现，也无法认定其反映了作者的全部思想或思想的实质部分。”❸ 美国对广告作品的著作权保护采取了激励论的评价方案，对简短表达也不予保护。❹ 但是，法院却对广告语“横跨冬夏，直抵春秋”“世界风采东方情”等的著作权予以保护。❺ 同时，完整表达思想的游戏人物名称、武功、武器名称等简短表达也具有独创性。为确定简短表达的保护标准，独创性几乎成了公共利益的“婢女”。

---

❶ 云南省高级人民法院（2003）云高民三终字第 16 号民事判决书。

❷ 北京市高级人民法院（2012）高民终字第 30 号民事判决书。北京市高级人民法院（2012）高民终字第 29 号民事判决书。

❸ 上海市第二中级人民法院（1998）沪二中知初字第 5 号民事判决书。

❹ 赵学刚．美国广告作品著作权保护之启迪［J］．知识产权，2008（1）．

❺ 北京市第一中级人民法院（1996）一中知初字第 114 号民事判决书；上海市徐汇区人民法院（1993）徐民初字第 1360 号民事判决书。

（三）独创性与传播者保护

著作权法关注传播者利益的技巧也是使用独创性概念。随着作者概念的崩溃，独创性在不同法律体系中的解释性发展使其内涵极大扩张。在传统上，作者权体系与版权体系在实现传播者利益保护的基本目标上表现出截然相反的路径。前者将传播者利益予以识别并划归邻接权体系，后者通过各种方式极力论证独创性在传播者利益客体上的表现，从而使用独创性概念保护传播者利益。在当代，版权体系与作者权体系的独创性趋同，独创性的发展出现新情况。版权体系通过创作性标准的提高，将仅有额头出汗产生的作品留给竞争市场，具有促进一定程度竞争的目标。作者权体系利用解释学技巧保护新兴传播者利益，随着菜谱、节目表、号码簿等内容缺乏独创性的事实汇编是否纳入作品范围的命题的展开，创作性标准必然下降。独创性中创作性要素在两大体系向相反方向解释，无疑为传播者利益保护打开一扇可以观察不同方位的窗。

版权体系的传播者保护策略建立在实用主义基础上，独创性直接成为传播者利益保护的工具。自 19 世纪末以来，版权体系受到传播技术发展与实用主义哲学的影响，不再关注独创性中的创作内涵，独创性概念已经能够将数据库、节目表、卡片目录系统等“作品”纳入著作权体系，用无形财产权保护传播者的利益诉求。额头出汗理论或者辛勤采集原则、复杂技巧就是这一低标准的表现。质言之，独创性概念本身已经覆盖传播者利益。独创性彰显财产正当性的道德价值受到贬损，并通过利用结构形式独特的二元安排与传播者投资利益建立起一种实用主义关联，将劳动与财产正当性关系中的“劳动”偷换为投资。值得关注的是，从 Bleistein 案到 Feist 案的转变表现出创作性标准的提高趋势，虽然这仍是结果回溯式的“寻找论证”，但提高创作标准的目的在于促进低水平层面的自由竞争，具有保护文学艺术产业与协调竞争关系的实用性。这种解释方式反过来更加显现出独创性的工具特性。

作者权体系首先使用独创性概念细化著作权法体系。借助独创性概念，作者与传播者分别对应狭义的著作权与邻接权主体。我国在1990年制定《著作权法》时也是使用独创性概念将录像作品与录像制品区分开来，分别适用著作权与邻接权进行保护。[1]按照这个体系划分，不具有法律上认可的创作性或者事实上的创作性较低的录音、表演以及广播等不属于著作权法上的作品，对这些内容可以按照传统邻接权予以保护。但是，传统的邻接权体系只包含上述三个内容，内容的闭合性使得作者权体系在保护传播者利益上有时显得捉襟见肘。新兴的传播者，比如各种事实材料的整理、汇编者等常常无法享有传统邻接权，所以只能另辟蹊径。一种方案是扩大邻接权类型，另一种方案是在传播者利益客体上寻找独创性，从而回归著作权法的怀抱。围绕结构形式的独创性，我国的司法实践形成一系列保护信息传播者的判决。在国信招标有限责任公司与北京采招网信息科技有限公司侵犯著作权纠纷案中，北京市高级人民法院就以表达形式的选择与相应的信息内容相结合体现了作者的选择、判断为由保护了涉案汇编作品。[2]我国对汇编作品在结构、编排、组织、取舍、抽取等方面的独创性判断显然是本末倒置式地将这些客体重新塞到著作权法内。因为对事实汇编作品的保护与著作权法激励作者创作的根本

---

[1] 肖峋．论中国著作权法保护的著作［J］．中国法学，1990（6）．

[2] 北京市高级人民法院（2006）高民终字第583号民事判决书。

宗旨不相吻合，处于公共领域的信息材料不具有产权属性，任何人均有权接近，无论形式多么完美。但是，事实汇编的投资确实需要激励或者回报，只能另谋出路。结构独创性只是出路之一。对这些独创性方面的保护与在文学艺术、科学领域内的作品保护目标迥然有别。传统的鼓励作者进行创作的理论正逐渐转向投资者激励理论，使得独创性发挥着汇编人独占利益的正当性论证的作用。这一现实做法隐含版权体系的思维方式，体现了著作权法的国际趋同性。

无独有偶，体育赛事直播画面的可版权性也是传播者控制权争夺的一个表现。由于体育赛事本身不符合作品创作的条件，对该类传播行为进行保护就需要找到创作完成的时间点。从直播画面形成的拍摄准备、画面选择与解读等过程来论证独创性，实际上就是将独创性作为传播利益保护的一个工具。即使不能获得著作权保护，从录像制品切入的保护思路，也从反面使用了独创性概念。

（四）独创性的评价性

独创性内在价值的扩张造成独创性指代作者人格或者个性这一事实价值的沦落。但是，独创性概念依然包括在主体原则的思维逻辑内，只是在发展过程中主体被潜在地替换了。独创性主体从内容的创作者转向了信息的传播者，即内容创作者与形式选择者。随着信息的增加，信息储存载体的分散性影响着信息的传播与利用，各种以现有作品或者事实材料为对象的信息收集、整理、加工、编排等形式选择被纳入智力劳动的考虑范围。北京市高级人民法院认为：

独创性是指一部著作是经作者独立创作产生的，著作中包含作者的判断和选择。不同的古籍整理人员对于相同的古籍文字内容可能会有不同的判断和选择，形成不同的表达方式，从不同古籍整理人员的最终成果来看，虽然对于某些特定的内容可能会形成不同的表达方式，也可能会形成相同的表达方式，但其中都会包含古籍整理人员凝聚了创造性劳动的判断和选择，并非简单的技巧性劳动。[1]

信息传播的现实需求催生了这一过程。独创性作为协调作者利益、传播者利益与公众利益，甚至新兴的传播者利益的工具更为明显。

因此，独创性的价值最终确定为作者、传播者与公众三者利益的协调机制。在作者利益保护与公共利益维护的博弈上，法律以作品“独立完成”为基本判断，将思想、规律、原理与公共部分排除在独占范围之外并构造公共领域范围，对其中体现的作者智力活动的质与量予以分析，再通过区别对待作品创作的态度保留适度的创作空间，为后续作者的创作提供保障，相反的方面也相应地为作品的保护提供正当性依据。在这一博弈中，独创性分析是一个动态过程，反映了作者利益与公共利益的空间范围。独创性从正反两方面为公共利益护航，对公共利益的维护具有更强的力度与效率。以独创性基本含义为切入点，其在为作者提供保护时也为传播者构造了保护模式，即通过创作性的不同要求赋予或者排除各类简单汇编作品的汇编者的创作者身份，在法律体系内缓和邻接权法定主义与传播者利益保护的矛盾。在作者利益保护与传播者利益保护的博弈上，法律提供了两条策略：一条策略是以作品结构、编排、组合上的“独创性”为基本考虑，降低创作性的要求，对传播者的利益予以倾斜，为在著作权法的框架内

[1] 北京市高级人民法院（2005）高民终字第442号民事判决书。

促进包含在著作中的信息的传播提供激励机制；另一条策略是，较高的创作性要求将传播者的利益划归到邻接权或者反不正当竞争法框架。在这一博弈中，独创性扮演着一个动态调节者角色，其解释范围的弹性为策略选择提供了操作空间。

在文本意义上，独创性是相互对比的作品所表现出来的实质性差异，是后作与前作相比在表达方式上的重组、增损与创新，所以其应当是一个简单的事实问题。但是，独创性在作品竞争意义上被凸显出来，并被作为公共产品外部性的治理手段而广受关注。“对现代意义上的原创性的崇拜因此可能在很大程度上是表达性作品市场变化所造成的结果。”❶ 这一概念被价值化了。随着传播技术的发展，作品传播利益的分享成为独创性发挥用武之地的重要场域。运用独创性标准划分的作品利益界限，是通过对智力劳动的质量、投资以及使用的考虑而得出的具有强烈目的性的判断，实际包含激励模式下的利益分享与适度平衡。在竞争性市场上，价值需求超越了模糊的事实判断，成为作品利益协调机制的本质。

著作权法的框架可以在独创性概念的指引下获得自洽。各国著作权法在具有地方性的法律体系中工具性地利用独创性概念，是独创性概念运作的精髓所在。“独创性标准的设定和一国对著作权法与其他法律的功能划分有关。”❷ 将独创性作为作者利益保护的正当性基础，鼓励作者运用心智进行创作；以鼓励作品传播并建立普惠制的文化消费体系为目标，通过创作性的不同在著作权范畴内建立传播者利益保护体系；以文化产业繁荣并提升质量

---

❶ ［美］波斯纳．论剽窃［M］．沈明，译．北京：北京大学出版社，2010：80.

❷ 李琛．著作权基本理论批判［M］．北京：知识产权出版社，2013：134.

为基本指针，通过各类作品创作性的区分与独创性判断要件的灵活性维护各类作品内含的公共领域，应当是在我国著作权法中配置更具灵活性与均衡性的规范体系的根本追求。

第三节　著作权对象的类物性

按照著作权法设计的规则，著作权对象在法律关系中被视为抽象物，具有类物性。类物性是指将作品视为外在对象、不自由的存在者，从而具有被支配的属性。在经过思想表达二分法与独创性的正当化评判后，作品具有可为主体支配的抽象结构，而非主体间商谈的正当结果。这一观念具有历史经验上的根据，并经历了三重嬗变。这些权利彰显的是作品的类物性。而且，著作权对象类物性的思维模式已经被实践固化，成为根深蒂固的信仰。

一、作品作为“抽象物”的类物性

作品为一观念实体的实用主义理论是“抽象物”理论。“抽象物”指的是一个假定的、固有的独立存在物或者“恰当的智力思考”，它不是一个法律上的用语，但是法律可以利用这一虚构为许多真实的权力找到存在依据。[1]“抽象物”与有体物存在相似性与关联性。两者的联系有两点：“一是抽象物并不存在于有形世界，但通过表达而获得其有形性；二是抽象物通过对相关有体

---

[1] ［澳］彼得·德霍斯．知识财产法哲学［M］．周林，译．北京：商务印书馆，2008：163，165．

物的控制而具有财产意义。”[1] 因此，按照 19 世纪末以来的泛美主义标准，一件具有最低审美意义的物体就在观念上被构造为两个相互关联但又相互独立的物，一个属于物理世界的客观物，另一个属于符号世界的拟制物。而且客观物与拟制物并非现象与本质的关系，客观物自有其哲学上的质料与形式。作品为物的观念成就了分配正义的需要，也成就了对物权法律关系的构建。

相应地，著作权的对象也可以视为“抽象物”。“抽象物”理论将著作权对象概括成一个核心结构，既超越于对象的外在表现方式，又不能抽象到思想层次。抽象物的“核心结构构成一个观察者在两个特定的有形物之间作出同一性判断的基础。它是评价物体‘相同’的标准。抽象物是司法者在决定不同的有形物是否相同、相似或相像的过程中所使用的核心结构”。[2] 这也可以比照形式概念来说明。亚里士多德的形式概念有内在形式即是其所是与外在形式即形状两种概念。[3] 就一部作品而言，用于表达的符号体系构成外在形式，符号体系的核心结构构成内在形式即抽象物。内在形式构成衡量尺度，是一部作品不失整体性而必须保留的特征集合。不过，这里的形式并非类事物的概括，而是一个具体事物的不同形态的指称。

著作权存在于以有体物为载体的形式上，无论是书籍，还是图画、雕塑，或者立体建筑，其形式均是著作权对象；但同时这种物不是有体物或其外在形式，而是隐藏于外部形式“背后”的

[1] 吴汉东．知识产权基本问题研究（总论）［M］．北京：中国人民大学出版社，2009：84.

[2] ［澳］彼得·德霍斯．知识财产法哲学［M］．周林，译．北京：商务印书馆，2008：165.

[3] 张志伟．西方哲学十五讲［M］．北京：北京大学出版社，2004：99.

内部形式，是无法精确描述与计算的，只能有一个明确范围以及通过“接触+实质性相似”与“实质性表达”等规则产生的“阴影”。或者可以说，抽象物理论暗示了著作权保护的阴影理论。作品的符号表达体系构成最大保护范围，作品表达的思想构成原点，区隔两者的即为抽象物。区隔的方式取决于艺术的性质、保护政策以及法律体系等因素。根据经验判断，自由艺术的保护范围大，抽象物结构就趋向于思想。不自由艺术的保护范围相对有限，抽象物结构就趋向于表达。如果允许采取竞争法的规制方式，则抽象物结构就趋向于表达，因为标题、独创性程度比较低的边缘对象可以适用竞争法。在“此间的少年”案中，法院认为脱离了具体故事情节的人物名称、人物关系、性格特征的单纯要素，往往难以构成具体的表达，转而适用了反不正当竞争法。❶虽然案件讨论意见还有适用著作权法，但是两者的法律效果一致。适用反不正当竞争法能够保障“抽象物”结构的特征一致。

“抽象物”的说理方式是逐步形成的，具有描述性特征。“抽象物”源于作品的抽象化，这可以从版权体系版权史中发现蛛丝马迹。美国一系列版权判例体现的关于作品的不同抽象方法标志着抽象物建构的进程。“版权客体范围演绎了从文字性（Literal）要素到非文字性（Non-Literal）要素，再到更为抽象的整体概念与感觉（total concept and feel）原则的进程。”❷ 通过不同的抽象方法，包括“具体提取”（exact takings）、“减除测试法”（subtractive test）、“抽象测试法”（abstractions test）、“模式测试法”

❶ 参见广东省广州市天河区人民法院（2016）粤 0106 民初 12068 号民事判决书。

❷ 卢海君．版权客体论［M］．北京：知识产权出版社，2011：18.

(pattern test)、“功能目的测试法”(purpose or function test)、“Altai 抽象——过滤——对比三步测试法”(Altai's abstraction-filtration-comparison test)等，著作权的保护范围逐渐变成一个“抽象物”。“抽象物”的建构技术就随着文化政策、著作权范围的扩张政策等决定的抽象方法的发展而发展。

既然“抽象物”是拟制之物，那么可以沿着虚构之路将其向前推进。拟制物实际上就是参与利益分配的要素，或者在主体之间分配经济利益的一个噱头。“抽象物”控制有体物的发行与贸易，没有“抽象物主人”的允许，有体物的贸易无法进行。一旦交易主体认可这种关系安排，就可以“抽象物”形式确认关系范围。“抽象物”的模棱两可增加了有关交易的难度与成本，也使著作权更像是无法接近的“鬼魅”。

二、作品类物性的历史维度

作品类物性表达的是人们在资源稀缺背景下控制利益的观念。稀缺产生一种配置需要与效率诉求。如果交易成本为零，市场机制能够自发实现资源配置效率的最大化。但是，现实生活中交易成本切实存在，在资源上设置产权就是必要的制度安排。随着作品传播方式的变化，在作品上配置的产权历经以所有权为中心的作品与载体混合产权及在地权、以复制为中心的媒介控制权与以传播为中心的科技主导权三重嬗变。

(一) 前著作权时代的载体稀缺与作品类物性

使用“前著作权时代”似乎犯了事后决断的错误，以著作权制度为切点，将之前的历史统统予以割裂式的交代，而且有含混不清的缺陷，因为从印刷出版图书到安妮法的产生并不是一蹴而就的，断然的因果决定缺乏社会基础。但是，这种划分的重要性显然超过了时点确定的价值。“前著作权时代”可以认为是这样一个阶段，载体是一种珍贵资源，载体与作品不需要区分，载体的物理控制方式与传统的物权观念相结合，就可以产生经济利益。由于载体稀缺，在束缚中前进的私人利益需借助于契约结构。❶

在安妮法产生之前，私人为书籍的创作与传播而开展的活动就已经存在。著作权法的研究学者提供了比较多的具体事例来例证前现代的创作成果保护。❷ 从记载上看，一些作品交易对作者有利。❸ 这些交易虽然是关于作品载体的，但作品的使用价值依然依赖于智力成果。从这些零星记载中可以发现，人们利用了拟制技术，将生活场景与作品创作、传播相类比，从而表达对私人创作活动的认同。在中世纪，“书面基础知识主要由天主教会控制，欧洲各地的修道院是教育和行政的中心。书是手写的，用拉丁文，写在羊皮纸上。大多数的书籍用于宗教教育”。❹ 修道院将手抄原稿的许可转化为付酬的缘由，有学者将之称为“欧洲的第一个版权”。虽然由于原稿的所有者并不完全是作者，这与“原创者

---

❶ 这里所提到的“契约”是按照现代抽象的契约观念来说明的。按照罗马法，契约是一个复杂的体系，包括受市民法保护的契约与不受市民法保护的简约。早期罗马法的契约更注重要式程式，共和国末期已经出现诺成契约。帝政之初，各种重要契约已经定型。一切简约原无诉权，但后来的大法官对一些重要的简约也予以法律保护（周枏．罗马法原论［M］．北京：商务印书馆，1994：706-707.）。

❷ ［德］M. 雷炳德．著作权法［M］．张恩民，译．北京：法律出版社，2005：14-15. 吴汉东．知识产权基本问题研究（分论）［M］．北京：中国人民大学出版社，2009：5.

❸ 吴汉东．知识产权基本问题研究（分论）［M］．北京：中国人民大学出版社，2009：4. 郑成思．版权法［M］．北京：中国人民大学出版社，1997：7.

❹ ［加］戴维·克劳利，保罗·海尔．传播的历史：技术、文化和社会［M］．董璐，何道宽，王树国，译．北京：北京大学出版社，2011：55.

在文学生产中的权利毫无关系”,[1] 但从中可以发觉，知识由私人予以传播已经获得认可。虽然这些作品的保护目的因背景而不同，而且是一种偶然发生的现象，但是为了获取知识，知识载体的拥有者或者传播者自动享有基于物理控制的作品利益是不争的事实。

另外一种是私人之间的知识传播活动，以载体为中心，控制者与使用者进行交易。对私人之间的利益关系进行考察应当把握作品表现形式的载体。随着纸质载体的普及，知识载体逐渐从贵族走向普通人，人们接受知识的载体限制就得到了大幅度的解放。但是，即使出现了纸质载体，没有印刷技术的发展，手抄作品的传播方式也不能满足普通人的需求。载体稀缺先是源于载体制造技术，后是源于作品复制技术。

就载体稀缺产生的知识垄断而言，无论是我国还是外国，都采取了依赖于人身的传授体制。由于传授知识的物理场所能够控制，人们可以通过服务契约的方式求取知识传播与私人利益获得的双重满足。基于授课服务的契约，学生支付对价获得进入特定场所的资格，从老师那里获取一定知识，启蒙心智，促进知识的广泛传播；知识享有者提供授课服务获取特定的回报。

就复制技术束缚的知识传播而言，人们通过控制特定表现形式的载体来满足私人利益，作为抄写者的传播者扮演了中介者的角色。在公共借阅体制阙如的地方，凭借对图书资源的垄断，图书的所有者拥有获得私人利益的天然条件。基于图书载体的出借关系，所有者以出借图书供人抄写的对价获得了知识获取者支付的报酬。如果考虑作为职业者的抄写者阶层，获得特定图书需要

[1] ［美］罗纳德·V. 贝蒂格．版权文化——知识产权的政治经济学［M］．沈国麟，韩绍伟，译．北京：清华大学出版社，2009：14.

建立两层关系：获取者与抄写者的委托抄书关系，抄写者或者获取者与图书所有者的出借关系。对知识获取者而言，每一层关系所需要的对价最为关键的就是支付报酬。载体控制者与抄写者凭借契约关系完全能够获得私人利益。不过，由于载体所有者所支付的对价中不包含作品传播的许可，而是新的抄写被视为对载体的接近，载体所有者取代了作者，可以成为契约结构中的一方，能够利用载体获得利益。在这种情况下，作品载体所有者的经济利益掩盖着作者的经济利益。

因此，在载体稀缺中，契约充当了作品传播的一般工具。只要借助于载体所有，私人利益就能够产生，作品载体所有者与使用者之间的供求平衡通过契约就能够实现。契约结构在一定程度上默认了作品与载体结合的控制权。作品与物的高度融合或者较高的分割成本，使得作品类物性依赖于载体的物性而存在，围绕载体的所有权与债权营造了保护类物性的合适体系。一个典型的契约失灵风险更是这种类物性的真实刻画。自由的契约关系使载体资源优势转变为契约中的强势主体。如果载体所有者不愿意出借其所拥有的书籍，尤其是珍贵图书，从而垄断特定知识，契约另一方即作品使用者就只能等待或者自己创作出具有替代性的作品。

（二）前数字时代的双重稀缺与作品类物性

印刷术是一门综合应用技术，倾向于把语言从一种认知和探究的手段转变为一种统一的、可重复的、大规模生产的便携商品，将分享言语的对话形式转化为信息的封装形式，并推动了现代市场与价格体系的形成。❶ 在这个市场体系中，作品载体稀缺

❶ ［加］马歇尔·麦克卢汉．谷登堡星汉璀璨：印刷文明的诞生［M］．杨晨光，译．北京：北京理工大学出版社，2014：262-265.

转变成了印刷传播媒介的稀缺。拥有印刷媒介就可以占领广阔的阅读市场，并引领市场的阅读风潮与趋势。在印刷出版商对古典和中世纪的作品题材利用得差不多，他们开始寻找新的“原创”作品来使印刷厂运作以满足扩大的阅读人群的需要时，版权的重要性才开始显现。❶ 质言之，著作权制度的最初价值是为了解决作品来源的稀缺问题。一旦作品投放市场，存在直接竞争关系的是印刷出版商。

为了避免稀缺资源被其他竞争者所模仿与印制，在短时期内丧失市场领先地位与独占权，首次获得作品来源的印刷出版商需要利用对作品的独占权来获得较长时期的市场垄断。其中隐含的前提条件是，印刷复制资源与媒介由少数人垄断，作者著作权所具有的控制与排他可以有明确的指向性，因而权利实现的成本是合理的。这构成技术稀缺。

在双重稀缺前提下，版权锁定的作品经历了从字面文字到实质性表达的抽象。但是，无论何种形式，作品作为一个印刷复制、表演、录制、广播的资源，被视为作者的财产。只有被视为财产，在市场中的资源配置效率才能体现出来。而且，只有明确界定财产边界才能降低成本，即作品的财产化必然伴随着作品作为外在客体的物化。作品的类物性是满足作品作为传播市场稀缺资源的一个必要属性。

（三）科技主导权的产生与作品类物性

国际公约与各国著作权法均规定了技术保护措施的保护条款。《世界知识产权组织版权条约》（WCT）第 11 条和《世界知

---

❶ ［美］罗纳德·V. 贝蒂格．版权文化——知识产权的政治经济学［M］．沈国麟，韩绍伟，译．北京：清华大学出版社，2009：14.

识产权组织表演和录音制品条约》（WPPT）第 18 条规定缔约方负有保护技术措施的义务。《德国著作权法》第 95a 条、《法国知识产权法典》第 L. 331-5 条、《意大利著作权法》第 102 条第 4 附条、《美国著作权法》第 1201 条、《日本著作权法》第 2 条、《巴西著作权法》第 107 条、《埃及知识产权保护法》第 181 条等均规定了技术保护措施的定义或者保护。我国《著作权法》第三次修改草案也专门规定了一章内容，并将适用于网络环境下的技术措施扩大适用到非网络环境。

无论是规定技术措施的定义，还是规定技术措施的保护，上列各国规定的技术措施内涵有一点是共同的，即均是对作品或者其他受保护客体的控制方式，包括技术、装置和部件。而且，类似我国立法还未明确其与合理使用的关系，造成技术措施事实上凌驾于合理使用制度之上，比传统控制方式更严格。这种控制方式产生的背景是传播媒介大众化，复制传播已经不再是少数技术控制者的独享行为。对复制的控制伴随着万众出版者时代的到来已经蜕变为一个高实现成本的权利。因而，需要一种新的稀缺技术来延续对作品的类物式控制。

保护技术措施的逻辑是这些措施可以有效地对未经许可利用作品、表演或者录音制品的行为进行约束，保护这些技术措施就能够有效地减少侵权行为，从而有利于权利人行使权利。但是，这一逻辑还有一点需要明确，即这些技术措施是通过控制使用人接触作品的方式来实现对行为的控制与约束。技术措施的规范设计也是在作品为物的观念上建立起来的。在这一点上，技术措施与物理隔离措施具有相同的功能，类似于物权人将自己的物品封锁在秘密场所不予示人或者商业秘密拥有者将商业秘密放置在秘密处所封闭起来。技术措施形成一种从在地权发展出来的科技独占权。“科技独占权是一种文化状态，也是一种心智状态。它存在于科技造神运动中，意味着文化在科技中寻找权威，在科技中寻求慰藉，并从科技中求取秩序。”❶ 姑且不论这一措施对作品的封闭以及由此带来的公众自由接近的损失，技术措施的立足点是将作品视为物，在这个物上加上一把技术锁就构成该技术的理念。

当然，这种稀缺技术不只是技术保护措施，云计算、“技术+商业模式”等也能表达这种效果。根据美国国家标准与技术研究院的报告，云计算是一种能够对可配置计算资源（例如，网络、服务器、存储、应用程序和服务）共享池随时随地使用任何网络设备进行便捷、按需访问的模式，这些可配置计算资源可以以最少的管理工作或与服务提供者的交互快速地配置和释放。云计算的五个基本特征是按需自助服务（On-demand self-service）、随时随地用任何网络设备访问（Broad network access）、资源池（Resource pooling）、快速部署灵活度（Rapid elasticity）、可被监测的服务（Measured service）。❷ 截至 2017 年，云计算的服务模式可被归结为六种：基础架构即服务（Infrastructure as a service，IaaS），有时也称为硬件即服务（Hardware-as-a-Service）；平台即服务（Platform as a service，PaaS）；软件即服务（Software as a service，SaaS）；移动后端即服务（Mobile “backend” as a service，MBaaS）；无服务器计算（Serverless computing）；功能即服务

❶ ［美］希瓦·维迪亚那桑．著作权保护了谁？［M］．陈宜君，译．台北：商周出版社，2003：256.

❷ Peter Mell & Timothy Grance. The NIST Definition of Cloud Computing ［R］. National Institute of Standards and Technology：U. S. Department of Commerce. 2011：800-145. doi：10. 6028/NIST. SP. 800-145. Special publication.

(Function as a service，FaaS)，也称为函数即服务。云计算服务模式将印刷时代塑造的商品关系转变为服务商与用户之间的、直接的服务关系。服务的连续性、迭代性创造了新的收费模式。“技术+商业模式”的典型代表就是苹果公司的音乐收费模式。当然，这并不代表这些技术就能够持续维持作品的类物性。围绕技术的追赶与超越正在疯狂上演。[1] 但是，不变的是作品类物性的追求与科技主导权。

[1] [美] 约翰·冈次，杰克·罗切斯特．数字时代 盗版无罪？[M]．周晓琪，译．北京：法律出版社，2008：188-189.

第四章

著作权法对物权关系的权利构造

著作权是著作权法的核心与基石。随着信息传播技术的发展，著作权的范围一直处于扩张之中。在法律技术层面，著作权的扩张采取一种基于关联点的拟制技术。总体而言，如果区分邻接权与相关权，作者权到邻接权是基于作品这一关联点的扩张，邻接权到狭义相关权是基于技术或者其他关联点产生的扩张。这种扩张方式使著作权保持开放性，并形成三层次的外部体系。著作权内容主要体现为对作品的各种控制方式，构成著作权内部体系的两个层次与三个维度。两个层次是指著作权在整体上被区分为著作人格权与著作财产权，尤其是在作者权体系。三个维度是指著作财产权又被区分为有形利用权、公开再现权与演绎权。

在现代著作权的构造过程中，著作权及其限制作为一个私权命题是著作权法利益平衡的应有之义，也是利益平衡机制两大运行模式中静态模式的实现方式之一。按照对物权关系设计的著作权在对象设定、权利限制与权利行使等方面有自己的特色，这主要归功于在著作权法体系化时公众达成的妥协，著作权法服务的目标及其运用的抽象化工具。在著作权法价值目标的统领下，以著作权法律关系为基础，一些基本的概念运用其中，成为判断主体、对象与权利的基本尺度。以独创性、思想表达二分法、合理使用等为代表的功能性概念使著作权法对事物的判断带有极强的目的性与包容性。对特定的著作权政策需求，著作权法总是能够通过概念的工具性达到目的。这是因为著作权法中的基本术语并非“天经地义”，基本理论也并非“从来就有”，“正是在技术发展的推动之下，这些在有些学者看来已‘具有一定哲学意义、普遍性的原则’才得以发生、成长，有关的作品种类、权利体系才得以扩张、成形”。[1] 著作权法面对新事物的能力也在概念的包容下得到大幅度提升。

著作权的限制表达权利边界的命题。从权利的范围来看，限制的部分就是著作权人不得专享的部分。有一些标志性的概念可以帮助寻找到区域边界，并将这一界线的移动变得具有政策性与工具性。合理使用概念在作者与社会公众之间画了一条界线，但是在这一概念中能否装入私人复制、如何确定使用是合理的等，都是评价性的。权利穷竭概念在著作权人与物权人之间画了一条界线，使抽象化的作品概念更加具有独立性。著作权的保护期与地域性昭示著作权的时空存续边界。除此之外，为了著作权贸易的需要，一些突破传统人格权理论的限制出现在著作权立法中。这些限制并没有太多章法，只是在“多边关系”中更具体地体现利益平衡的技巧。

著作权的实现机制是将产权转变为经济利益的制度设计，包括私人实现、集中实现与实现的保障等机制。通过权利人的意志力、政府推进力与权利救济等力量，著作权能够兑现为权利人的实在收益，从而落实著作权法的激励政策。实现著作权既是保障权利人收益的机制，又是实现作品传播的重要依托。收益与传播是相辅相成的统一体，兼顾公共利益与私人利益双重目标的实现。集中实现著作权的机制是在使用者与权利人之间搭建一座沟通桥梁，其目的在于使作品传播机制畅通无碍，具有公共利益指向。其中，自治型集中实现以集体管理组织等中介组织为主要依托，间或辅之以区块链等技术；法定型集中实现以法定许可为主要体现，在作者与传播者之间以及不同传播者之间建立法定的作

[1] 易健雄．技术发展与版权扩张［M］．北京：法律出版社，2009：3.

品利用与传播机制，以救济市场失灵与防止垄断。

第一节　著作权的体系构造

著作权是一个“特别权利”,❶ 或者是“信息、文化与娱乐世界的法律创造物”。❷ 权利代表著作权人的利益范围，是指向著作权法基本目标的制度设计。权利体系的建构方式反映对著作权的抽象化思考方式与逻辑的严密性。在实践层面，著作权体系可以分为外部体系与内部体系。外部体系受到法系传统的影响，作者权体系首先就可以分为作者权与邻接权。内部体系则受到利益类型与设置方式的影响。对内部体系进行分析发现，著作权的对物权性主要通过有形利用、公开再现与演绎权表现出来，其特殊性表现在著作权建立在具有类物性与抽象性的作品基础上，对作品的专有权变成对一类行为方式的控制。

一、著作权的外部体系

著作权的外部体系是按照类似性关联方式延展的，并促成了著作权范围的开放性。类似点通常存在于作品及其利用方式、权利特点等方面。在著作权体系化进程中，首先实现收缩的对象是

❶ 徐瑄教授将知识产权分为自然权利与特别权利，并指出：从“安妮法”看，版权并不纯粹是作者的自然权利。参见徐瑄．知识产权的正当性——论知识产权法中的对价与衡平［J］．中国社会科学，2003（4）．

❷ William R. Cornish. Copyright Across the Quarter－century［J］．IIC，1995，26（6）：801－812.

作品，并收敛于独创性表达这一点上。作品及其利用方式为其他类似权利提供参照标准。相应地，其他类似权利又为新对象的权利建构提供类比标准。从作品向前推进的权利体系以类似性关联为基本特征，形成著作权的外部体系。

（一）从作者权到邻接权

邻接权与作者权的划分是历史的产物，邻接权对象与作者权对象的区分在逻辑上很难论证，但是邻接权对象与非创造性对象的区别是清晰的。❶ 而且，将邻接权制度作为作者权体系与版权体系相区分的标志之一也并不严谨。从发展历程看，英国 1956 年版权法将一切作品分为两个部类：一是作者直接创作的成果；二是传播作品的“产品”，包括电影作品、广播节目、录音作品、印刷字型及印刷版面的安排等。这种分类实质上相当于作出版权与版权邻接权的划分。相反，法国 1985 年以前的版权法并未为表演者权、录制者权或广播组织权提供专门保护。❷ 这意味着：一是认识两者有逻辑进路与经验进路两种；二是在两者之间加入独创性高低或有无、创造与投入或劳动、创作与传播等标签，本身就是逻辑强制的产物。经验进路展示的是邻接权产生的社会基础，逻辑进路则旨在展示对邻接权乃至著作权的理性认识。按照经验进路，邻接权以传播技术为产生条件，技术发展带来邻接权主体的利益诉求与权利化。按照逻辑进路，邻接权制度的建构依赖于一定的知识观念、技术发展阶段以及制度惯性与移植，因而需要以其中的关键点为钥匙打开认识大门。

---

❶ 李琛．著作权基本理论批判［M］．北京：知识产权出版社，2013：141，144.

❷ 郑成思．版权法［M］．北京：中国人民大学出版社，1997：53-55.

最初的邻接权是表演者权。如前所述，表演者的表演活动是表现或者更多体现表演技巧，因而不满足独创性要件，或者更准确地说表演者不符合浪漫主义作者观。表演者权产生的条件有三：一是表演者以及表演活动的存在；二是将表演者的表演活动以录制方式固定下来的技术。❶ 古代的祭祀、巫术都是一种表演活动，但是由于固定技术的欠缺，物理控制接近表演活动的“在地权”即可满足表演活动的保护需求。正是由于固定技术改变了表演活动的时空维度，才减弱了“在地权”的实际效果，产生保护表演活动的需求。所以，在某种程度上，该项条件具有决定性作用。三是现有制度体系的缺失。在是否规定邻接权时，立法者通常会权衡如下两方面因素：合同期限或者独占性授权的期限常常较短，并且可能意外终止而不续约，以致往往会损害相关权益，产生不公正的程度；增加控制作品流通的权利主体带来的成本。❷ 例如，由于表演者可以通过演员工会与作者的合作获得相应权益，美国并没有在这两项条件具备时就规定表演者权。

同时，表演者可以与作者并列，其他相关主体甚至至今都无法纳入邻接权主体，也和表演者与作者的利益共生关系有关联。以戏剧为例，有三个基本群体参与社会交流过程：“第一是创作者——剧作家和作曲家……第二是体现者——导演、演员、歌唱家和乐师，他们的任务是使创作者的设想变成活生生的艺术形象……第三是观众，他们对创作者和体现者提供和传递过来的信息产生反映。”❸ 虽然技术将观众从中分离出来，损伤了现实的利

---

❶ 郑成思. 版权法［M］. 北京：中国人民大学出版社，1997：49-50.

❷ 崔国斌. 著作权法：原理与案例［M］. 北京：北京大学出版社，2014：512.

❸ ［英］威尔逊. 表演艺术心理学［M］. 李学通，译. 上海：上海文艺出版社，1989：83.

益关系，但是这种共生关系则遗留下来。无论是《保护表演者、录音制品制作者和广播组织罗马公约》《世界知识产权组织表演和录音制品条约》《视听表演北京条约》，还是各国著作权法，均以作品作为表演者的限定条件，口技等表演自然界现象的行为无法纳入其中。这表明表演者的技巧投入是在共生基础关系中利用作品的投入。与作者及作品的紧密关系是表演者权牢固确立的内在基础。

推而广之，其他邻接权制度也需要上述三个类似条件。当可以通过与作者的合约保护录制者的权利时，录制者也可以通过作者的授权或者作者的利益分配获得相应权益。当广播组织者可以通过作者的著作权获得周延的权益保护时，也不需要广播组织权。[1] 而且，如果录制的再复制、信号盗播等技术条件不具备时，录制者权与广播组织权也无存在必要。以早期录音为例的零星观察发现，早期录音成本较高，故主要用于音乐录制。而且，美国1909年著作权法设置的强制许可只针对音乐作品，也体现了其时录制对象的重要特点。只是随着技术普及与升级，录制技术才广泛应用于与作品无关的事物上。由此可以推断，录制者权实际上分为对作品表演的录制与对自然现象的录制两种。前者与著作权的关联是作品要件，后者则基于录制技术的相关性被安排进一个与邻接权相关的权利体系中。广播组织权也存在类似问题。

经验进路的梳理可以为逻辑认识提供关键点。在逻辑进路上，邻接权与作者权的关系或者称为邻接权的性质有正当性与权利对象两个认识视角。从正当性观察，邻接权是基于传播过程的

---

[1] 王迁．广播组织权的客体——兼析“以信号为基础的方法”［J］．法学研究，2017（1）．

劳动付出和投资而享有的权利，具体又有作品传播者权与投入权之争。前者认为，邻接权更确切的提法应当是作品传播者权，[1]是传播者在传播作品的过程中就自己的创造性劳动和投资享有一定的权利。[2]“相关权的产生离不开对作品的使用，而作品是著作权的客体。创作作品和传播作品是源和流的关系，如果说创作作品是生产行为，那么传播作品就是流通行为。”[3]后者认为，邻接权保护的是服务于作品的精神方面的劳动投入。这种投入仅服务于某个精神方面的财富，而自己的精神既不纳入该精神财富的结果之中，也不对该精神财富施加影响；这种投入仅在客观上具有独特性，并不表达任何具有独创性的智慧；这种投入经常是可以被替换的，且该替换不对结果产生根本性影响。[4]

邻接权的性质之争源于邻接权与相关权的概念之争。显然，邻接权概念支撑作品的传播者权属性，相关权概念支撑相关投入主体的投入权。从投入角度看，作品传播者与精神方面的投入者都可能需要付出创造性劳动与投入。但是，作品传播者权属性强调邻接权与著作权在保护对象上的关联性，投入权属性则强调相关权主体获得法律保护的正当性。作品传播者权具有封闭性，只限于与作品传播有关的行为，对其他行为的保护只能作为例外。投入权具有开放性，能够将与作品传播无关但与保护对象近似的投入行为纳入相关权体系。对权利性质的认知体现着邻接权体系的建构观念与立场以及立法逻辑的严谨性。采取开放性体系或许可以应对对著作权法更为复杂的挑战。

---

[1] 郑成思．版权法［M］．北京：中国人民大学出版社，1997：49.

[2] 李明德，许超．著作权法［M］．北京：法律出版社，2009：188.

[3] 冯晓青．知识产权法［M］．北京：中国政法大学出版社，2015：117.

[4] ［德］M. 雷炳德．著作权法［M］．北京：法律出版社，2005：54-56.

从权利对象的视角观察，邻接权对象与作者权对象存在独创性方面的区别。通常认为，相关权对象不具有独创性。或者说，相关权鼓励的行为不具有著作权法上的独创性。❶ 在北京天盈九州网络技术有限公司等与北京新浪互联信息服务有限公司不正当竞争纠纷案中，二审法院以电影作品与录像制品的区分为例，阐述了邻接权对象的保护条件，即“在我国著作权法区分著作权和邻接权两种制度，且对相关连续画面区分为电影作品与录像制品的情况下，应当以独创性程度的高低作为区分二者的标准”。❷ 事实上，表演行为与录制品确实能够体现出客观上的独特性，具有个性选择的可能性。广播信号、数据库等形式则很难具备独特性，更多是对投资行为的回报。这意味着邻接权对象的性质并不统一。较低程度的创造行为、普通劳动与资本都可以成为保护的内在正当性。这种不一致性一方面有利于保持对与著作权有关的行为的开放性，另一方面也使为邻接权的保护对象划定内在根据困难重重。即使如此，也可以立足于事实与法律的区分认为表演者、录制者所作出的独创性贡献并不具有法律意义，以此消弭事实与法律之间的张力。因此，在根据一国保护需求与制度逻辑确定邻接权的具体内容时，法律依然可以作出独立的价值判断。

（二）从邻接权到狭义相关权

邻接权是与著作权邻近、相关的权益。通常认为，邻接权与相关权互称，但是也有观点认为邻接权与相关权存在一定区别：邻接权仅限于作品传播者对其传播作品过程中创造的劳动成果所享有的权利，包括表演者的权利、录音制作者的权利和广播组织

---

❶ 崔国斌．著作权法：原理与案例［M］．北京：北京大学出版社，2014：510.

❷ 参见北京知识产权法院（2015）京知民终字第1818号民事判决书。

的权利。相关权的概念要稍广一些，包括图书报刊出版者、表演者、录音录像制作者、广播电台和电视台因传播作品而产生的权利。❶ 这一观点恰好反映了邻接权与相关权的语源差异。邻接权是英文“Neighboruing Rights”与法文“Des Droits Voisins”的直译，相关权则是德文“Verwandte Schutzrechte”的直译。法国邻接权制度与德国相关权制度确实存在范围上的不同。《法国知识产权法典》规定的邻接权包括表演艺术者权、录音制作者权、录像制作者权、视听传播企业的权利、卫星播放及有线转播的权利等。《德国著作权法》规定的与著作权有关的权利保护包括对特定版本、照片、艺术表演人、录音制品制作人、广播电视企业、数据库制作人的保护。相比之下，德国相关权制度的内容更广泛一些。

使用邻接权一词可以恰当传达出邻接权与作者权的关系。“形容词‘邻接’是‘处于近处’之意，引申意义则是‘表现相像的特征’。而邻接当作动词，含义为‘与邻居交往’。将形容词和动词的意义结合，定义就完全清楚了：赋予相互接近者以相似的权利，也要求承担同相互往来有关的义务。”❷ 具体而言，邻接权与作者权的内在关联体现在权利对象、权利内容与权利主体三个方面。首先，邻接权保护对象通常以作品为基础，是作品传播的各种形式。当然，例外情况也存在，例如录制自然现象而产生的录音录像制品就不以作品为前提。严格来说，这种内在关联是以最初的邻接权即表演者权以及大多数邻接权为观察对象。或者说，这种对象可以在逻辑上划归更广泛的相关权范围。其次，邻

❶ 胡康生．中华人民共和国著作权法释义［M］．北京：法律出版社，2002：129.

❷ ［法］克洛德·科隆贝．世界各国著作权和邻接权的基本原则——比较法研究［M］．上海：上海外语教育出版社，1995：124.

接权的内容与作者权的内容存在若干近似之处，例如财产权部分均体现为对保护对象的某些利用方式的控制，并采用诸如复制、发行、信息网络传播等相同术语。最后，作者权主体与邻接权主体存在利益关联，邻接权主体通常以各种方式增加作品的传播形式，扩大作品的传播范围，从而有助于作者权主体的利益实现。这种利益关系的通常表述是邻接权主体享有与行使权利不得损害作者权主体既有的权利与利益。例如《保护表演者、录音制品制作者和广播组织罗马公约》第 1 条开宗明义："本公约给予之保护将不更动也决不影响文学和艺术作品的版权保护。因此，本公约的条款不得作妨碍此种保护的解释。"此即作者权主体与邻接权主体的单方不损害原则，因为该条并没有规定作者权主体不得损害邻接权主体的利益。

国际公约规定的邻接权仅包括表演者权、录制者权与广播组织权。不同国家的规定还可以被分为六类，即仅保护表演者权、仅保护录制者权、仅保护广播组织权、保护表演者权与录制者权、保护广播组织权与录制者权、保护上述三种权利。[1] 除了录制客观现象而成的录制品及对其广播外，这三种权利均与作品紧密关联。邻接权主体通过资本、劳动等投入并利用作品形成直观的表演、音像或者广播信号等形式，成为作品的重要传播者。除此之外，出版者出版作品也是重要的传播形式。

相关权的范围较广，可以用来指一切传播作品的主体所享有的专有权。当然，这里所称的"一切"在不同国家也有不同范围。例如，意大利著作权法上的相关权包括录音制品制作者权、电影或视频作者或系列动画片制作者的权利、广播电台和电视台

[1] 郑成思．版权法［M］．北京：中国人民大学出版社，1997：51-52.

的权利、表演者和演奏者的权利、与对进入公有领域的作品进行评论和学术研究的版本相关的权利、对舞台布景设计的权利、对摄影作品的权利、有关书信和肖像的权利、对工程设计图的权利等。显然，这些相关权与德国、法国的规定存在差异。

在某种意义上，相关权包括邻接权与狭义相关权。对于整个相关权体系，使用相关权指称能够表达术语的严谨性，使用邻接权指称能够表达术语的承袭性。从邻接权向相关权的发展彰显了邻接权制度的扩张趋势。这种扩张在很大程度上基于如下两方面理由：首先，权利保护对象的相似性。例如，非文学艺术作品的表演者依然可以成为部分国家相关权的主体，就是基于表演行为的相似性。录制自然界的声音、风景可以构成录音制品、录像制品，显然是基于这些录制品均表现为声音、声音与图像的结合或者单纯图像，与表现作品的录制品具有相似性。其次，立法传统的差异性。随着著作权保护对象国际趋同性的增强，著作权保护对象具有最低限度的共同范围。但是，由于独创性的内涵不同，相同保护对象具有不同的地位，因而出现相同保护对象在不同国家著作权法的地位差异。例如我国著作权法规定了杂技艺术作品，而法国著作权法则通过保护杂技艺术的表演者而保护杂技艺术；我国著作权法并没有区分艺术摄影与普通摄影，德国著作权法则将照片作为相关权的对象。当然，这种差异性也可以在某种程度上被认为是基于保护对象的独创性低于作品独创性标准但是保护对象与作品近似而产生。

虽然国际公约及国内约定俗成的术语是邻接权，但是我国著作权法采用了有关权益的表述，更接近德国的相关权概念。更为重要的是，相关权与邻接权存在范围上的不同。本书基于此种理由将这一体系细分为邻接权与狭义相关权。从整体上看，著作权制度体系可以分为作者权制度、邻接权制度与狭义相关权制度三个层次。邻接权制度是基于保护对象与作品的关联性，狭义相关权制度则基于保护对象与邻接权对象的相似性或者技术手段的一致性。这种层次性也能够传递保护对象的相互关系、保护条件的差异性等信息。因此，在逻辑上认识邻接权制度，关键在于如何认识邻接权的扩张并将扩张后的相关权进行归类。

二、著作权的内部体系

私权的分类体系为著作权的内部体系提供了重要的认识视角。因为立法考虑的是制度惯性与现实需求，理论上的分类所考虑的则是逻辑的合理性。只有在两者之间保持勾连，才不致在权利束中迷失，并能够把握权利体系的共性。按照人身权与财产权的分类理论，著作权可以分为著作人格权与著作财产权，这构成立法与学理共识。其中，著作人格权保证了作者支配作品的完整性。著作财产权中的有形利用权、公开再现权与演绎权应当纳入绝对权体系与支配权体系，获得报酬权是上述绝对权与支配权的不完全形式，应当纳入相对权体系。

（一）著作权的立法体系

在国际公约层面，《伯尔尼公约》从第6条之二到第14条之三共规定了2种著作人格权、9种著作财产权；WCT从第6条到第8条规定了三类著作财产权；WPPT从第5条到第14条规定了表演者的2种著作人格权、7种著作财产权，录音制品制作者的4种著作财产权。实际上，国际公约为作者经济利益提供的权利类型可以分为“与复制有关的权利”及“与复制无关的权利”。[1]

---

[1] ［匈］米哈依·菲彻尔．版权法与因特网［M］．郭寿康，万勇，相靖，译．北京：中国大百科全书出版社，2009：727.

《欧洲议会和欧盟理事会关于协调信息社会中版权和相关权若干方面的第 2001/29/EC 号指令》规定的特别权利有复制权、向公众传播权和发行权，同时认可《关于知识产权领域中出租权、出借权及某些邻接权的第 92/100/EEC 号指令》授予作者的出租权和借阅权。

《美国版权法》第 106 条规定的著作权有复制权、演绎权、发行权、公开表演权和展览权。虽然其关于发行权的规定只限于复制品或者录音制品的所有权转让与使用权出租、租赁或者出借等方式，但是在解释上，网络环境下的作品传输也适用发行权的规定。第 106A 条规定了视觉艺术作品的作者的署名权及保护作品完整权。

《法国知识产权法典》包含两类权利：该法第 L. 121-1 条、L. 121-2 条、L. 121-4 条规定了作者对自己的姓名、作者身份的权利与作品完整权，发表权与收回权。第 L. 122-1 条规定的著作财产权有表演权与复制权。表演权包括公开朗诵、音乐演奏、戏剧表演、公开演出、公开放映以及在公共场所转播远程传送的作品以及远程传送、向卫星发送作品等；复制权是指以印刷、绘画、雕刻、照相、制模及一切平面和立体艺术的手段、机械、电影或磁性录制等方式将作品固定在物质上以便间接向公众传播的权利。

《德国著作权法》的权利体系兼顾了逻辑与现实的需要。该法第 12 条、13 条与第 14 条规定了三项著作人格权。其著作财产权第一层次的分类是“以有形方式利用作品的权利”与“以无形方式公开再现作品的权利”，在各自的体系下，又分别有若干类具有共性的权利项。另外，在第 23 条单独规定了改作和加工权，第 25 条规定了接触权，第 26 条规定了美术作品的追续权，第 27

条规定了音像制品的出租报酬权与对公共借阅机构的出借报酬权。

《日本著作权法》第2章第3节规定的权利包括发表权、姓名表示权、保护作品完整权、复制权、上演权和演奏权、上映权、公众传播权、口述权、展览权、发行权、转让权、出租权、翻译权、改编权与二次利用权等具体类型。

我国1990年《著作权法》仅仅列举了几项权利。在2001年修法时，为了满足司法实践裁判案件的需求，《著作权法》列举了12项经济权利与1项兜底权利，使得权利更加细化，也便于司法实践“对号入座”。

分析这些国家的法律与国际公约可以发现，著作权的第一层构造是比较清楚的，即著作人身权与著作财产权分列。随着版权体系也规定了一些著作人格权，而不再依赖普通法的假冒、欺诈等法律，著作人格权在著作权体系中的地位最终成为两大体系的共识，虽然在具体构成上有差异，例如发表权是否构成著作人格权尚存疑。著作权的第二层构造，即著作财产权的内部结构则有不同类型。以法国与德国为代表，权利体系更具有逻辑性。德国的著作财产权分类标准是依赖载体，法国的著作财产权分类标准是向公众传播的方式是直接的还是间接的。如果将依赖载体与间接传播相联系，则法国的权利体系设计与德国的权利体系设计是相同的。以美国为代表，权利体系的设计更注重包容性，五类权利完全具有涵盖现在及未来使用形态的能力。以日本为代表，权利体系的设计更依赖作品市场与使用方式，每增加一种使用市场就会有一种权利，所以其权利体系庞杂。

我国现行《著作权法》更多地依赖技术特征设计权利体系，与日本具有相似性。这实际上是采用一个在法律上无价值的标准进行体系化，以致酿成追随技术发展的恶果。随着网播、有线广播的出现，现有权利就显得捉襟见肘了。在我国《著作权法》第三次修改的草案中，“第一稿”依然按照新的传播方式所依赖的技术来归纳权利，将有线广播纳入播放权中，将网络直播与转播纳入信息网络传播权中；❶“第二稿”则摆脱了技术依赖，“将播放权适用于非交互式传播、信息网络传播权适用于交互式传播”。❷ 按照传播方式，单向传播与交互式传播构成矛盾关系，将这两种方式划分开来也就囊括了所有的远程传播。可以说，我国著作权的立法体系在面对实践挑战的基础上逐渐科学化了。

（二）著作权的学理体系

1. 著作人格权

通常认为，著作人格权是有特定目的的权利构造。保护著作人格权有助于保护重要作品，这些权利有助于刺激产生出独特作品，保护一个社会文化记录的准确性。❸ 郑成思先生则不这么认为，随着数字技术的发展与作品利用方式的电子化与批量化，“精神权利保护可能趋向于今天美国版权法中只承认艺术作品精神权利的特例”。❹ 如果可以将作品视为人类思想的记录载体，重要作品就可以放在人类历史进程中成为社会知识的标志，也是后来者反思的对象，我们似乎不应当对著作人格权那么悲观。即使出于文化发展与知识继承的目的，也需要赋予著作人格权，从而

❶ 《关于〈中华人民共和国著作权法〉（修改草案）的简要说明》。

❷ 《关于〈中华人民共和国著作权法〉（修改草案第二稿）的修改和完善的简要说明》。

❸ ［澳］彼得·德霍斯．知识财产法哲学［M］．周林，译．北京：商务印书馆，2008：98.

❹ 郑成思．版权法［M］．北京：中国人民大学出版社，1997：37.

保证观察的准确性，也能够为后来者建立思想的谱系与坐标。否则，在作品能够被随意更改的社会中，很容易发生剽窃、欺诈或者歪曲，比如剽窃者的通常做法是将他人的作品作为自己的作品予以传播，或者改头换面地传播，这影响了作者的声誉及其在作品中的身份，不道德行为也无法受到法律制裁。

但是，有两个论证步骤需要予以特别关注：第一，为了保护文化目的所赋予的权利是否属于著作人格权；第二，不赋予作者人格权是否就一定会产生不道德行为。第二个问题需要付诸社会学研究，第一个问题则完全可以由法律来解决。首先，在实务中，著作人格权的约定比较普遍，且被司法实践认为有效。评论者建议利用法律行为划定处分著作人格权的界限，即整批约定应禁止，而“针对特定、具体界定之事实及干预所作之法律行为，纵使在个案中可能影响极大，亦应允许之”。[1] 这就说明著作人格权并不是真正意义上的人格权，只是为了保证对作品的控制而设计的权利。即使是在最注重保护作者人格的德国，为了防止著作人格权成为保护作者的一道障碍，实践中也认可著作人格权的委托行使、放弃损害人格权的不作为请求权与损害赔偿请求权等。[2] 其次，古代法令所禁止的剽窃是从公法意义来说的，文化公益目的并不一定需要著作权法的特别庇护。如果认为保护文化的目的属于公共利益，由公法完成这一任务并无不可。可以设想，在不赋予作者著作人格权的情况下，由公法体系完成对作品不受篡改以及永久署名权等的最低限度的保护也是可行的。在德国，由于

---

❶ 刘孔中. 智慧财产权法制的关键革新［M］. 台北：元照出版公司，2007：71.

❷ ［德］M. 雷炳德. 著作权法［M］. 张恩民，译. 北京：法律出版社，2005：387-388.

奉行著作权的“一元论”，著作人格权与财产权相互联系在一起，著作权不得转让，著作财产权的期限适用于著作权全部。在著作财产权期限届满后，著作人格权不再受著作权法的保护，只能交由保护文化遗产的公法。

如果能够有其他方式来保护作者人格却偏偏选中了著作人格权，著作人格权的重要价值就不再仅是保护文化公共利益。至少可以说，在维护文化公共利益与实现私人控制之间，著作人格权对后者的价值远远大于前者。如果将著作权国际公约视为人们在著作权制度上最低限度的共识，则著作人格权只有两项，即《伯尔尼公约》第 6 条之二第 1 款规定的，作者“保有要求其作品作者身份的权利，有权反对对其作品的任何有损其声誉的歪曲、割裂或其他更改，或其他损害行为”。依据这一表述理解表明作者身份权与保护作品完整权可以发现，著作人格权所建立的作品保护网无疑是一个全方位武装，不仅保护作者的经济权利，而且赋予作者保护其利益的另一个手段。根据这一权利，如果将作品放置在一个作者不希望出现或者憎恶的场所，则作者就有权请求保护人格权。保护方式可以与物权相类比。例如，依据《意大利著作权法》有关人格权诉讼的特别规则，在致害人承担费用依然无法恢复作品的原始形式时，可以请求排除侵害或者销毁被歪曲、删节或者修改的作品的复制品。更为重要的是著作人格权“维系着一个由明星、卖座片和畅销书组建的体系”。“如果文化企业巨头被发觉正在使用精神权利概念对作品的社会功能实施绝对的内容控制，那么人们就难以接受精神权利原则。”❶ 这种控制在明星

❶ ［荷］约斯特·斯密尔斯，玛丽克·范·斯海恩德尔．抛弃版权：文化产业的未来［M］．刘金海，译．北京：知识产权出版社，2010：6.

体制中更是大有用武之地。

借由著作人格权，著作权人能够阻止任何人对作品的修改以及权利人不愿意的使用，这就实现了对作品的类物式控制。与物权上的控制相同，著作权人的控制不需要任何理由，阻止侵权人的条件也不包含任何过错。如果认为作品是一个物，著作人格权就使得这个物具备了真正的权利外衣，也使得著作财产权能够有实施控制的基础。

2. 著作财产权

采取归纳方式解读著作财产权是具有说服力的简洁方式。评论者对著作财产权体系的划分有三类：第一类是按照复制权、表演权与演绎权的三分法进行体系建构："复制权表达对原作与复制件之间再现关系的控制，演绎权表达对原作与演绎作品之间利益分享关系的控制，传播权则表达对作品传播过程中产生的市场价值的控制。"❶ 第二类是按照有形利用与公开再现方式对著作财产权进行分类：前者包括复制权、发行权、展览权；后者包括朗读、表演和放映权、公共传播权、播放权、影像制品再现权等。这一划分体现逻辑上"有"与"无"的矛盾关系，也避免了传播与复制有时无法完全分开的尴尬。需要说明的是仅有这两类权利尚不足以构建完整的著作权体系，因为对作品的演绎权并不包含在这两类之中。虽然演绎作品的最终利用不超出上述两类形式，但是著作权法赋予演绎权的目标在于平衡原作者与演绎作者的关系，使原作者从演绎作品的传播中获益。这一类权利具有不同于上述两类权利的品格。第三类是按照权利的包容性进行划分，规定复制权、发行权、演绎权、表演权和传播权等权利，构建"疏

---

❶ 冯晓青，付继存．著作权法中的复制权研究［J］．法学家，2011（3）．

而不漏的作者经济权利体系”。❶

学理分类主要是采取抽象方法对著作权的类型进行整理。第三类划分多出于实用主义考虑，以发达、成熟的解释技巧为基础，恪守保守的权利扩张路线。第一类与第二类则突出了抽象能力，只是在抽象方法上略有不同。有形利用包括利用载体的传播，比如发行、展览，这在第一类中属于传播权范畴。本书选择有形利用权与公开再现权的分类，并补充演绎权以及出租权、追续权等获得报酬权类型。

有形利用权是指著作权人享有的以实体形式传播作品的独占权。这里的意思是将作品固定在物理实体上，将其向公众提供使之进入流通领域或者向公众展示，这些行为的决定权掌握在著作权人手中，未经权利人许可或者不符合法律规定的行为即构成侵权，无论行为人是否具有传播营利的目的，也不论行为人是否具有侵权故意。有形利用权的结构是通过控制作品的有形利用方式来约束人的行为，是通过支配作品载体从而间接及于作品的利用方式来实现权利。由于需要先固定作品，有形利用行为具有延时性。在我国，这类权利有复制权、发行权、出租权与展览权，均是按照支配权模式设计的。从直觉上看，行为人的复制行为只是花费了自己的成本，如果没有发行就不会营利，也不会损害作者的利益。在一个没有营利，也没有造成他人损失的环境中谈论侵权问题，本身就是荒谬的。对此有两个解释：一是复制权本身暗含着对发行行为的约束。在《伯尔尼公约》中没有规定发行权就是考虑到这层意思。二是著作权法为了事前防止发行带来的严重危害，在作品复制阶段就实施干预，尤其在国际公约层面规定了

❶　刘银良．论著作权法中作者经济权利的重塑［J］．知识产权，2011（8）．

发行权后。质言之，授予复制权是为了防止损害的发生，只是在规范配置上，将复制行为本身归为一类侵权行为。北京市高级人民法院在《关于审理著作权民事纠纷案件适用法律若干问题的解答》（京高法发［1996］460号）第30条指出："虽仅复制了他人作品，但举不出充分证据证明复制不是为了发行的，可以认定构成侵权。"2018年4月发布的《侵害著作权案件审理指南》第5.1条延续这一规定，并扩大了适用范围："未经许可复制他人作品但未发行或者以其他方式传播的，构成侵害复制权，但法律另有规定的除外。"从举证责任倒置这一程序规定到法定例外的转变，体现了复制权作为事前控制的独立性与控制范围的严格化。

公开再现权是指以非实体形式公开再现作品的独占权。这里的公开再现是指将作品向不特定多数人开放，以使其可以直观感知。所谓的非实体形式并不是说这类作品再现不需要实体，而是指公众感知作品不需要主动利用实体就可以直接获知作品。以表演权为例，公众只要支付入场费就可以感知到被表演的作品，无须自己获得作品载体后再感知作品。通常而言，公开再现作品与公众感知作品具有同步性。公开再现权控制的是作品直接展现给他人的行为，以支配作品的直接利用方式来实现自己的利益。在我国，表演权、放映权、广播权、信息网络传播权等权利就是公开再现作品的权利。

演绎权是指超过适当方式利用原作品的表达创作出新作品的控制权。这里包含四重含义：一是利用的内容是原作品的表达，因而既要求原作品创作已经完成或者部分完成且有独立意义，又要求利用的是表达而非思想。原作品未完成且经过许可的演绎不是演绎而是共同创作。根据原作品思想进行再创作属于完全自由的创作。二是利用的方式不具有适当性，因而不属于适当引用型合理使用。三是利用的结果是产生新作品。如果仅是利用原作品的表达，产生的成果不具有独创性或者变化的内容微不足道以致未脱离原作的实质性表达范围，就不构成演绎而是复制。四是演绎权控制的是演绎创作行为，如果是为了个人学习研究的翻译、改编等行为，则可以适用合理使用豁免。演绎权虽然不直接针对市场传播行为，但是可以扩大作品利用的控制范围。

与上述权利相比，获得报酬权并非一类完整的权利，即只有收益，已经丧失了对作品的控制。获得报酬权是著作权人有权从他人的行为中请求分配收益的权利。在这里，获得报酬权的结构不是权利人控制作品及其利用，而是通过请求特定人就其特定行为向自己支付报酬来实现权利。我国《著作权法》第三次修改拟引入的追续权就是通过向特定人请求报酬来实现的。德国为了实施 2001 年 9 月 27 日欧洲议会和理事会通过的《原创艺术作品著作权人利益追续权的指令》（2001/84/EG）在《著作权法》第 26 条规定了追续权，并明确了追续权的适用情形与著作权人的获益保障。《意大利著作权法》第 150 条也有类似规定。这无疑为作者设定了法定债权，只要满足美术作品与通过公开市场再次转让两个要件，作者就有权依照追续权请求支付报酬。法定许可的报酬请求权与只能通过著作权集体管理组织行使的权利所留给作者的报酬请求权都是法定债权，只能向使用者请求报酬。

在著作权法中，有形利用权、公开再现权与演绎权居于主导地位，单纯的获得报酬权历史短暂且具有从属性。有形利用、公开再现权与演绎权代表的是权利人对作品的使用方式的全方位控制。这一束权利并不是相对权，而是具有对抗任何不特定人效力的绝对权。由于这种控制拒绝接近无形的作品，对作品的专有就产生了对一类使用作品行为方式的控制。因此，著作权是效力范围广泛的对物权。

第二节 著作权的边界构造

著作权的边界标示了著作权人与社会公众、其他权利人的利益范围，一边是著作权人基于作为分配要素的作品享有的专有范围，一边是其他权利人基于相关合法客体享有的专有范围，另一边是社会公众的利益范围。划分利益边界的工具是著作权法的限制制度。权利限制的宗旨是为作者、出版者、传播者与使用者在提供竞争性利益与非竞争性利益的基础之上，实现利益的分享和公平分配。❶ 广义而言，这种限制包括合理使用、法定许可、权利穷竭、强制许可、著作人格权的限制、保护期等有助于实现公共利益的专门制度。但是，具有边界性质的限制主要有划定市场边界的合理使用、划定时空边界的期限与地域性、划定物权与著作权边界的权利穷竭以及著作人格权限制。

一、著作权的市场边界

合理使用限制了著作权人市场利益的主张。经济视角下合理使用的理由是市场失灵与固有限制。❷ 固有限制还可以解读为

---

❶ 冯晓青．知识产权法利益平衡理论［M］．北京：中国政法大学出版社，2006：594.

❷ Wendy J. Gordon. Excuse and Justification in the Law of Fair Use：Transaction Costs Have Always Been Only Part of the Story［J］. Journal of the Copyright Society of the U. S. A.，2003，50（1）：149.

“合理使用制度的初衷是为了解决后续的作者为了创作新作品如何利用先前作品的问题。”[1] 其实，这两个理由都可以称为市场失灵，分别对应条件性市场失灵与原生性市场失灵。合理使用只是美国法的称谓，并不是一个国际通用的法律术语。作者权体系一般将合理使用情形与法定许可概称为“著作权的限制与例外”，英国以及英联邦国家则使用合理利用（fair dealing）。但是，无论名称如何，就性质而言，它们或者它们的一部分共同指称对作品进行使用中，除依照惯例予以署名外，可不经著作权人许可并不向其支付报酬的作品使用类型。

（一）合理使用规则的形成

在美国历史上，1841 年“福尔生诉马什”（Folsom v. Marsh）案后，“合理使用”概念进入著作权法的视野。合理使用从其产生时起就包含判断标准。在该案中，斯托雷（Joseph Story）法官认为：在版权案件中，两部作品在内容上的一致性和盗版的可能性，经常要依赖一个精致的平衡，包括一部作品对另一部作品材料的比较使用；使用作品的性质、程度与价值；每一部作品的目的；可以公平地假定每一位作者已经回到相同的信息来源或者已经在材料的选择与编排上付出了同样的努力程度。被告很有分量的抗辩是他有权节略、选择和使用这些材料。对此，斯托雷法官认为：如果这么多的材料被截取，原作的价值明显减少了，或者原创作者的劳动被他人实质性侵吞从而造成某种损害，从法律的观点看，这足以构成侵权。当谈到数量问题时，这一定是模糊不清的。若果真如此，一个作者可以截取他人作品的所有重要部

[1] 冯晓青．知识产权法利益平衡理论［M］．北京：中国政法大学出版社，2006：607.

分，尽管这些部分或许在数量上只是该书的一小部分。简单地说，在决定这类问题时，我们必须经常审查被选择部分的性质和目的，被使用材料的数量和价值，使用原作可能损害销售的程度、利润损失的程度或者取代程度。❶ 这一标准在 1976 年《美国版权法》中得以成文法化。

该案作为合理使用制度的标志性案例，反映了法律对合理使用认识的变化，即从数量的考量到价值的考量。在该案之前，美国以及英国的判例均奉行“合理节略”原则，合理节略的核心要素在于对作品使用的数量。该案从著作权的价值上判断后一作者对作品使用的合理性，淡化了作品使用的数量。这种转变暗合著作权法越来越依赖经济分析的现实情况。合理使用的判断标准已经融合了市场考量因素，将作品价值的损害作为重要的判断要素。在判断合理使用时，并不需要满足所有条件，而是需要重点关注对作品市场利益的侵害程度。这种经济分析方法在 Campbell 案中得到进一步重视，因为“戏仿可能通过其评论的有效性损害演绎使用市场，但是这一事实与对原作市场的类似威胁无关”。❷

合理使用的判断标准还存在《伯尔尼公约》认可的适用于复制权的“三步检验法”。TRIPs 协定将这一检验法则扩大到著作权的其他权项，规定成员均应将专有权的限制或例外局限于一定特例中。这一标准赋予成员方很强的弹性权利，相比市场考量因素更具有灵活性。

如果不考虑法律位阶差异，就可以认为我国《著作权法》与《著作权法实施条例》共同规定了“抽象加列举”的封闭的合理

---

❶ Folsom v. Marsh, 9 F. Cas. 342 (1841).

❷ Campbell v. Acuff-Rose Music, Inc., 510 U. S. 569 (1994).

使用规则。其中，我国《著作权法》列举的具体情形构成“三步检验法”的特定情况。但是，实践出现了不一致因素。一是营利性目的在合理使用中的影响。在陈某某等与西苑出版社等著作权纠纷案中，海南省高级人民法院从使用目的的非商业性或非营利性与使用程度的相同率或实质性两方面来阐释合理使用规则的内涵。[❶] 但是，在另外一个案件中，广州市中级人民法院则认为：“对于是否符合合理使用条件的判断，并非以是否为商业目的使用而应以是否属于上述十二种情形为依据。”[❷] 这一观点明确排除了上述使用目的的限定。在国家体育场有限责任公司诉熊猫烟花集团股份有限公司等侵犯著作权纠纷案中，北京市第一中级人民法院从法律规定的使用方式、保护公共利益目的、使用方式是否影响人们可合理预期到的作者使用作品的方式三项标准来判断合理使用。[❸] 北京市第一中级人民法院在理解抽象规则与具体规则的关系上，显然是将抽象规则作为具体规则的限定，只有先符合具体规则，才能适用抽象规则予以验证。如果作一归纳，海南省高级人民法院与北京市第一中级人民法院的判决均考虑了使用目的要素，即构成合理使用目的正当性的应当是非商业目的。在图书馆对作品进行数字化的案例中，其他法院也赞同非商业性目的构成合理使用的判断条件。[❹] 北京市高级人民法院《关于审理著作权民事纠纷案件适用法律若干问题的解答》第 20 条将大量复制冲击作品的市场销售列为不适用合理使用规则的条件，是从非

---

❶ 海南省高级人民法院（2011）琼民三终字第 60 号民事判决书。

❷ 广州市中级人民法院（2011）穗中法民三终字第 135 号民事判决书。

❸ 北京市第一中级人民法院（2009）一中民初字第 4476 号民事判决书。

❹ 河南省焦作市中级人民法院（2010）焦民二初字第 3 号民事判决书；重庆市第一中级人民法院（2010）渝一中法民初字第 218 号民事判决书。

商业目的来考察的。在《侵害著作权案件审理指南》第 7.12 条规定的课堂教学和科研使用的条件中，非营利性也是核心要件。在比较有意义的是司法实践在解释“正常使用”时采取了可预见的市场利益保留规则。

二是合理使用的封闭性与灵活的司法实践的协调。2012 年《最高人民法院关于审理侵害信息网络传播权民事纠纷案件适用法律若干问题的规定》第 5 条规定了以提供网页快照、缩略图等方式向公众提供相关作品的合理使用。在北影录音录像公司与北京电影学院著作权纠纷案中，二审法院在肯定合理使用的说理中指出：基于教学方式的特殊性，涉案作品的使用目的是为学生完成毕业作业及锻炼学生的实践能力，在校内放映该片也是为了教学观摩及评定，均为课堂教学必要的组成部分。[1] 这些解释均反映了封闭体系的保守性，也体现出法的安定性与正义性的冲突。因而，在《著作权法》的第三次修订过程中，第一稿与第二稿草案均规定了兜底条款，以增强适用的灵活性。

（二）合理使用划定边界的类型化

各国规定的合理使用类型不尽相同。从我国、日本、美国、德国、巴西等国的著作权法看，合理使用的类型通常包括如下五种：一是高经济成本。当对作品使用的收益无法通过市场来实现，即出现市场失灵时，著作权人要么选择性地收取报酬，要么对其听之任之。即使是选择性适用法律，这种诉讼也常常无效率。“合理使用是一个鲜明的经济工具，任何时候，只要当事人进行著作权许可的谈判成本高昂时，它就会把一种未经许可而使

[1] 北京市第一中级人民法院（1995）一中知终字第 19 号民事判决书。

用他人享有著作权的作品的行为辩解为一种合理行为。”❶ 在实践中，个人使用就属于此种情况。在这一点上，合理使用是市场失灵的救济方式，虽然并没有带来收益，但免除了使用人的“原罪”。二是习惯。“在合理使用中，习惯具有重要意义。如果著作权所有人通常默许他人实施某些复制或者引用，则仅凭这一点就是证据，证明该使用既合理且公平。”❷ 因为惯例将引导社会普遍接受的观念，并成为人们的行为准则。推翻惯例即使不是不可能的，也是需要付出巨大努力的，比如负担较大的证明责任与较高的成本。三是新闻报道。各国通常规定为了新闻报道可以使用特定类型的作品。四是文学艺术的发展。著作权法的目标，即促进科学、技术的进步与文学、艺术领域的文化共享与文艺批评，一般是通过转换性作品的创作而实现。将著作权原则与好的文艺实践结合起来是有利于文艺发展的司法政策。❸ 五是人道主义精神。为了保障残障人士的知识获取利益，著作权法通常会作出限制。

合理使用的上述类型符合市场失灵的基本假设。事实上，个人学习、研究与评论上的合理使用本身就不属于市场调节的部分，即使市场能够完全实现配置效果。其他类型的合理使用都会或多或少地影响到著作权人的利益。虽然这种损失无法通过同类对比或者可得利益的丧失来计算，但是著作权人的损害在心理上

❶ ［美］保罗·戈斯汀．著作权之道：从谷登堡到数字点播机［M］．金海军，译．北京：北京大学出版社，2008：140.

❷ ［美］保罗·戈斯汀．著作权之道：从谷登堡到数字点播机［M］．金海军，译．北京：北京大学出版社，2008：69.

❸ ［美］保罗·戈斯汀．著作权之道：从谷登堡到数字点播机［M］．金海军，译．北京：北京大学出版社，2008：27.

是存在的。比如，图书馆、档案馆、纪念馆、美术馆等为了保存版本的需要复制馆藏作品，虽然这种复制是少量的，且不能说明著作权人因此遭受损失，但是由于实现收益的成本较高，如果不允许这种使用，则会出现双输的困局。著作权人无法从中获取收益，使用者也背负侵权指控风险。

从规范角度观察，这些价值都是公共利益的重要组成部分，是实现公共利益的现实基础。在上引案例中，社会公共利益始终是背后的考量因素。为了体现公共利益的纯粹性，非商业性目的被引入。只要使用他人作品获取了商业利益，这一行为就违反了人们关于正义的道德直觉。但是，随着司法实践的发展，带有营利目的的公益行为逐步为著作权法所认可。在判断公共利益这一点上，合理使用逐渐从主观标准转向客观标准。

随着计算机时代的到来，合理使用的运作原理遭到破坏。这种破坏源于著作权整体运行机制的突破。网络技术带来的是著作权人对作品的直接控制与消费者的反控制。在合作成本高昂，且网络环境私密的情况下，使用者往往在并没有支付对价的情况下就开始使用，著作权人则匆忙拾起技术措施的武器与法律保障来加入这个严峻的形势中，而又被技术解密、破坏、规避等行为困扰。市场失灵再一次显示出来，并远甚于前。在另一个极端，著作权人对作品控制方式的扩张趋势使原本可以合理使用的领域荡然无存。这产生了新的合理使用制度设计需要，甚至是新的平衡架构的需要。

二、著作权与物权的边界

权利穷竭不仅适用于著作财产权领域，而且适用于著作人格权领域。著作财产权领域的权利穷竭是指权利人行使一次即告用尽不能再次行使。[1] 著作财产权穷竭的目的是处理商品自由贸易与著作权专有性之间的矛盾。关于著作人格权的穷竭，郑成思先生专门指出：在版权转让过程中，为了避免精神权利对著作权利用产生限制而在合同中约定了权利使用条件，著作权人在合同约定范围内一次性行使精神权利，这也构成相关精神权利的穷竭。[2] 其实，著作人格权的穷竭与限制所指相同。无论是著作财产权还是著作人格权，权利穷竭实际上是平衡作品控制权与载体所有权的著作权失权设计。

常见的权利穷竭是发行权穷竭。据资料显示，在著作权法中对有著作权的商品的自由流通规定得最明确、也最有代表性的国家是德国。在 1965 年的《联邦德国著作权法》中第 17 条第 2 项就规定了为进一步销售的“专用权穷竭”。[3] 2003 年修订版本的第 17 条第 2 项规定了在欧盟范围内的发行权穷竭，但保留了出租行为。依照出租权，著作权人依然能够从出租人的行为中获得报酬，这是为了与音像制品或者电影作品的出租权相协调。这两类作品的发行权并不影响出租权。根据欧共体《罗马公约》第 85 条和第 86 条的规定，著作权的专有权在欧共体范围内发生穷竭，并废除市场内的地域性。《英国版权法》第 18 条 A 规定，向公众公开发行的控制权不及于先前已流通的作品复制品的任何再次发行、销售、出租或出借，或者对此类作品的再次进口到联合王国或者其他欧洲经济区国家。《美国版权法》第 109 条规定，合法制作的特定复制品或录音制品的所有人，或者该所有人授权之任

---

1. 郑成思．版权法［M］．北京：中国人民大学出版社，1997：257.
2. 郑成思．版权法［M］．北京：中国人民大学出版社，1997：305.
3. 郑成思．私权、知识产权与物权的权利限制［J］．法学，2004（9）．

何人，有权不经版权所有人许可而出售该复制品或录音制品，或以其他方式处置其占有。

美国学者对权利穷竭或者“首次销售理论”的看法是其划分了著作权使用与作品使用的界限。❶ 实际上，可以更进一步认为是著作权与承载著作权的载体的界线，因为再次销售并没有增损著作权，著作权并没有作为生产要素融入载体所有权转移的过程，所以这种界线是清晰的。按照郑成思先生对英国录音制品法定许可的看法，法定许可限制了作者对表演与录制的控制权，只能有收益的权利，这是“有很大保留”的专有权穷竭。❷ 这实际上表明著作权的权利穷竭是指对著作权的绝对控制性的消解。这恰恰符合权利穷竭便利自由贸易的初衷，因为只要著作权人不再绝对控制作品的有形贸易，自由贸易的初衷就能实现。由于权利穷竭只与有形的商品贸易相联系，在一定程度可以认为权利穷竭是协调著作权与物权关系的制度设计。

著作权穷竭以物权与著作权的利益平衡为目标，是否穷竭取决于自由贸易政策以及商品交易态势的评估。出租权实际上就是在“作品出租大有取代作品出售之趋势，以致危及著作权人的财产利益”时，❸ 反思发行权穷竭而重建的新权利，是对权利穷竭的突破。出租权的存在意味着商品自由贸易变成了有限制的商品贸易。虽然著作权人所出让的是具有作品内容的商

---

❶ L. Ray Patterson，Stanley W. Lindberg. The Nature of Copyright：a Law of Users' Right［M］. University of Georgia Press，1991：187. 转引自吴汉东，胡开忠，董炳和，等．知识产权基本问题研究（分论）［M］. 北京：中国人民大学出版社，2009：161.

❷ 郑成思．私权、知识产权与物权的权利限制［J］. 法学，2004（9）.

❸ 吴汉东，胡开忠，董炳和，等．知识产权基本问题研究（分论）［M］. 北京：中国人民大学出版社，2009：161.

品的所有权，商品所有权人因而有权移转使用权，但是使用收益要在著作权人与所有权人之间分配。因为出租行为已经是一种明确的利用著作权进行经营收益的行为，是新的商业经营模式。由于不是所有的商品都存在使用权贸易，出租权一般限制在特定范围内，我国即规定了录音录像制品、电影作品和以类似摄制电影的方法创作的作品及计算机软件的出租权。追续权也是在艺术品拍卖市场繁荣的背景下，反思发行权穷竭而重建的新权利。由于艺术作品随作者声誉以及市场认可而增值，艺术品的再次移转必然包含新价值的产生，在著作权人与所有权人之间进行利益分配体现了朴素正义。虽然这两类权利并不完全限制发行权穷竭，但是对其产生重要影响，反映了物权人与著作权人的动态博弈。

权利穷竭的地域性与平行进口相联系。在国外销售的具有作品内容的商品是否可以在内国进一步销售就是权利穷竭是否具有地域性的问题。权利穷竭的地域性是自由贸易与划分市场格局的博弈结果，也体现了运用权利穷竭原则促进自由贸易的初衷。

三、著作权的时空边界

著作权保护期也是平衡作者与社会公众利益的重要措施。立法通过保护期的延长或缩短来实现社会认可的利益平衡。从我国著作权法关于保护期的规定无法察觉保护期的深刻变化，但是向历史追溯，则会发现保护期变化所包含的利益倾向。今天看来著作权不能，也不应当永远存在，而且或许很难理解永久的普通法著作权的诉求。

在英法，尤其在法国，主张永久的著作权在 19 世纪持续存在。❶ 在“安妮法”中，著作权的保护期是 14 年，如果期满后作者健在，则可以再延长 14 年。这一保护期在文学财产争论之后的一段时间才成为著作权保护的唯一期限，而不再区分普通法著作权与法定著作权。但是，进入 20 世纪以来，作品保护期的延长已经成为一个潮流。美国 1909 年《版权法》规定了初始期 28 年和续展期 28 年的版权保护期。现行的《伯尔尼公约》已经将一般作品的保护期规定为作者终生加死亡后 50 年，将摄影作品、视听作品、法人作品的保护期规定为 50 年。

根据《1998 年著作权期限延长法》的规定，美国的著作权保护期增加 20 年，其立法目的在于协调美国著作权期限与 1993 年欧盟指令，该指令要求欧盟成员国统一规定著作权期限为终生加 70 年。❷ 因为按照《伯尔尼公约》的原则与现行期限，成员国没有义务按照本国法规定的作者终生加死亡后 70 年予以保护。美国最高法院认可延长保护期的正当性：根据宪法文本、历史和先例，本院不能同意上诉人关于延长保护期绝对超出国会的版权条款权限；国会延长保护期的动因正是促进科学进步的一个合理论据。❸

但是，事实恰恰相反，著作权保护期处于不断扩张之中。作为一个政策问题，著作权期限应当缩短，而不是延长，《伯尔尼

---

❶ Jane Ginsburg. The Author's Domain and the Public Domain in Early British, French and US Copyright Law［J］. Cambridge Law Journal, 2006, 65 (3): 636-670.

❷ Bernard C.Dietz.United States: Copyright: Extension of Term[J].E.I.P.R.2003, 25 (6): 99-100.

❸ Eldred et al. v. Ashcroft, 537 U.S. 186 (2003).

公约》的责任是阻止保护期显著增加。❶ 一部优秀的作品可能确实给社会带来了益处，这并不代表其作者有权利要求绝对的垄断，比如迪士尼公司。❷ 因为如果现实的著作权保护期偏向作者利益，保护期的调节功能就相应减弱了。对此，国内外学者提出了不同的改革建议，包括恢复到较短的保护期，规定定期续展制度与不定期版权保护等。❸ 这些建议与立法中著作权保护与言论自由、文化发展政策、产业政策等的博弈，具有评价性与政策决定性。

虽然著作权具有地域性特点，但是随着著作权国际条约的协调，著作权在各国获得保护及保护基准的差异性大大降低，因此著作权基本保护水平表现出较强的国际趋同性，以至带来权利效力空间拓展的效果。

四、著作人格权的限制

著作人格权的限制是一项著作权交易政策。我国《著作权法实施条例》第 19 条规定了署名权限制。《日本著作权法》第 19 条第 3 款规定：只要不违反公正的惯例，无害于作者要求承认和尊重其作者利益，根据对作品的使用目的和形式，可以省略作者的姓名。这也是关于署名权的限制。其目的在于解决作品署名与囿于作品使用目的与方式无法署名的矛盾。允许作品使用惯例存

❶ Adolf Dietz. Term of Protection in Copyright Law And Paying Public Domain：a New German Initiative［J］. E. I. P. R.，2000，22（11）：506-511.

❷ Jessica Litman. Mickey Mouse Emeritus：Character Protection And the Public Domain［J］. U. Miami Ent. & Sports L. Rev.，1994，11（2）：429-435.

❸ 宋慧献．版权保护与表达自由之关系研究［D］. 武汉：中南财经政法大学，2009：332.

在，比如建筑作品不予署名等，就是保证了这类使用的正当性。以双方合作的顺畅进行作为出发点的限制对于让作品摆脱署名权的困扰，开展正常的著作权贸易是非常有益的。

我国《著作权法实施条例》第10条规定，著作权人许可他人将其作品摄制成电影作品和以类似摄制电影的方法创作的作品的，视为已同意对其作品进行必要的改动，但是这种改动不得歪曲篡改原作品。《意大利著作权法》第47条也有类似规定：制版人有权对电影作品中使用的作品进行必要的修改，如作者和制片者没有约定，则由文化部部长根据有关条例指定的专家小组裁决这种修改是否存在必要性。两者均涉及摄制电影时的修改，虽然在规则设计上，意大利采取约定优先、行政裁决补充的原则，我国采取推定原则，但是两者均以电影作品制作的便利为前提认可修改权的限制，而制作便利可以进一步解释为作品传播的前提与可行性。在这方面的限制，《日本著作权法》第20条第2款规定了四类，即出于学校教育目的，在使用作品时对作品中的字、词不得不进行的改变和其他改变；由于建筑物增减、改建、修缮或者图案更换而进行的改变；为了将特定的电子计算机不能使用的计算机程序在该计算机中得到使用，或者为了使计算机程序在电子计算机中能够发挥更好的效果，而对计算机程序进行的必要的修改；其他按照作品的性质以及使用目的和使用方法不得不进行的改变。从最后一项兜底条款可以发现，这类限制是因为作品的性质以及使用目的和使用方法等方面的要求。

《日本著作权法》第18条第2款规定了推定作者同意发表其作品的情形，即转让尚未发表的作品著作权时：通过行使著作权将作品提供或者提示给公众；转让尚未发表的美术作品或者摄影作品原件时：通过展览美术作品或者摄影作品的原件将作品提示给公众；电影作品的著作权归电影制作者时：通过行使著作权将该作品提供或者提示给公众。这类限制是为了保障交易目的的彻底实现，因为发表权是著作权实现的基础，如果受让人获得作品而无法通过作品进行收益，受让的可预见目的就无法实现。

美国作为版权法系国家，其著作人格权的规范设计本身就存在限制倾向。在普通市场上，由于归属的独立性，作品可以被生产与出售。美国联邦最高法院在 Dastar v. Fox 案中考虑到原始作者的主张明智地否决了与假冒相反的一般侵权行为的存在。[1] 对于一般的侵犯精神权利的主张，法院不予救济，这就限制了著作人格权的效力。

因此，上述著作人格权的限制主要是为了实现作品使用目的，符合作品使用方式，保障著作权贸易的顺利进行，以及实现包含在许可证中的契约目的，从实用主义而不是逻辑的角度出发，著作人格权受到限制。以传播为中介，著作人格权的限制促成的传播实际上包含公共利益。

第三节　著作权的实现机制

虽然同为对物权，但是著作权与传统物权存在不同。著作权不需要确认使用物的权利——实际上，使用作品对作者并无太大意义——而只需要确认产权，利用作品的方式可由著作权主体依

[1] David Nimmer. The Moral Imperative Against Academic Plagiarism [J]. DePaul L. Rev., 2004, 54 (1): 1-77.

据自己的意思来决定。当这种机制受到阻碍时，确认的产权就需要法律救济。如此一来，著作权实现就需要特别关注。只有将著作权实现的机制充分揭示出来，著作权的规范设计才具有现实可行性与价值，著作权法的价值构造才能得到全面展示。

一、著作权的私人实现

如果缺少直接鼓励人们用智慧去创成果或者在“智力成果”与“产业化”之间搭起桥梁的法律措施，那就很难推动一个国家从“肢体经济”走向“头脑经济”。[1] 这一观点可以从国家与私人两个层面来解读：在国家层面上，应当有知识产权成果确认法与产业化法，将知识产权政策与经济政策相衔接；在私人层面上，应当建立私人实现利益的机制从而将知识产权成果确认所赋予的利益落到实处。在后一种意义上，作品利益的实现场景是市场，著作权也是为了应对市场而制定，并运行在市场中。著作权私人实现机制就是著作权人在市场上交换产权实现自己的利益的程式。

（一）著作权私人实现的前提

我国知识产权的发展历程充分证实知识产权是市场中的权利。回顾我国法制发展史可以发现，“是知识产权最先开启了中国法律近代化的进程”。[2] 国外资本主义叩开我国闭关锁国的大门的根本原因是寻找海外市场。当其时，我国的法律制度不足以为市场提供有效规制。在此后一个时期，资本主义国家以“领事裁

[1] 郑成思．信息、知识产权与中国知识产权战略若干问题［J］．法律适用，2004（7）．

[2] 张文显．知识经济与法律制度创新［M］．北京：北京大学出版社，2012：229.

判权”等治外法权的手段维护各种利益。为了收回治外法权，清政府与资本主义国家以法制变革为交换筹码。在《辛丑条约》后，英、美、日等国在与我国签订的通商行船条约中均列明了商标、专利与著作权的保护条款，促使我国建立了知识产权制度。而且，我国当时保护著作权的办法是援引商标章程。❶ 这更突出了知识产权法制变革的本质在于市场规划。在对我国知识产权20年的回顾中，刘春田先生形象地论述了知识产权与市场经济的关系：“知识产权制度本能地和市场经济有着天然的联系。它像是一只报春鸟，报道了改革开放和设计者在改革与抱残守缺的对弈中，一落子，就奠定了市场经济必将取代计划经济的最终胜局。”❷ 将知识产权制度与市场经济的光明未来理所当然地联系在一起，反映了对两者关系的基本信念。

日本学者田村善之在知识产权法的研究中采取了关注市场中作为事实存在的激励机制因素的制度设计与认识限度的方法论，并将知识产权法所产生的市场激励机制分为支援型激励机制与创设型激励机制。❸ 这一认识揭示了市场与知识产权的内部关系。著作权制度是法律创设的激励机制，著作权只有在实现激励机制的限度内才具有正当性。在缺乏著作权制度的市场上，作品的利用不受限制，作者无法从利用行为中获取利益，就缺乏必要的自由创作激励，市场的供给就会萎缩。如果创设的制度限制了他人在自由市场上的行为，极大地妨碍社会公众对作品的接近，后续

---

❶ 参见《中美通商行船条约》第11款。

❷ 刘春田．中国知识产权二十年的启示［C］//刘春田．中国知识产权二十年．北京：专利文献出版社，1998：14.

❸ ［日］田村善之．日本知识产权法［M］．周超，李雨峰，李希同，译．北京：知识产权出版社，2011：9-10，12.

创作也会减少，从而抑制作品的潜在供给。在足够的激励限度内，著作权制度能够保证市场运作所需要的供给，从而健全这一市场。至于足够激励的标准如何确定，或者最低限度与最高限度的临界点在哪儿，经济学家通常会根据效率原则作出自己的动态解释。

接下来的任务就是在市场需要的场合研究权利存在的逻辑性与正当性。按照市场原则来设置著作权的基本设想是：

> 某一作品使用市场的存在意味着对该作品有大量使用的需求，如果著作权人不进行控制，就将导致收益的大量流失，直接挫伤著作权人创作的积极性；而如果不存在该市场，则意味着即使有某种作品使用行为，也是零星的个别现象，不会对著作权人的利益带来影响，而著作权法应当保证公众有接触和获取作品利益的机会。因此，根据作品使用行为构成的独立市场划分权利项，符合著作权法的立法宗旨。[1]

这一观念可以总结为“市场决定著作权的权利项”，进一步说明了市场与著作权建构的关系。按照市场来划分权利有比较清晰的利益内容，且能够表明著作权来源于传播利益的正当性。

因此，著作权制度与市场的关系可以概括为两个方面：一方面是市场决定并验证著作权的正当性及其范围，市场失灵提出了著作权规制需求；另一方面是市场决定著作权具体内容的设置，市场利益是著作权法利益分配机制的来源。

（二）著作权私人实现的方式

日本学者我妻荣在考察近代四种所有权——土地房屋等不动产，工厂、机械、铁路等生产设备，商品与货币——后指出：

---

[1] 张今，郭斯伦．著作财产权体系的反思与重构［J］．法商研究，2012（4）．

> 所谓所有权的支配作用的增大，就是指所有权本来职能的逐渐淡薄，而与其相结合的债权的色彩逐渐浓厚，这是两个互为表里的变化……如果该商品移转到商人手中，支配力就远比在生产者手中强大，其所有权，即“为卖而买”的商人之所有权的本来职能色彩就甚为淡薄了。❶

如果将这一表述适用于完整的对物权与对人权范畴也是合适的。所有权所具有的定分止争与财产归属效果与著作权这一对物权是一致的，著作权的根本目的是保障蕴藏在作品中的权益能够归属于作者。不过，有一点不同的是，所有权在早期是一种“对物实施现实支配的现实性权利”，而后才演变成为“对物的观念的支配的一种观念性权利”。❷ 由于作品的使用价值不在于自己使用，而在于通过传播使他人获知，或者著作权的作用恰恰不是为了拥有，而是为了获得债权请求权，著作权从产生时起就跨越了现实阶段，成为一种观念性的权利，成为对他人实施支配力的权利。

著作权法所设置的有形利用与公开再现权就是要赋予著作权人一种观念性控制。这些权利的目的就是要将对作品的特定利用行为赋予著作权人，任何人未经许可的相同行为就会落入权利的专有范围。其他任何需要对作品采取上述使用行为的人均需要从著作权人处获得许可，许可机制将对作品利用行为的控制转换为利益。如果没有对特定使用行为的非难，著作权法就没有存在的必要，著作权人也就无法利用控制权换取利益。在权利的设置

❶ ［日］我妻荣．债权在近代法中的优越地位［M］．王书江，张雷，译．北京：中国大百科全书出版社，1999：15-16.

❷ 尹田．物权法理论评析与思考［M］．北京：中国人民大学出版社，2008：67.

上，印度著作权法采取了客体决定权利的方式，即作品分为文学、戏剧或音乐作品、计算机程序、美术作品、电影与录音五种类型，每一类作品的权利分别按照适合该类作品使用特点的方式来规定。比如美术作品存在异形复制，却不存在翻译问题，那么著作权人就可以使用美术作品的异形复制权而不能使用翻译权来换取利益。

实现著作权观念性权利的法律保障是契约。由于著作权掌握在权利人手中，合法使用作品的唯一办法就是与权利人磋商，接受权利人的条件。交易磋商需要考虑作者的影响力、作品类型、作品替代性以及预期收益等因素。这对权利人的交易条件与对价具有重大影响。通过契约结构，控制权与金钱对价实现流转。在契约的连接中，著作权的控制力转移给受让人。作为传播者的受让人获得著作权就获得了控制他人的支配力。任何不特定人使用作品都要向获得权利的传播者付费。对著作权机制诟病的重要一点就是这种控制权的转让造成较大的知识接近成本。这也是著作权主体迷失的内在核心机制，因为原本属于作者的控制权由传播者掌握，并成为支配社会的一种力量，作者则偏居一隅。我国 2001 年之前的著作权法受德国著作权法的影响没有规定著作权转让，此举就可以让这种支配力保持在作者手中。

或许会有一种观点来反驳契约在移转中的作用，这涉及著作权移转理论。作者权体系有著作权的一元论与二元论之分。在一元论视角下，著作人格权与著作财产权是统一在同一项权利内的不同权能。德国学者乌尔默以树形理论来形容这两种权能盘根错节的关系。[1] 既然人格权不能转让，那么相互影响的著作财产权

[1] ［德］M. 雷炳德．著作权法［M］．张恩民，译．北京：法律出版社，2005：27.

也不能单独转让。我国在中华人民共和国成立初期也曾经遵守著作权不得转让的规则。在二元论视角下，著作人格权与著作财产权是相互分离的两个部分，著作财产权部分可以作为一般财产进行转让。《法国知识产权法典》第 L. 121-1 条与第 L. 131-3 条分别规定了著作人格权的人身属性与经济权利的可转让条件，其第 L. 131-1 条规定的“全部转让未来作品无效”是避免人身受限的特殊安排。在版权体系下，版权作为财产权的客体可以转让是不言而喻的。

但是，一元论也不是无法实现著作权移转。不可转让原则是为了保护作者的新收益，即“所有被司法判例或者立法所认可的新的著作权权能都归作者本人所有，也就是说，即使该作者把所有的使用权都已经许可他人也是如此”。[1] 著作权可通过利用权移转的方式实现转移。《德国著作权法》第 31 条与第 35 条规定，著作人可授予他人单项或全部使用方式的利用作品的权利（利用权）；独占利用权人有权排除一切他人以被许可方式利用作品，并经著作人许可授予他人非独占利用权，但是保障著作权实施的集体管理组织与个人则不需要征得著作人同意。如果将全部利用方式的许可范围与独占利用的许可效力结合起来，则这种许可利用权在面向当下的使用上具有与著作权转让大致相当的效力，不同的是面向未来的能力与分许可（利用权转让）的权利。按照雷炳德教授的说法，普通许可使用是一种在特定的对象上具有效力的准物权。[2] 举轻以明重，排他性许可更具有准物权效力。

---

[1] ［德］M. 雷炳德 . 著作权法［M］. 张恩民，译 . 北京：法律出版社，2005：361.

[2] ［德］M. 雷炳德 . 著作权法［M］. 张恩民，译 . 北京：法律出版社，2005：369.

由此可知，将著作权人格权化的立法也认可著作权的移转利用形态。对物权关系更容易说明著作权移转的正当性：作者与作品具有外在关系，在人与物的结构中实现物的自由流转，与将自己任何形式的产权转让给他人在法律上并没有本质区别。

（三）著作权私人实现的规范设计

作为作品原始主体的著作权人只有通过权利的许可转让等移转支配权的方式才能实现权利，否则，作品的使用价值即使不是没有，也是微乎其微的。著作权的许可转让等产权交易是将作品作为生产要素融入文化产业链的重要途径，是实现著作权人利益的根本保障，尤其对自由作者而言。在著作权法的建构上，产权移转是著作权法私益目标实现的最终机制，也是运转整个著作权的"发动机"。没有权利的移转，著作权法对著作权人的利益设计无法兑现，著作权法就从"私法"变成了"死法"。就权利移转而言，包括基于法律行为的移转与基于非法律行为的移转，表现为许可、转让、出资、抵押与继承等内容，但是比较基本的就是移转全部著作财产权的转让与不转移最终控制权的许可。对这些移转方式的规则设计体现了绝对权的一般规则，但也有自己的独特性。

在著作权转让中，从"安妮法"开始就设置了有期限规则，即作者转让作品 14 年后，如果仍在世，可以重新享有 14 年的保护。现在的立法例有三种模式：第一种是沿用"安妮法"的期限设计规则，以《美国版权法》第 203 条规定的期满后自愿终止为代表。第二种是对版权期限作补充性规定。《巴西著作权法》作了更加灵活的规定：作品的普遍或者单独转移采取约定优先的原则，没有订立书面合同的，转移的最长期限是 5 年。第三种是只限制权利范围，期限规则完全由当事人自己决定。例如，《意大利著作权法》第 119 条规定："在权利转让后，后续生效的法律可能确认的大于转让时著作权保护范围或者最长保护期间的未来权利，均不包括在被转让的权利中。"对于已经转让的权利，其转让期间则完全由自己决定。在我国《著作权法》第三次修改的过程中，人民大学的修改建议稿就曾经规定了有期限转让的规则，即著作权人可以在合同生效 10 年后无条件通知撤销合同，并不得事先放弃该权利。

著作权的许可本身就是将著作权的使用权在一定期限内移转给他人。许可类型决定著作权人与许可使用人之间的关系。在专有许可中，著作权人在许可范围内不得再次行使或者许可相同范围内的著作权。在非专有许可中，著作权人可以自己行使或者再行许可他人行使许可范围内的著作权。与转让的情况相似，许可仍然需要限定权利范围。

转让许可中均涉及权利的公示问题。一般而言，著作权是绝对权，公示能够产生划定自由范围与他人义务边界的效果。在物权登记上，各国或者地区形成了三种类型，包括契据登记制度、权利登记制度和托伦斯登记制度。❶ 著作权的移转也无法避开这些操作模式，即契据的登记与权利的登记。在立法例上有如下几种：第一，权利登记对抗制。2009 年修改后的《日本著作权法》第 77 条对著作权转移或者信托，或者对著作权处分的限制以及以著作权为标的的质权设定、转移、变更或者消灭，或对以著作权为标的的质权处分的限制等事由规定了登记对抗效力，即能够对抗第三人，继承和其他一般性承继除外。第二，权利与契据登

❶ 江平．中华人民共和国物权法精解［M］．北京：中国政法大学出版社，2007：29.

记初始证据制。《意大利著作权法》第 104 条规定，根据权利人的申请，凡全部或者部分转让著作权法确认的权利、在该权利上设定权利的使用或者提供担保以及对权利进行分割或者合并使用的文件，均可以按照实施条例规定的形式进行登记。如无相反证据，登记簿上记载的作者和制作者，视为该登记作品的作者和制作者。第三，契据备案制。我国《著作权法实施条例》第 25 条规定，与著作权人订立专有许可使用合同、转让合同的，可以向著作权行政管理部门备案。至于备案的效力则语焉不详。

在我国《著作权法》第三次修改过程中，“第一稿”与“第二稿”同时规定了契据登记对抗制与权利登记的初始证据制。“第一稿”与“第二稿”规定了专有许可合同与转让合同的登记对抗效力。根据第 57 条的规定，经登记的专有许可合同和转让合同，可以对抗第三人，由此可知登记的契据具有对抗效力。“地产契据登记的精神是保存那些与地产权效力有关的证据，以备任何人检索使用，而地产权登记是对地产权效力的结论性记录，并不包含得出结论的证据。”❶ 著作权契据的登记也是这一法理，即保存与著作权许可转让有关的证据。契据的对抗力也意味着证据的对抗力。同时，“第一稿”与“第二稿”第 6 条又出于交易安全与效率的考虑规定了权利自愿登记制度。结合《作品自愿登记试行办法》第 8 条的规定，作者或其他著作权人申请作品登记应当提交的材料包括身份证明、表明作品权利归属的证明，比如封面及版权页的复印件、部分手稿的复印件及照片、样本等；其他著作权人申请作品登记还应出示表明著作权人身份的证

---

❶ 于霄．英国土地登记改革与地产权结构转变［J］．华东政法大学学报，2012（5）．

明，如继承人应出示继承人身份证明，委托作品的委托人应出示委托合同；专有权所有人应出示证明其享有专有权的合同。要求这些内容的目的是查验权利归属证据，并不是作为登记对象，登记的依然是权利。从第 6 条规定看，登记文书是登记事项属实的初步证明。这种权利登记又是初始意义上的，可以被推翻的。我国的这两种登记相互交错在一起，可以说是为了应对著作权移转的公示而乱了方寸。

二、著作权的集中实现

著作权的集中实现是作品使用市场失灵的应对措施。当大量需求使得个别管理无法满足需求的时候，著作权人要么听任他人的使用，要么以入不敷出的代价进行无休止的谈判、维权与诉讼，使用者要么不使用，要么背负道德上的侵权感并面临被诉风险。这些情况使著作权法不得不考虑一种控制机制。对于这些无法通过个人或者个别代理人来实现的情形，著作权法相应地构建了集中实现机制。其中，著作权集体管理是以自治为基本理念的机制，自愿法定许可、绝对法定许可、裁定性法定许可、默示许可、强制许可等不同称谓的非自愿许可是以权利限制为形式的法定型实现机制。

（一）自治型集中实现

著作权法上的“小权利”，是指著作权人或者个别代理人无法通过直接谈判许可的方式实现的那些权利。世界知识产权组织在第 688 号文件中对“由于使用频繁或者其他有关情况”而无法通过私人实现的权利作出采用集体管理的指引。[1] 这一指引与

[1] 国家版权局．著作权的管理和行使文论集［M］．上海：上海译文出版社，1995：31.

“小权利”具有对应性，可以将“小权利”视为个人行使不切实际或者得不偿失的权利。“各国版权保护的实践表明，‘小权利’通常都是由得到作者授权的版权集体管理组织来行使的。”❶ 这一指引也为集体管理提供了边界，在权利行使没有重大实际困难和经济成本时，适用集体管理就是不可取的。著作权集体管理制度是为了保障机械复制权、表演权、广播权等“小权利”的实现而规定的便捷方式，能够使大量著作权人与使用者脱离合作困境。

但如今，实行著作权集体管理的权利类型“实际上几乎包括了向公众传播的所有形式，包括通过因特网进行传播”。❷ 各国对于集中行使的著作权类型有不同规定。美国立法并没有具体规定适用集体管理的著作权类型。只要有中介公司或者机构，甚至独立出版商，比如美国作曲家、作词家及音乐出版商协会（ASCAP）、广播音乐股份有限公司（BMI）、美国表演者和作曲家协会（SESAC）、哈利·福克斯代理机构（Harry Fox Agency）等，基于委托合同就可以实现集体管理的效果。美国实行集体管理或者具有集体管理效果的权利有复印权，音乐作品表演权（包括机械表演）、复制权与发行权，视觉艺术作品复制权，摄影作品复制权与录像制品向公众传播权等。❸ 加拿大实行著作权集体管理的权利有其《著作权法》第67条规定的音乐作品表演权及

---

❶ 周林．版权集体管理及其立法研究［D］．北京：中国社会科学院研究生院，2002：9.

❷ 联合国教科文组织．版权法导论［M］．张雨泽，译．北京：知识产权出版社，2009：149.

❸ Brian R. Day. Collective Management of Music Copyright in the Digital Age：The Online Clearinghouse［J］. Tex. Intell. Prop. L. J. 2010，18（2）：195-236.

邻接权，第 70 条规定的复制权、改编权、出租权、发行权与公共表演权、表演者权、录音制作者权与广播组织权等，第 71 条规定的转播权与教育机构的法定许可与私人复制等。[1] 根据《日本著作权与邻接权管理事业法》第 1 条的规定，为了“促进作品、表演、录音、无线公开播送及有线公开播送之利用”，各种作品的著作权都可以采取集体管理的形式。德国实行著作权集体管理的权利类型一般按照作品进行规定，而且视具体情形而定，有些权利必须实行集体管理。[2] 我国著作权集体管理规定的权利包括表演权、放映权、广播权、出租权、信息网络传播权、复制权等权利人自己难以有效行使的权利。

可以委托行使的著作权类型由著作权人自己决定符合著作权的私权本质。著作权法确定私权的目的就是让私人掌握自己的利益，由私人决定自己的事务。“如果个人能自由地安排自己的事情，那么适合市场体系的制度就会随着自然选择的过程而出现。”[3] 私人决定体制是政治的、道德的、经济的自由主义所信奉的核心理念，也是私法意思自治的社会学与哲学基础。根据民法观点，讨论价值判断问题的实体性论证规则之一就是“在没有足够充分且正当理由的情况下，不得主张限制民事主体的自由”。[4]

---

[1] Daniel J. Gervais. Collective Management of Copyright and Neighbouring rights in Canada：an international perspective ［R/OL］. Report Prepared for the Department of Canadian Heritage，August 2001：13-14.

[2] ［德］M. 雷炳德. 著作权法［M］. 张恩民，译. 北京：法律出版社，2005：557-561.

[3] ［英］尔曼·P. 巴利. 古典自由主义与自由至上主义［M］. 竺乾威，译. 上海：上海人民出版社，1999：9.

[4] 王轶. 民法价值判断问题的实体性论证规则——以中国民法学的学术实践为背景［J］. 中国社会科学，2004（6）.

著作权法也适用这一规则，著作权的自由行使是不需要论证的共识。因此，著作权人自由委托集体管理组织、机构行使自己享有的著作权，完全是一个契约问题。

在实际运行中，即使各国立法没有按照世界知识产权组织的指引规定最低限度的可以集中行使的权利，集体管理组织的章程也会规定集中行使的权利类型。这可以解释为受托人在契约中不希望受托管理其他权利，或者权利人与受托人没有达成其他权利的集中行使方案，从而与意思自治挂钩。如果不是出于集中行使的效率要求，则受托人完全有管理其他权利的激励。在集体管理机制中，管理组织享有的权限在立法或者章程中有明确规定，这就避免了授权不明的弊端，保障了权利许可的信赖利益，也使得集中实现机制的目的即“一站式许可解决权利分散性带来的交易成本问题”❶ 有了信息公开的保障。因此，集中实现的著作权类型是定型化的，其理由在于实践中的意思自治遵循惯例的指引与效率衡量。

著作权集中实现主要依靠契约制。学界对契约的认识有代理说与信托说两种。❷ 从 1993 年《最高人民法院民事审判庭关于中国音乐著作权协会与音乐著作权人之间几个法律问题的复函》确立的代理制到 2004 年《著作权集体管理条例》确立的信托制，我国著作权集中实现的保障得到了进一步加强。按照信托制，在合同约定范围内的权利只能由著作权集体管理组织行使。《日本著作权与邻接权管理事业法》第 2 条规定了两种管理委托契约形

❶ 熊琦．著作权集中许可机制的正当性与立法完善［J］．法学，2011（8）．

❷ 刘学在．著作权集体管理组织之当事人适格问题研究［J］．法学评论，2007（6）．

式：一种是移转著作权与邻接权的信托契约，另一种是受托人为许可作品利用的中介或者代理的委托契约。在实践中，究竟是采取信托制还是委托制，完全可以由会员与集体管理组织的契约内容来决定。

在有些国家，著作权集中实现的权利来源于法律的授予，比如俄罗斯。我国《著作权法》第三次修改草案中也拟定了这种延伸性集体管理。其理由是很多作者对著作权集体管理的认识和知识尚有待提高，没有加入相应的著作权集体管理组织，现实中常常出现使用者愿意合法使用作品却找不到权利人的情况，为了解决这一问题，借鉴北欧国家著作权集体管理制度，我国原则性规定国务院著作权行政管理部门可以许可具有广泛代表性的著作权集体管理组织代表非会员开展延伸性著作权集体管理业务。[1] 但是，这一规定引起了音乐界的地震，更有集体退出中国音乐著作权协会的激进言论。“第二稿”就将延伸性集体管理限制在广播电台、电视台与自助点歌系统使用作品上，并规定了声明保留规则。[2] 先在传播需求大且谈判成本高的领域试行延伸管理，一方面是积累经验，另一方面是在衡量传播利益与排他性权利的重要性后作出的决断。

在该规定实行前，我国实际上采取担保补偿合同的方式来保障传播利益的实现。依照《中国音乐著作权协会章程》第16条的规定，中国音乐著作权协会在签订一揽子许可合同时，可以超过委托范围许可权利，并承诺承担权利人主张报酬的责任。由于

[1] 《关于〈中华人民共和国著作权法〉（修改草案）的说明》。

[2] 《关于〈中华人民共和国著作权法〉（修改草案第二稿）修改和完善的简要说明》。

该条没有法律约束力，被代表的会员常常向中国音乐著作权协会许可的使用者主张侵权责任，造成这一机制运行不畅。如果将这一担保机制上升为法律，就会达到延伸集体管理的效果。

另外，为了减少许可成本，还有强制集体管理的规定。欧盟1992年11月19日关于出租权的指令、1993年9月27日关于电缆传播权的指令、2001年9月27日关于转售权的指令都规定了强制集体管理，《法国知识产权法典》第L. 122-10条也规定了静电复制权的强制集体管理。❶

这些集中实现著作权的方式都指向同一目的，即保障作品传播与作者利益的实现。对于大量的传播需求，单靠个人的力量无法满足或者成本过高，而且个别人的许可无法满足使用者的海量需要。如果没有集体许可，则作者利益与传播者利益都无法满足。正是在考量传播利益与排他性的个人利益之间的价值后，著作权法才规定了必需的法定集体管理。而且，按照1990年世界知识产权组织第688号文件的指引，同一种权利只应成立一个管理组织，在同一领域内有两个或两个以上的管理组织，可能会削弱集体管理的益处，甚至使其化为乌有。❷ 虽然在美国、加拿大，管理同一著作权的集体管理组织是竞争性的，但是它们相互之间通过契约约定或者惯例形成不同的管理范围。为了防止集体管理组织囤积作品，谋取垄断利益，法律均会规定强制缔约义务，或者规定著作权集体管理适用反垄断法调查。"欧洲联盟委员会也觉察到了其他的一些危险，在不适当的交易条件方面应当贯彻执

❶ Christophe Geiger. The future of copyright in Europe：striking a fair balance between protection and access to information ［J］. I. P. Q.，2010，14（1）：1-14.

❷ 国家版权局．著作权的管理和行使文论集［M］. 上海：上海译文出版社，1995：31.

行《欧洲共同体条约》第 82 条第 2 款 a 项对竞争法上滥用行为的监督的有关规定。”❶ 这也是为了保障作品传播，保证公共利益与作者利益的双重实现。

（二）法定型集中实现

著作权法定许可是广义著作权限制的重要组成部分，也是指向市场失灵而设计的限制制度。❷ 著作权市场涉及创作市场、传播市场与利用市场，法定许可所针对的市场失灵主要发生在传播市场。当传播市场缺乏竞争或者出现传播壁垒时，法定许可都能够促成合作，从而实现公共利益。法定许可制度滥觞于录音制品领域。20 世纪初期，《美国版权法》赋予作者“机械表演权”，并为防止垄断规定了音乐作品录制的法定许可。❸ 但其时并未出现垄断组织，防止垄断只是由于 19 世纪的世界观与生产社会化以及经济组织向垄断方向发展存在可能的紧张关系，垄断因而伤害到社会公众的心理安全感与自由感。❹ 后来，这一制度为《伯尔尼公约》所吸收，成为各缔约方共守的基本规则。随着制度的移植与变迁，更多国家和地区以此来打破作者与传播者、使用者之间的合作僵局，力图在保证作者利益的前提下促成作品传播。

《德国著作权法》的法定许可包含在著作权的限制中。“这些限制性规定是以法定许可、对某些使用行为的豁免以及对权利保

---

❶ ［德］M. 雷炳德．著作权法［M］．张恩民，译．北京：法律出版社，2005：565.

❷ 张今．版权法中的私人复制问题研究——从印刷机到互联网［M］．北京：中国政法大学出版社，2009：103，105.

❸ 王迁．论“制作录音制品法定许可”及在我国著作权法中的重构［J］．东方法学，2011（6）.

❹ 付继存．著作权法定许可的立法论证原则［J］．学术交流，2017（9）.

护期设定时限的方式而存在”。[1] 以法定许可的形式特征为标准，以支付合理使用费为条件的限制构成了法定许可制度体系。《德国著作权法》规定的法定许可有两种情形：一是单方直接付酬，包括公共出借机构的出借、复制与发行为残障人士制作的复制件、复制发行与公开再现用于新闻报道的作品、免费公开再现作品、在宗教节日或者活动上公开再现作品、为课堂教学公开提供作品、在公共图书馆博物馆与档案馆的电子阅览场所公开提供作品、私人使用制作复制件、雇主对计算机程序的使用、借助音像制品对艺术表演进行播放以及唱片再次制作等；二是默示许可，即为教堂、学校或者课堂教学使用汇编作品，只有将行使法定许可的意图通知著作权人，或者在其住址、居住地不明的情况下，以挂号信的方式通知独占利用权人，并且自信件发出两周后才可开始复制，或者公开提供，作者有权因信念改变而撤回。据此，除了音乐作品录制的法定许可外，德国著作权法法定许可制度具有实现公共利益的直接目标。

我国 1990 年《著作权法》规定的法定许可制度主要包括第 32 条、第 35 条、第 37 条与第 40 条分别规定的出版者、表演者、录音制作者、广播电台电视台等邻接权主体对已发表作品的法定许可，并为作者保留了“声明条款”。这一规定的特色有两个方面：一是公共利益具有优先性，即为广播组织非营利性播放已出版录音制品规定了“合理使用”豁免，是为《著作权法》“第四十三条问题”。[2] 二是尊重作者利益。自愿法定许可均将未发表作

---

[1] ［德］M. 雷炳德．著作权法［M］. 张恩民，译．北京：法律出版社，2005：295.

[2] 该条废除为 2001 年《著作权法》修改时激烈争论的问题之一。参见宋木文．关于我国著作权法的修改［J］. 出版科学，2002（1）.

品与已发表作品区别开来，其原因在于“作者已经发表的作品，一般来讲是希望他人使用的”，[1] 即立法从作者的发表行为中推定或者拟制其许可进一步传播的意思表示。反之，则可明示拒绝。这种增加“缓和因素”的做法是我国法定许可制度的一大特色，也是“通过声明表示作者不受法定许可的约束的一种形式”。[2] 事实上，该法通过之后，声明的有效形式无法确定，违反声明的侵权后果可能无法平衡作者权利与经济成本最小化的关系，而且实践中作者作出声明的少、传播者滥用的多，已经违背了制度初衷。[3] 在拒绝与许可之间，立法选择“默示即同意”的模式比较符合鼓励传播的政策导向。

2001 年《著作权法》废除演出法定许可，修改广播组织法定许可，同时增加《伯尔尼公约》允许的为特定教育目的编写出版教科书的法定许可。根据司法实践，教科书应当属于《中华人民共和国义务教育法》和《中小学教材编著审定管理暂行办法》所规定的教材。[4] 这一修改对法定许可的影响主要有明确法定许可体系中作者的获得报酬权，并通过限缩法定许可的适用范围为作者的私人控制权留有足够余地，实际上是在公众利益与作者利益的天平上增加了私权保护的筹码。法定许可的保留部分是公认的解决市场失灵并促进作者与传播者合作的解决方案。另外，我国《信息网络传播权保护条例》第 9 条规定了扶助贫困默示许可。

---

[1] 顾昂然．新中国第一部著作权法概述［J］．中国法学，1990（6）.

[2] 此类自愿法定许可有两种解释，给予作者禁止法定许可的权利是立法原意，表示作者意愿只是符合《伯尔尼公约》的一种说法。参见郑成思．伯尔尼公约与我国著作权法的权利限制［J］．法律科学，1992（5）.

[3] 付翠英．完善我国著作权立法的几个问题［J］．法律科学，1997（6）.

[4] 海南省高级人民法院（2011）琼民三终字第 61 号民事判决书。

从法定许可的付酬与直接的行为豁免两大特性观察，我国著作权法已经构建了绝对法定许可、自愿法定许可与默示许可三种合作机制。合作机制蕴含公众自由接近的保障目标。

在《著作权法》第三次修改过程中，有学者针对法定许可模式的现实困境提出了取消法定许可制度的主张。国家版权局肯定了法定许可的价值取向与制度功能，并在付酬机制和法律救济机制的缺失方面设置了补救措施。❶ 通过调整法定许可条件，作者获得报酬权得到了加强，而以默示推定方式保障的作品控制权进一步弱化。尽管我国在著作权制度的变迁中，在一定程度上改造了法定许可的结构，但并没有消灭法定许可制度。我国《著作权法》第三次修改草案在法定许可上反复多次，但倾向性意见依然是保留这一制度。这表明法定许可自有市场与价值。

法定许可的最终目标是以自由竞争的方式保障权利人利益与社会公众利益的适当均衡。从表面上看，法定许可制度旨在打破作者与传播者之间的合作僵局，制造具有竞争性的传播市场。但是，在实践中影响传播的主要还是传播者，传播者能够利用自己的强势地位以转让或者许可合同的形式轻而易举地独占著作财产权，即事实上是传播者对竞争的厌恶带来了市场垄断的运作效果。要保障自由竞争关系，不能寄希望于作者版权的自由行使，釜底抽薪之策是将属于作者的控制权转变为获得报酬权，彻底消除作者转让控制权的可能性。法定许可制度在被许可人的垄断市场中打入一个楔子，并强调取得法定许可的主要目的是向公众发行以供个人使用，从而既保障了传播市场的适度竞争，满足了公

❶ 参见国家版权局《关于〈中华人民共和国著作权法〉（修改草案）的简要说明》。

众的合理需求，又使作者获得了传播带来的应有利益。2008 年最高人民法院知识产权年度报告也采纳了这一目的指引。[1]

在作者私益保护与公共利益的促进上，法定许可追寻了一种中间路线，即在公共借阅、教育、宗教活动、人道主义等公益目标上，著作权人对作品的控制权受到了限制或者弱化，但并没有使其丧失报酬激励，从而实现作者利益与公众获得作品的适当平衡。弱化控制权并不会损害作者利益，而只是作者利益保护的替代方案。作者对作品控制权的正当性来源于作品要素理论以及拟制物理论。如前所述，作者对无体物显然产生了一种类似物权的对物权，这种权利的控制性不言而喻。但是，这只是著作权法保护作者利益的一个制度方案。实际上，对作品授予控制权的目的是让作者获得与出版商进行权利交易的筹码。出版商论证作者利益的正当性不是为了保护作者，而是“曲线救国”，从作者那里获得便利的授权，这在出版商集中控制传播的年代是可欲的。从最终目标上看，对作者利益的保护形式不只是控制权，合理的法定获得报酬权同样是可取的。从绝对权到相对权的转变，既实现了作者利益，又确保了传播者提供作品的便捷，是一种两利而无一害的行为。因此，为公共利益的法定许可是对传播者自由付费使用的保障，是为了促进传播而设计的制度规范。法定许可的规范配置方式是转换著作权性质与授权模式。与打破垄断目标的法定许可一致，该制度直接作用于作者、限制作者。以防止垄断为目标的法定许可所设计的规范模式被用来解决越来越复杂的作品传播问题，使得法定许可的主旨向促使作品的有效传播方向发展。

---

[1] 最高人民法院（2008）民提字第 51 号民事判决书。

另外，鼓励传播的法定型集中实现机制有一类是针对孤儿作品的。《日本著作权法》规定了孤儿作品的裁定许可使用。欧盟于2012年通过了《孤儿作品指令》。美国2008年关于孤儿作品的议案则没有获得通过。这些规范在限制目的、使用主体与条件方面存在不同，体现出促进传播目标的不同考量。为了促进作品传播，我国《著作权法》第三次修改草案规定了孤儿作品的利用规则，虽然“第二稿”与“第三稿”限缩了适用范围，但“为解决数字环境下使用作品获取授权难的困境”，❶ 该授权机制被保留下来。从形式上判断，这些制度也符合法定许可的要求。孤儿作品的公益目标更具有现实性，经过一定的勤勉与努力，在无法确认作者或者作者无法找寻的情况下，传播者可以按照裁定许可进行传播，待作者确定后再行判断权属或付酬。另一类机制是强制许可。《伯尔尼公约》附件允许按照联合国大会惯例被视为发展中国家的任何国家规定专有翻译权与专有复制权的强制许可，即发给非专有和不可转让的许可证来代替上述两项专有权。这是在国际层面实现发展中国家与发达国家关于作品的利益平衡的需要，是利益平衡原则在国际法上的贯彻。对于发展中国家的公共利益而言，该类许可具有很强的保障作用。与法定许可的细节差别是：孤儿作品的裁定许可与强制许可通常采取个案申请制，而非直接的行为豁免制。

三、著作权实现的保障

当使用者未按照法律的规定取得许可或者未支付报酬即使用

---

❶ 参见国家版权局《关于〈中华人民共和国著作权法〉（修改草案第二稿）修改和完善的简要说明》。

他人享有著作权的作品时，著作权就需要公力救济，在国家强制力的作用下实现。这是权利的本质属性，即运用法律之力保障利益实现。著作权实现的保障有两条路径：第一条是法律赋予权利的自我保护力量，即对物权请求权；第二条是法律赋予权利的债权性保护力量，即以损害赔偿为基础的救济。这是著作权的对物权性质带来的与物权保护相似的一面。

（一）对物权性救济机制

将作品视为一个物的理念实际上包含受著作权法保护的作品与财产等同的思想。以作品为限度，权利界限划定了所有者的利益空间。在这个范围内，所有者有权不受他人的侵犯，这是个人自由意志的实现范围。侵犯这一财产，即使不存在过错，也是对他人自由空间的侵扰。如果法律不予救济，法律所追求的人格平等就会被打破。空间的正当性使财产与责任直接联系起来。物权请求权就是这样的保护机制。

我国《著作权法》第 53 条与《计算机软件保护条例》第 28 条均规定，不能证明作品的出版、制作有合法授权或者电影作品和以类似摄制电影的方法创作的作品、计算机软件、录音录像制品的复制品的出租者不能证明其发行、出租的复制品有合法来源的，应当承担法律责任。如果举证不能，则要依照《著作权法》第 47 条、第 48 条的规定，承担停止侵害、消除影响、赔礼道歉、赔偿损失等责任。北京市高级人民法院早在 1996 年的《关于审理著作权民事纠纷案件适用法律若干问题的解答》就认可出版者、发行者无过错要承担停止侵害的责任，不承担损害赔偿责任的救济机制，并认为如果不给予补偿将难以弥补权利人损失时，可以责令其从出版发行侵权物品所获利润中适当给予权利人经济补偿。北京市高级人民法院在 2005 年《关于确定著作权侵权损害赔偿责任的指导意见》第3条重申了这一原则。《德国著作权法》第97条规定，被侵权人可以向违反法律规定对著作权或著作权法所保护的其他权利构成侵犯的人请求排除妨碍，有再次发生侵犯危险的，可以要求不作为。这些规则都以权利的应然利益空间为标准划定行为人的自由与责任，与物权法关于物权请求权或者物权保护是类似的。

（二）债权性救济机制

债权性救济体系的基础是侵权损害赔偿之债，其要件是侵权行为、损害后果、因果关系与过错，并奉行“无损害则无救济”“无过错则无责任”的基本理念。在债权性救济方式上，比较重要的是如何认定损害的发生与行为人的过错。通过损害标准的规范设计与过错的客观开放性，著作权法的债权性救济充满了价值色彩。

私法中利益的不正当流转有实际的损害与所得、规范的损害与所得。实际的损害与所得是立足于现实世界的观察，表现为现实利益的流转。规范的损害则主要考虑法律的评价因素与目标，表现为法律对可期待利益的流转的控制。“一个规范所失，但并非实际所失：如果某人非法侵害我的财产但未造成损害，那么即使没有实际的损害，普通法的法院也可能判定名义上的赔偿，以示违反了规范。”[1] 该种情况对应着法律评价，适用于著作权法上的救济。

在著作权领域，损害通常并不是对既得利益的减损，而是对期待利益的抑制，甚至连期待的现实可能性尚需一番论证。如果他人的使用需求不是刚性需求，在权利人阻碍的情况下，这种期

---

[1] ［加］欧内斯特·J. 温里布. 私法的理念［M］. 徐爱国，译. 北京：北京大学出版社，2007：122.

待无法转化为现实，这种损害就只能是规范意义上的。WCT 规定了录音制品的出租权，因为按照“减损测试”，即使在出租过程中没有发生复制，仅仅是出租本身也可能对复制权的价值和可适用性造成损害。❶ 我国著作权法规定的两类计算损害的标准分别对应损害填补与不当得利返还的赔偿理念，都是规范所失。北京市高级人民法院在确定赔偿标准时将商业使用、广告使用以及网络传播等分开规定。❷ 同一种作品有不同标准的理由就在于规范所失。如果无法证明上述损害的数额，著作权法还设定了法定赔偿标准。上海市高级人民法院在执行法定赔偿时，评价侵权损害后果是根据侵权行为对权利人商业利润、商业声誉、社会评价的影响等来衡量的。❸ 北京市高级人民法院在实践中还提出了在顺序上介于精确赔偿与法定赔偿之间的裁量赔偿，裁量赔偿的参考因素体现了赔偿的精细化思想。❹ 北京市高级人民法院在确定法定赔偿时要综合参酌原告可能的损失或被告可能的获利，作品的类型，合理许可使用费，作品的知名度和市场价值，权利人的知名度、作品的独创性程度，侵权人的主观过错、侵权方式、时间、范围、后果等。❺ 法定赔偿实际就是先确定损害的发生，后

---

❶ ［匈］米哈伊·菲彻尔．版权法与因特网［M］．郭寿康，万勇，相靖，译．北京：中国大百科全书出版社，2009：715.

❷ 北京市高级人民法院《关于确定著作权侵权损害赔偿责任的指导意见》（京高法发［2005］12 号）第 25~28 条。

❸ 上海市高级人民法院《关于知识产权侵权纠纷中适用法定赔偿方法确定赔偿数额的若干问题的意见（试行）》（沪高法［2010］267 号）第 10 条。

❹ 北京市高级人民法院《侵害著作权案件审理指南》第 8.8 条。

❺ 北京市高级人民法院《关于确定著作权侵权损害赔偿责任的指导意见》（京高法发［2005］12 号）第 9 条；北京市高级人民法院《侵害著作权案件审理指南》第 8.9 条。

确定损害的大小。将损害性质与数额相分离实际上意味着损害具有了规范意义。如果从实际损害来看，这种损害观念就会遭受诟病。现代著作权法是按照价值追求来设计损害标准的，这是权利实现上的价值性。

同时，更为重要的是著作权法的债权性救济机制包含连带责任。当社会公众应当因为过失对他人实施的直接侵权行为提供帮助或者教唆他人实施行为而承担侵权责任，则无疑构造了更强的保护网。按照矫正正义理念，责任只存在于被告不当地强加风险的行为所具有的内在伤害可能性在原告伤害中实现的情形。[1] 这就要求连带责任承担者只对自己强加的不当风险负责。风险产生于注意义务的漠视。因此，在以过失为构成要件的侵权责任判断中，客观过失更符合矫正正义原则。

我国著作权法采取了私法上通行的客观标准。北京市高级人民法院在审判实践中提供了过失认定的客观标准。[2] 以注意义务确定过失，打开了将社会观念、惯例等纳入行为规则的缺口，也使得过失的判断充满了政策色彩。为了协调互联网企业与著作权人的关系，并将著作权法控制中间商的传统模式运用在网络环境下，以美国《数字千年版权法》（DMCA）为代表的数字技术法案提出了以“避风港规则”“红旗规则”为主要内容的侵权与豁免。我国将之转化为过失认定的重要因素，对相关技术主体的豁免在一定程度上保障了互联网上知识自由传播的需要。

---

❶ ［加］欧内斯特·J. 温里布. 私法的理念［M］. 徐爱国，译. 北京：北京大学出版社，2007：178.

❷ 北京市高级人民法院《关于确定著作权侵权损害赔偿责任的指导意见》（京高法发［2005］12号）第2条。

第五章

著作权法对物权关系的危险性

正如在对物权关系建构中所展示的，对物权关系不是著作权法上放之四海皆准的真理，也不是其本质属性。而且，由于前提条件的外在性，对物权关系现实化的过程中，很容易出现与其前提的背离并扭曲著作权法最终目标的效果。

根本原因在于著作权法生来纠结。在正当性方面，自然权利论、人格理论与功利主义相互纠缠。虽然对最终规范基础有不同观点的人可以基于重叠共识共享知识产权法的公共领域、比例性、效率与尊严四项中层原则，❶ 但是，基于归纳法产生的中层原则作为事实问题本身就可能不具有与规范问题一一对应特质。在目标方面，公共利益与私人利益处于平衡结构中，但是排序存在争论，公共利益也常被木偶化。在私人利益保护上，作者利益与投资者利益以相同的面貌面对公众。虽然版权持有人会以威胁作者生计、文学萌芽、娱乐业发展、科技领导地位等理由发出警报，但是这批人正是通过剥削作家、艺术家、演员、软件开发者、音乐家、音效技师、唱片店营业员与新晋乐队来谋生。❷ 在制度规范配置上，新技术发展、社会观念的变革等直接影响已经闭合的对物权关系，提出类似人工智能、数据等著作权法地位问题。在国家间，基于著作权法与反不正当竞争法及专利法等法律的功能协调需要、自身逻辑、路径依赖、法律移植以及产业发展等因素，也出现了法系之分与标准差异。

危险性表现在：对物权关系的主要要素是物与权利。物性所包含的意志空间符合“绝对时空观”，在物上产生的利益具有排

---

❶ Robert P. Merges. Justifying Intellectual Property ［M］. Cambridge：Harvard university press，2011：141.

❷ ［美］约翰·冈次，杰克·罗切斯特. 数字时代 盗版无罪？［M］. 周晓琪，译. 北京：法律出版社，2008：180.

除现在与未来一切干涉的性质，使得新利益总是包含主体归属的指向，而不是自由分配。所有权所建立的利益保护网是单极的，所有权除了受制于自然法规则外，具有天生的道德优越感。这两者结合起来，即使存在限制规则，也会由于规则的灵活性而表现出权利人利益向前进，公共利益向后退的总体迹象。在传统环境下，对物权只是契约交易的一个产权基础，可以接受。在“万人出版者”时代，契约面临着失灵，对物权的排斥性阻碍了作品传播，从而不可以完全接受。

更为严重的是：对物权规范是适合于市场经济的规则，自由交易推动作品资源集中。在著作权法内的创作身份被资本淡化，投资者成为专有权人犹如普通人成为物权人一样轻而易举，激励创作抑或激励投资变得似是而非。个人对作品的控制使得包含公共利益诉求的作品传播并不总是一帆风顺。一方面，任何不特定人均负有不得侵犯他人著作权的义务，法律外的接近被严格禁止；另一方面，这一义务的履行需要依赖法律的强制力，即完全取决于执法状况与违法成本，因为作品一旦公开，在事实上就处于人人可以接近的状态。在正常情况下，孤儿作品、超预期成本的作品均无法获得传播，也无法最大化地实现传播带来的公共利益。如果置作者于不顾而肆意传播，则作者利益就只能在执法环境中实现。虽然不能否认这一关系实现价值目标的可行性，但例外情况的存在以及在网络环境下愈演愈烈的不和谐因素已经为这一关系敲响了警钟，以致延及著作权法本身。这一关系带来作者与传播者控制作品的运行机制，也制造了作者、传播者与使用者之间的紧张关系。

因此，对物权关系在依赖一些主观性概念建立起来后，受到主观性牵引，会表现出二律背反：原本基于公共利益产生的对物权却反过来成为吞噬公共利益的制度利器。由于这种危险性，我们需要为对物权关系指明其存在基础，以基础所包含的边界性逼迫对物权关系走出致命的自负，为人们的作品创作交流与文化生活释放自由资源。

第一节　著作权对象类物性的反噬

著作权对象具有类物性是法哲学无奈的选择，因为只有外在物才能满足作品被权利人占有的伦理需要。著作权对象的类物性使其具有一个主观性、评判性的边界，并成为独占权的对象。按照著作权对象的类物性推演，著作权对象标定了作者与其他使用者以及潜在创作者的意志空间，"著作权所有者会为所有未经许可使用作品的人贴上'剽窃'的标签，因为任何未经许可的使用可能会破坏著作权所有者的控制"。[1] 同时，任何因作品而产生的未来收益也落入著作权人的意志空间，因为著作权人才是这一特殊物的主人。如此一来，著作权法被其对象反噬，并被抓住了攻击的把柄。

一、接近对象的拒绝

作品接近所要强调的不是获得作品，而是指对作品内容的靠近。按照著作权法的规定，任何人只要获得著作权人的许可就可

[1] Jessica Litman. Antibiotic Resistance ［J］. Cardozo Arts & Ent. L. J. , 2012, 30 (1): 53-72.

以合法地获得作品，并按照许可方式自由使用作品；任何人也可以自由地接近作品中的思想部分。但是，就作品受保护的部分而言，存在一个拒绝接近的领域。随着网络技术的发展，网络自由传播受到了接近拒绝的重大影响，“要么全有要么全无”的设计规则使作品被锁在了著作权人的掌控空间。这一僵化设计的操控点在于权利规则，但其基础是作品的类物性结构。

（一）作品类物性的基本观念

将作品视为物的逻辑必然包含物的基本属性的拟制。对具有实体的法律物，我们可以得到如下几个限定：物的物理边界、物的空间与物的可控性。实体形态的物按照形式与质料统一在一起，必定具有质料的边界，被一定空间限定。由于法律规制物的目的在于借此建立人与人之间的关系，只有人控制了物，法律关系才能建立起来，法律上的物需要具有可控性。

作品类物属性通过人们的抽象建立起来。作品的实质性表达构成了一个边界模糊的抽象区域，这个区域实际存在，却又随着人们的价值认知而改变，并具有不同的空间范围。由于这一空间的规范性，作品范围成为“风进雨进但国王不能进”的排他性领域。在这一领域中，著作权人是唯一的主宰。未经著作权人的允许，任何人都不能侵入、干预或者损毁。以文字作品为例，郑成思先生“十年磨一剑”的《版权法》专著，其所包含的知识价值与理论旨趣至今仍值得细细品味。但是十多年来，国内外著作权法也发生了较大变化，以致需要在不影响基本价值的范围内对作品进行调整与修改，由于作品的规范空间存在，任何人踏入均构成侵权。在学习研究时，既要汲取精华，又要弃其“陈旧”，不免有所不便。在功能性作品的利用上，这种规范空间的不利影响更加显而易见。在国内曾经发生的“珊瑚虫版 QQ”侵权案件就直接涉及腾讯公司的“QQ”软件修改权。❶ 实际上，就软件使用体验而言，珊瑚虫版插件提供了许多新选择与替代功能，对于软件的使用是有利的。个体化的作者进行创作只是自己表达思想情感、表达意志、表达观点与看法的过程，其中有些内容经过交流之后才会产生思想的碰撞与真知灼见，而依照客体边界划分创作的方法显然限制了表达自由。在一定程度上，著作权法为了原创者的利益独占与需求偏离了促进知识自由使用的目标。

作品的规范空间存在人为控制的可能性与技术。在纸质载体上，个人的锁定只能是对载体的控制。将作品放置在自己的藏书室或者图书馆里，不向公众传播，他人就无法获得作品。在电子载体上，技术措施的出现使得作品的利用方式被锁定，比如以PDF格式存在的文档无法进行修改而只能阅读。甚至技术措施使得作品被锁定的方式比纸质载体更加多样化，不得复制与不得修改等都可以通过技术实现。作品被锁定实际上就是将作品的规范空间掌握在著作权人的手中，打开规范空间的交换协议与物的分割交易存在相似性。

作品的规范空间可能会被视为权利维系的结果。这与物权理论上是物的事实占有还是公共意志产生了物权的效力具有相似性。洛克认为按照需求通过劳动的自然占有可以构成所有权的基础，而卢梭则认为公共意志将这种占有转化为所有权，认为是公共意志赋予占有事实以排他性的保障力。作品的规范空间也存在是规范空间划定了著作权人的独占领域还是来源于公共意志的著

❶ 该案涉及民事与刑事责任，具体可参见北京市海淀区人民法院（2006）海民初字第25301号民事判决书；深圳市南山区人民法院（2008）深南法知刑初字第1号刑事判决书；深圳市中级人民法院（2008）深中法刑二终字第415号裁定书。

作权法设定了这一空间的排他性效力这一问题，而且这一规范空间无法事实占有的状态更加剧了将这一空间视为公共意志的结果。换一个视角看，如果作品未发表而由作者实施严格的控制，作品的规范空间就依然存在。公共意志只是表明一旦这一空间被侵犯，是否享有救济的态度。而且，将权利视为人与人之间关系的假设是在共性上的认识，缺少对著作权结构的独特关注，正如缺少对物权与债权区别的关注一样。

（二）作品类物性与知识共享的矛盾

作品的类物性与知识共享存在矛盾。知识共享（Creative Commons）是一个非营利性组织，也是该组织所提供的一系列弹性著作权授权方式的名称。知识共享组织的主要宗旨是使得作品能够广为流传与自由改作，作为其他人据以创作及共享的基础，并以所提供的授权方式确保上述理念。[1] 类物性要求空间具有个人界限，对他人禁足。知识共享则通过契约设立了一个可以自由进入并对空间结构实施改进的机制。

从著作权制度的设计看，知识共享只是著作权制度实施的变种，并不会与作品的类物性存在矛盾。知识共享体的内部，原创者采取契约形式赋予使用者一定的使用权限，在权限范围内作品的修改、复制不受影响。而且，作为相互交易，原创者也对使用者的修改作品享有相应的权限。这促进了作品与思想的交流。但是，契约形式是一个非常不确定的因素，会因人而异。希望加入一个知识共享社区，就要符合社区协议。由知识共享产生的作品不得作为个体著作权的标的。由于非市场机制，知识共享社区的

---

[1] ［荷］约斯特·斯密尔斯，玛丽克·范·斯海恩德尔．抛弃版权：文化产业的未来［M］．刘金海，译．北京：知识产权出版社，2010：5，21.

运转实际上需要首倡者的牺牲，即原创者应当无偿分享作品，这在创作机制上很难保障社区的长久。因为创作不仅需要创作者的异想天开，还需要基本的物质保障。质言之，虽然这一矛盾可以通过对作品享有著作权的人的许可得以化解，但是授权机制并不总是畅通。实践结果常常是需求广泛的作品总存在个人控制的壁垒，形成合法的接近拒绝。

知识共享以作品利用为出发点，淡化作品的著作人格权，是解决著作权的私人控制与社会交流的改进方案。从经济理论上看，知识共享是整体经济理论在知识生产上的运用，是“非市场部门”生产方式。有学者指出：

非市场部门采用有机化的或者说是信息化的生产方式生产知识，它用有机论的方式，突破主客体的产权边界，实现生产与消费的直接合一，不一定以市场为中介进行交换，知识以共享方式扩散的过程，既是知识的生产过程，又是知识的消费过程。❶

现代网络的发展已经实现了个性化表达与传播，作品使用者在接受作品的同时进行思考与改进，共同提升作品的艺术品位与旨趣，这是著作权法无法实现的促进知识进步的有益目标。从知识存在形式上看，知识在主体之间的分布是不对称的，每个人的知识都有独特性与单一性。知识分布的差异性就需要知识的交流与分享。❷ 知识产权将知识按照文本切割为个体，并按照物质生产的方式进行促进，实际上不利于知识的交流。著

❶ 王敬稳，陈春英．知识产权与知识共享［J］．经济论坛，2003（18）．

❷ 文庭孝，周黎明，张洋，等．知识不对称与知识共享机制研究［J］．情报理论与实践，2005（2）．

作权法的保护机制实现了知识的产出，但并不能保证知识的有效利用。在传统环境中，知识主体之间的交流是单向度的，或者是滞后的。在网络环境下，知识交流的多维度受到作品权利的制约。

这一冲突的深层原因在于作品规范空间的控制权具有移转性，资本参与其中具有实现垄断利益的追求。而知识共享在创作源头上开放了资源，在网络的支持下实现传播，避开了传播者的垄断需求。著作权制度虽然实现了知识的传播，但是传播获得的利益需要在创作者与传播者之间进行分配，并且需要监管分配的合理性。在知识共享模式下，创作依然是私人的，但是是有组织的团体中的私人。由于知识社区的开放性，知识交流主体能够实现自由表达，不会受制于雇佣资本的约束，传播环节也被省略了。知识共享真正实现了创作的自由与独立，并减少了知识传播的成本。这是传统传播者所不能容忍的，也是为社会惯性所牵制的。

二、面向市场的扩张

在独立法域或者国际公约成员法域内，作品的类物性决定在保护期限内的作品无论放置在什么地方都属于权利人的“物”。著作权人通过这一“风筝线”牵动着飘在空中的“作品”，无论在现实中距离著作权人有多远。这种观念与状态影响着作品在技术引领的未来市场中的地位。

（一）传播技术下的市场建构

传播技术一直是著作权法发展的引擎。传播带来了作品的广泛利用，也影响了著作权法的保护主体与保护对象。没有传播需求的地方不可能存在传播者的营利与作者的分成，也不可能存在作品范围的划定。传播技术也影响着著作权法的控制结构。传统的传播技术以集中控制为特点，著作权法采取了产权模式赋予作者利益。新兴传播技术的发展以互联网为标志，以分散控制为基本特点，著作权法的产权结构就游走在控制过严与无法控制的盗版之间，需要新的调试。

传播技术能够发挥推动与影响作用的原因在于传播技术建立了能够带来利益的市场。传统的出版印刷方式建立了图书出版市场，拥有资本的主体购置印刷设备、原材料与劳动，或者与相关生产要素的主体合作共同传播作品。商主体只需要从创作者处取得著作权法赋予的专有版权，就能通过契约安排排除其他出版商的竞争，同时有正当的理由对各种盗版行为予以禁止。由此产生的收益由商主体享有或者与作者进行分成。在模拟信号与无线电时代，人们通过广播、电视与录音录像等单向传输技术获取信息与知识，广播组织与录制者等商主体依然能够从创作者处获得著作权法赋予的专有权，从而控制话语权与具有作品内容的商品的发行、传播方式，主导信息的使用、流通与接受。商主体从最终用户或者为最终用户付费的广告商、赞助商等中介处获得利益。这些技术带来的市场均可以通过产权设置来运行。创作者借助传播单位通过简单的一纸授权就能实现对作品利用的控制，并与传播者分享利益。

互联网实现的是任何人的接入自由，自由空间有传播与接受的双重功能，能够实现人与人的虚拟交流。由传播者控制的市场消失了，取而代之的是“万人出版者”市场。任何人可以根据自己的爱好、需求与意志，从网络空间这一巨大的信息库中选择自己需要的作品或者信息资源。传统环境下创作者所创作或者传播者所制作的作品被各种数字化技术存储到网络空间的可能性加大。网络与数字技术的发展使得新的商主体出现，带来了作品利用的新方式与市场利益。而且，随着技术的发展，今后还可能出现作品利用的新方式与市场利益，技术将会继续发挥其对著作权法的影响力。

（二）市场利益的归属

新的市场也会要求法律在利益归属上有所作为。按照前述关于创作者经济利益的直接基础的论述，新兴传播者利用创作者的作品进行商业运营，使该成果在新市场的价值得到了重新确认。创作者要求经济利益的获取与保有，符合正义的道德直觉观念。不无疑问的是，从出版市场到广播市场、录制市场，作者经济利益的实现一直与著作权法中的对物权紧密联系。由于对传播者的控制能够实现人们心目中的正义直觉，著作权法依赖集中控制模式设置了对传播者进行控制的复制权、广播权、表演权、摄制权等。将这种经济利益与创作者对作品的身份利益相结合，是否会产生完整的权利结构，这一问题完全被自由主义思潮淹没。因此，市场利益归属于著作权人的方式一直是在新市场上构造新的权利。如果以交互式的传播市场为例来还原经济利益与权利等价的过程，则会发现其中所蕴含的关于作品的观念。

事实上，作品交互式传播的市场利益应当如何确定归属有两个论证方式：第一，新市场转移了原来的市场利益。以图书出版为例，电子图书的出现分散了传统出版的市场份额。如果以统计学数据表明，由于电子出版，同类型作品的传统市场份额由50%降低到20%，就可以说明减少的市场利益应当由新市场补充。第二，遵循作品的类物性逻辑，新兴传播者使用著作权人的作品，实际上也是未经允许侵入了作品的规范空间。作品在市场中存在只是空间位置发生了变化，并没有改变作品与著作权人之间的关系，著作权人依旧能够按照对作品规范空间的享有而将新的利益收入囊中。

第一种论证方式有两个问题需要解决：一是同类型作品的确定标准。作品的替代性只能从其功能来认识，而不能从内容来认识。如果没有谢在全老师的《民法物权论》，则可以使用姚瑞光老师的《民法物权论》。如果没有《沧浪之水》，则可以欣赏《侯卫东官场笔记》。这些作品都能够成为人们学习相关知识或者进行文学欣赏的文本。但是，两者在内容上无法替代，两位老师的作品包含他们对物权法律制度的独特理解，《沧浪之水》讲述的是为了“虚拟的尊严与真实的利益”，医药学硕士池大为放弃自己的准则走上另一条道路的心路历程，《侯卫东官场笔记》则讲述的是大学生村官侯卫东在茫茫官场的十年升迁之路。如果要求内容的替代性，就会落入著作权法保护的作品范围。因为“从竞争视角来理解复制权中的复制，复制就是在消费市场上与著作权人形成竞争态势的作品再现形式，或者说是侵犯了征收权的利用形式”。[1] 二是新市场份额的净增加部分无法确定归属。即使是将两者确定为同类作品，如果传统出版产业的市场份额有 50%，网络传播出现后，传统市场份额降到 30%，而网络市场也占到 30% 的份额，新增加的 10% 的份额如何分配就无法按照这种方式予以说明。

采用第二种论证方式就会避免上述问题。作品的规范空间本来就是权利人的私人领地，在新市场传播的作品依然是传播权利人的作品，依然需要权利人许可。这有来自剩余权理论的强力支

[1] 冯晓青，付继存．著作权法中的复制权研究［J］．法学家，2011（3）．

持，即“不管从某物上分离出多少权利，也不管剩余的权利是多么少、多么无意义，这些剩余权的拥有者，我们都称之为所有者，而所有者的权利就是所有权”。❶ 网络环境下向公众传播权的产生过程就暗合这一思路。WCT 在第 8 条规定向公众传播权时就考虑到这种面向未来的权利扩张，只要不妨碍《伯尔尼公约》第 11 条第（1）款第（ii）目、第 11 条之二第（1）款第（i）和（ii）目、第 11 条之三第（1）款第（ii）目、第 14 条第（1）款第（ii）目和第 14 条之二第（1）款的规定，文学艺术作品的作者就享有授权将其作品以有线或无线方式向公众传播的专有权，这种权利包括但不限于将其作品向公众提供，供公众中的成员在个人选定的地点和时间可获得这些作品。按照“伞形解决方案”，我国著作权法通过增加信息网络传播权的方式来将这一市场利益明确化；美国则“似乎是采用发行权（以及作为其基础的复制权）和公开表演权（相当于 WCT 第 8 条规定的向公众传播权）相结合的方式，来适用于数字交互式传输”；欧共体的做法则是“适用广义的向公众传播权”。❷ 这一条的意义在于：在未来市场上，著作权人可以按照权利的设定来获得相应的收益，而不再需要考虑权利产生时期的一系列交易与妥协。这一规范的基础——也是被忽略的部分——恰好是作品的类物性，只有将作品理解为一个与先前存在的作品相同，具有独占利益的正当空间，论证新权利正当性的步骤才可以省略。质言之，新的权利规则从现实实践中汲取了丰富的营养。如果站在原有权利范围的角度看，将新

❶ 王涌．所有权概念分析［J］．中外法学，2000（5）．

❷ ［匈］米哈伊·菲彻尔．版权法与因特网［M］．郭寿康，万勇，相靖，译．北京：中国大百科全书出版社，2009：735-736.

的权利赋予著作权人，实际上类似于所有权剩余权理论的推理规则，两者的直接勾连省去了论证的烦琐且阻止了可能的变数。这不应当是一个偶然或者巧合的事情。

因此，从作品的类物性出发，著作权法对未来的设计总是市场范式，而不是接近范式。市场有多少，权利的范围就有多大，为公众留下的是越来越少的接近自由。在技术的支持下，著作权人甚至将作品的规范空间装饰成一个供公众接近的场域，每一次接近都建立在不可谈判的格式契约上。以分布式个人计算的网络模式为代表的作品传播架构对著作权法的结构产生的冲击是非常明了的。没有集中起来的传播者成为盗版作品的发源地，他们利用着出版发行的作品，却藏匿于网络。为了恢复传播者与使用者对话中的传播者主导权，以“云计算”技术为代表的新一代技术出现，其基本原理在于恢复软件制造商的集中控制权。“在云计算中，未经授权而通过网络对软件进行复制是不存在的，因为所有的计算都发生在云提供者的服务器上，代码从未提供给用户，用户虽然可以自由注册并予以使用，但软件并不在其电脑上存储。”❶ 在资源由运营商管理，最终用户只寻求服务的管理模式中，权利人将提供接近作品的机会作为格式合同条款中的一个充分且唯一的对价。各种类型的创作者、传播者与使用者直接对话，使每一次对话都成为服务的构成部分，将商品贸易转化为服务贸易。这是作品类物性的最大限度发挥，影响了著作权法的利益格局。

---

❶ 梁志文．云计算、技术中立与版权责任［J］．法学，2011（3）．

第二节　著作权至上主义的危机

著作权的对物权性将著作权法律关系中的各个要素都变得不重要起来，著作权上升为至上的权利。即使是为了保障公共利益，为著作权划定边界的限制在这种至上主义面前也是消极且微不足道的。作者的这种至上权利是否具有正当性正遭受公共利益的挑战。还是由于对物权性，著作权成为可脱离主体并移转的权利。至上权利成为资本追逐的对象，并为资本带来合法的垄断利益。著作权的作者指向发生了偏转，著作权制度的美好愿景成为一场空谈，成为人们诟病著作权正当性的把柄。著作权对物权性的逻辑带来了人们对著作权制度的各种反思与追问，并制造了著作权制度的危机。

一、著作权至上主义的表现

著作权至上主义所表达的是著作权制度当中将著作权作为其核心范畴，以权利为中心，忽视权利取得的前提条件与行使的基础，单纯以权利来划定行为人自由边界的一种立法与司法理念，这可以从产权的绝对化来理解。著作权至上主义并没有遗忘著作权的限制，相反，两者还存在因果关系：正是著作权至上主义使得著作权的限制措施日渐膨胀，且使得著作权结构体系更加复杂化。著作权及其限制措施的继受式发展使完善的立法变成了一本著作权历史的教科书。

（一）著作权绝对性的发展

著作权具有绝对性肇始于遵循“安妮法”进行“文学财产争论”时，是法院终局性地制造的观念困境（conceptual dilemma）：他们通过承认普通法版权而赞同作者在作品出版前对其享有自然权利，但是作品出版后对作者的保护限制在制定法版权范畴内。❶如果忽略争论的背景，从字面来解释这一解决方案，则完全可能出现背离“安妮法”基本目标的危险。再加上文学财产支持者的洛克式论证以及 Millar 案的影响，这一危险发生的概率就会大大增加。事实上，在 Donaldson 案后，版权就被视为作者对作品的垄断权，版权原始主体也从出版商转移到作者身上。出版商版权转化为作者版权的结果是“版权成为一个在有限期间内无限制的权利，而不再是无限期的有限权利”，而“安妮法”希望构造的是有限期的有限权利。❷

这一背离随着著作权观念的改变越走越远。“在 19 世纪发展起来的著作权法模式还具有另一个重要而持久的特征，即它开始体现了关于著作权并不属于贸易和商业范围的信念。”这种想法受到著作权所保护的作品是文化的，独一无二的和地方性的这一想法的影响。❸ 在著作权不具有文艺气质的时候，著作权法就有了改头换面的机会。著作权法代表的产业利益就会被包装成促进

❶ Lyman Ray Patterson. Copyright in Historical Perspective ［M］. Tennessee：Vanderbilt University Press，1968：16.

❷ Lyman Ray Patterson. Copyright in Historical Perspective ［M］. Tennessee：Vanderbilt University Press，1968：18.

❸ ［澳］布拉德·谢尔曼，［英］莱昂内尔·本特利．现代知识产权法的演进：英国的历程（1760—1911）［M］．金海军，译．北京：北京大学出版社，2012：147-149.

知识传播的产业法上的权利。

因此，著作权对作品的控制变成了产权模式。这一模式的最初目的是保障传播者利益，既防止其他出版者的不正当竞争，又防止他人抄袭原创作者的作品，进行市场替代竞争。实际上，现在看来，对传播者的激励根本不是选择产权模式的唯一理由，其中还包含特权这一特性的保留。产权模式所赋予的绝对权具有一种对抗任何人的倾向。在著作权法中，复制权、表演权、演绎权以及著作人格权等内容从表面来看能够对抗任何使用作品的行为，以至于在理论上，为了学习对作品进行翻译以及在家庭范围内录制与保存自己喜爱的节目等都被视为著作权法的宽容与著作权人的恩赐。可以说有这样一种倾向，著作权法的合理使用与法定许可之外的使用方式都包含侵权的因子。且不说这一倾向违背私法“法不禁止即自由”的基本精神，单是著作权人的利益扩张就违反著作权制度的基本宗旨。

有国外学者也指出了著作权绝对化的现象：

版权如果是财产，就应当像是永久的、绝对的、前政治的财产权利，这一观念已经在普通法法系与民法法系国家反复、全面地影响司法判决、法律制定与公共辩论。例如，近年来，“版权是财产”的隐喻已经被用来支持未经许可复制一首歌曲、文本、电影的任何部分，甚至在此基础上创作新作品无非是盗窃的观点，因此应当遭受严厉的法律制裁与道德谴责。[1]

极端主义者甚至将版权适用于普通的财产法规则，与物权一样，未经所有者许可的任何干涉均构成对他人财产的侵犯。按照

---

[1] Neil W. Netanel and David Nimmer. Is Copytight Property? —The Debate in Jewish Law [J]. Theoretical Inquiries L. , 2011, 12 (1): 241-274.

这一逻辑，无论是未经授权还是授权终止的复制发行、表演录制，或者是以超越授权范围的形式使用享有著作权的作品，都构成对他人权利的侵犯。在索尼诉环球影城（Sony v. Universal Studios）案中，布莱克大法官（Justice Blackmun）就采用了这一思路。❶

在我国司法实践中，对于侵犯著作权的案例通常先要确认权利，再寻找被告是否取得原告许可，然后按照“取得许可=不侵权；未经许可=侵权”的等式作出判决。在魏某某诉北京龙源网通电子商务有限公司侵犯信息网络传播权纠纷案、魏某某诉《环球时报》社侵犯著作权纠纷案、北京龙源网通电子商务有限公司与王某某侵犯信息网络传播权纠纷案❷等系列案例中，被告主张已经取得原发表期刊社的许可或者已经支付了报酬，但是按照上述逻辑，原发表期刊社或者超越权限许可或者无权许可，被告的行为依然构成对著作权人的侵权。法院的逻辑是遵循法律的必然结果，特别是在法院缺乏能动司法的正当性与动力时。在立法中将著作权视为对作品的绝对权，司法实践就会出现著作权至上的判决。在这一防护网下，行为人只能是“秋毫无犯”。

值得说明的是，对著作权至上主义的批判并不能赞同著作权虚无主义。如果没有著作权的保障，著作权人就丧失了在合法权益遭受侵害时据以主张自己权益的根据。在上述侵权案例中，被告按照自己的付酬标准比如点击率与单位数额的乘积来支付作者

---

❶ Jessica Litman. Lawful Personal Use［J］. Tex. L. Rev．，2007，85（7）：1871-1920.

❷ 北京市朝阳区人民法院（2009）朝民初字第 25262 号民事判决书；北京市朝阳区人民法院（2009）朝民初字第 22284 号民事判决书；北京市第二中级人民法院（2010）二中民终字第 09108 号民事判决书。

的报酬，与作者单方决定作品许可使用费在法律性质上是完全相同的，即以格式条款的形式传达主导者的单方决定权。著作权人因这一行为获得救济的权利基础依然是著作权。立法依然要规定著作权，甚至为了服务审判实践的需要规定更加细密的著作权权项，正如我国从《著作权法》1990 年版本的粗线条列举进入 2001 年版本的大幅度扩张。

由此可以发现，著作权至上主义是将权利绝对化，权利人与义务人形成鲜明的对抗，权利人完全享有法定权利，而义务人则完全承担义务，唯一的豁免理由就是法律对权利的限制。如果权利按照市场类型来覆盖，每一类市场有一个主宰，构成义务人的禁区。从著作权人来看，他们拥有主宰权的唯一目的无非是获得预期的与其身份、名气、声誉等相符合的报酬。著作权至上确保了权利人的需求，却忽视了授予权利所希望实现的广泛传播作品的目标。

（二）著作权限制的反证

由于著作权的对物权性具有绝对化倾向，为了实现著作权法的公共利益目标，著作权法就采取设计相应的限制规范填补公共利益空缺的方式。对物权的绝对性使其自身显得简洁而富有内涵。限制对物权的规范则要具体指明限制情形、限制主体、限制范围等一系列因素，这些具体性限制了限制规范的扩张性。质言之，对物权的基础性地位使其不需要过多描述，而限制本身包含描述上的反限制，需要具体明确。对著作权法文本的观察就会发现，伴随着大篇幅对物权权项的就是对物权的限制。

这一相伴相生的结构随着著作权法的扩张而变得更加膨胀。无论是从权利视角观察，还是从著作权的对象视角观察，著作权法均处于扩张之中。权利的扩张表现为新的作品利用形式出现，新的作品利用市场形成，新的文化产业建立，对作品的权利就会出现在这些领域。客体的扩张表现为利用声、光、电等方式创作的作品纳入著作权法范畴。伴随着这些扩张，著作权法的结构体系也处于扩张之中。新权利对应着新的限制，新作品对应着新主体。信息网络传播出现后，我国规定这一新权利的同时也规定了限制规则，将著作权法的合理使用规则以及对信息网络传播而言特有的规则，包括但不限于技术措施的例外、“避风港”规则等均纳入权利限制之中。由于权利与绝对专有联系在一起，权利内容包罗万象，可以采用简单概括的方式予以明确，相对而言，限制则要明确具体，在体系上要占据非常重要的篇幅。这似乎发生了权利与限制地位的反转，但是在效力上，限制越来越狭窄。

李特曼教授在版权改革的专论中也提到了对著作权体系的设想：

去掉超过200页的复杂的、历史上偶然发生的限制、限定、例外、条件、附文与难题有助于减轻大部分负担。这将使著作权法变得更短、更简单、更容易解释。我不敢说使一部新法保持简短是可能的。迟早，即使一部非常新的、简洁的著作权法将会有它自己的历史上可能发生的难题。但是，我们至少将从在21世纪困扰我们的前提条件开始，而不是将我们用于解决18世纪、19世纪与20世纪难题的情况全部继受下来。❶

虽然美国的判例法传统与立法抽象化方法使其著作权体系的复杂情况比我国严重得多，但是我国的形势也不容乐观。我国著作权制度形成“一法六条例多部司法解释”的格局。这些规范除

❶ Jessica Litman. Real Copyright Reform [J]. Iowa Law Review, 2010, 96 (1): 1-53.

了司法程序的要求外，很多内容都是针对对物权与对物权限制的。随着立法修改的展开，包括私人复制、临时复制、网络服务商责任等在内的权利义务设置也会逐渐融入著作权法中。

但是，这一趋势并没有遏制住对物权至上主义，反而使形势更加恶化。对物权具有绝对性，限制具体而富有操作性，两者的博弈结果就是限制之外全部划入了著作权领域。限制规范成为说明专有权范围的帮凶。限制在描述上的反限制与在规则上的反限制将著作权绝对性更加清楚地表现出来。比如我国 2001 年《著作权法》删除了临摹属于复制方式的规定，这一方式在逻辑上就落入创作的范围；删除按照工程设计、产品设计图纸及其说明进行施工、生产工业品不属于复制的规定，这一方式在逻辑上就落入复制范围。对上述行为性质的解释，有采取如此演绎的观点。

二、著作权至上主义的维持机制

作者是现代著作权法的中心概念，私人利益的正当性均围绕作者展开，传播者对作品不再享有无可争议的主权。作者被抬升到极高地位的原因是：著作权法的价值目标是古典自由主义观念的翻版，实现目标需要运用古典思想赋予个人最大自由，具有保护正当性的个人根据文艺哲学的主体原则被确定为作者。著作权既得利益者组成的游说集团又总是将这一思想运用到极大化，作者地位抹上了神话色彩。私人利益的优势就在古典自由主义的庇护下堂而皇之地占据著作权法中心，但是这一规范潜藏的自由交易机制才是投资者所真正追求的。

（一）作者利益的历史基础

作者利益产生于古典自由主义对个人利益的认可。古典自由主义并不是散漫的、无政府主义的自由的翻版，而是包含对个人与集体关系的深沉关切。它的关切方式表现为功利主义的逻辑："要求一种合作性的个人自由，但只有在自由的政权下，个人才能（附带地）产生那种任何个人不曾打算过的有利的社会结果。"❶ 虽然实现个人利益促进公共利益这一目标需要自由政权环境，但是这一条件毕竟具有现实性。

著作权建立的功利前提就是通过赋予作者权利激励作者创作。如果赋予作者权利，作者就会努力创作的逻辑建立在作者能够被利益有效激励的基础上。理性人应当具备追求自身利益最大的素质。作者如果是理性人，则其追求自身利益最大化的过程就验证了赋权激励有效这一命题。这正如版权扩张的直白逻辑：

著作权法为作者提供了对他们作品的专有权，专有权使得成功的作者通过建立他们的作品市场获得他们作品的资金回报，而不需要借助于私人或者政府资助。保护力度越大，回报也越大；回报越大，创作新作品的激励就越大；创作新作品的激励越大，被创作的新作品的数量就越大。❷

作为一个社会重视创作的信条，激励能够提高作品成功的可能性，减少作品创作成本，且能保障作者的自由创作从而与表达自由有关。于是，激励论在缺乏直通创作激励目的的情形下，成为营造创作氛围的理论，是作者经济利益的理论基础。

在作者享有经济利益的论证中，古典自由主义提供了论证框架。古典自由主义确认个人利益是实现集体利益的前提之后，集

---

❶ ［英］诺尔曼·P. 巴利．古典自由主义与自由至上主义［M］. 竺乾威，译．上海：上海人民出版社，1999：23.

❷ Raymond Shih Ray Ku，Jiayang Sun，Yiying Fan. Does Copyright Law Promote Creativity? An Empirical Analysis of Copyright's Bounty［J/OL］.［2013-03-26］. http：//ssrn. com/abstract=1410824.

体利益的美好图景就都建立在个人利益的实现上。实现作者这一类人的利益就蕴含公共利益的满足可能性。作者利益终于披上了温情的外衣，将作者利益最大化的努力也就理所当然地具有了公共利益的幌子。

（二）著作权转让机制

从理论上看，著作权至上主义对著作权人是有益的，因为著作权人是利益享有者。但是，历史一次次地告诉人们：著作权是传播者或者产业投资者为了维护自己的利益编造的美丽谎言。从出版商争取垄断性出版权开始，著作权法中的主旋律就是传播者之争、传播者与创作者之争。同一产业的不同经营者与新旧产业的经营者常常为了谋取垄断利益而使用著作权利器。在作者与传播者之间的较量中，前者也常常处于弱势地位。按照理论逻辑推理的错误在于其忽视了实践中的产权转让体制。通常而言，作者完成作品后需要委托经济与技术实力均占优势的传播者进行传播，具有至上性的著作权转变为传播者控制市场的工具。传播者为了获得最大化利益利用各种附属规则来夺取作品控制权，传播者与作者相互之间则展开激烈竞争。在我国《著作权法》第三次修改过程中，录音制作法定许可的争论就是不同唱片公司争夺作品控制时间的竞争。著作权及其权项不可避免地移转于传播者是著作权至上主义危机的实质。

产权的转让体制意味着将著作权的控制力转让给了他人，而能够受让权利的只能是资本的拥有者。精心设计的保护作者的机制就是“为他人作嫁衣裳”，造成价值目标的异化。在自由的市场经济中，处于垄断地位的出版商、文化产业巨头总是能够有各种办法对抗日益加强的作者地位，获得隐性利益。资本拥有者获得控制权的情形有两种：一是受让作者的创作成果，二是自担风险组织作者创作。市场的转让机制造成作者的作品往往被文化巨头所控制，在市场中活跃的通常是“大玩家”。当然，文化产业控制者并不总是满足于在创作过程中控制作者，创作的现实也不宜再由作者自筹资金。随着技术发展，创作环境发生了变化。雇佣创作成为文化创作中不得不采取的模式，自由创作者的资本只能从事简单的小制作，而充斥市场的鸿篇巨制的视听作品使小制作“小儿科化”。雇佣在本质上是资本雇佣劳动，现在又加入了雇佣创造，使包括普通法的表演权在内的著作权从来就不是作者的权利，这些权利大部分被剧院的经理和主张是剧作受让人的出版者独占，并代表他们的利益。❶ 由于雇主在选择创作者加盟的时候享有充分的决策权，只有凤毛麟角的个人才会在集体创作中脱颖而出，大部分资历平平的作者在市场中进行拼杀，整个市场处于买方市场，作者只能“贱卖”作品。《高尔斯知识产权报告》从艺术家的版税收入状况指出“创作回报的观点站不住脚”。❷ 对我国电影编剧市场的实证观察也发现了创作回报的欺骗性。❸ 而且，随着TRIPs协定的缔结，“版权业已被融入国际贸易的世界，所有的版权原则已经被贸易法压碎，版权已经死亡”。❹ 这一趋势被总结为“版权在扩张中正从创作中心内转向投

---

❶ Jessica Litman. The Invention of Common Law Play Right [J]. Berkeley Tech. L. J., 2010, 25 (3): 1381-1426.

❷ [荷] 约斯特·斯密尔斯，玛丽克·范·斯海恩德尔. 抛弃版权：文化产业的未来 [M]. 刘金海，译. 北京：知识产权出版社，2010：9.

❸ 余靖静. 电影产业火热　编剧却感心凉 [N]. 新华每日电讯，2010-12-10 (7).

❹ David Nimmer. The End of Copyright [J]. Vanderbilt Law Review, 1995, 48 (5): 1385-1420.

资中心”。❶

文化产业的控制者还希望通过产业的“明星体制”来扩大“蛋糕”。“为了业绩，从事大规模生产、复制和发行活动的文化企业巨头亟须将签约艺术家及其作品的光环提高到极致，目的就是为了控制作品及其欣赏环境。精神权利是现成的手段，确保了企业生产的知名作品不受他人侵犯。”❷ 文化产业巨头的巨大投入通过作品精神权利的保护最大化，并培育了一批“御用”的明星。通过明星效应，一部部知名作品重新走进市场，走入销售链条。文化产业巨头与明星在明星体制的环境中赢得利益。蛋糕的大小只与少数的明星有利益关系。文化产业的源头，其实是易干涸的、时断时续的河流。这种利益态势影响到作者、大多数表演者的利益。表演者尚可以通过合同方式控制现场表演的收益，作者则只能寻求上天庇佑的突然降临。作者地位在整个市场机制的环境中被降低了。

这一现状与著作权法的初始目标并不完全一致，甚至发生了翻转，通过赋予作者“一定期限的专有权来促进科学与实用技艺进步”的美好预设转变成了传播产业者获得丰厚利润的法定手段。现有的利益分配不均的质疑均可以从这一转让体制中找到充足的理由。

三、著作权至上主义的公益偏离

从目的、手段与连接方式来看，如果将著作权人的利益保护

❶ 易健雄．技术发展与版权扩张［M］．北京：法律出版社，2009：196.

❷ ［荷］约斯特·斯密尔斯，玛丽克·范·斯海恩德尔．抛弃版权：文化产业的未来［M］．刘金海，译．北京：知识产权出版社，2010：5.

作为保护手段，则著作权法实际是一个公益导向的法律体系。对作者提供的保护只限制在不损害公益的限度内，为了公益目标可以限制某些著作权或者行使方式。反过来，如果将著作权人的利益作为保护目的，将公共利益的实现视为副产品，著作权人的保护立场就应当有所变化，著作权法在某种程度上可以扩张到作品的大部分利益市场，合理使用只是迫于国际趋同趋势或者较窄的公共利益保留而作出的无奈豁免。当然，后一种情况也会实现传播者利益，因为著作权人的利益需要传播者帮助实现。所以，第一条道路的实施方案从一开始就包含防不胜防的“私人利益为体，公共利益为用”的翻转。

著作权法价值目标要素的次序选择，实际上是一种价值选择，即在相同的结构中根据不同的利益诉求与政策，发展出不同的价值体系，满足国家、社会与公众对著作权法的价值期待。从实际情况看，自“安妮法”以来，著作权法一直将著作权的公共利益目标放在首位，尤其是在国际上推行包括著作权法在内的知识产权严格保护主义的美国反而在国内更加注重公共利益的保护，好像美国的决策者在国际知识产权贸易与保护中刻意保持一种健忘的姿态。德国虽然从作者人格的角度出发，但从整个法律体系看，著作权法对作者的看似偏袒实际上为基本法所统御。从整体上看，公共利益是目标，对著作权人的保护是手段，传播者与作者进行利益争夺是著作权法的现状。在这一次序上，各国理论界与司法界有大体一致的认同。

但是，个人创作的作品与其他有形商品的不同之处在于作品往往具有单一性，其他商品具有替代性。每一部作品获得授权都代表着一个垄断，作者在获得激励之后，将这种体验转换为一种包含在作品本质中的属性，并希望获取更大的利益。无论是国家层面，还是个人层面，包括著作权在内的“独占论”或者“严格保护主义”总会时不时干扰公众的视线。正如市场会失灵一样，著作权领域内的失灵是作品独占与信息自由的矛盾。当讨论一部作品由于侵权行为而丧失市场的时候，作品独占论者总会认为如果制止侵权，著作权人就能得到侵权者的“税收”。但是，实证调查并不是如此，往往是如果收费的话，“侵权者”就会选择离开。如果采取高水平保护的话，离开的“侵权者”就无法共享作品带来的信息与社会发展的福利。在前著作权法时代，知识的贫困者受制于思想控制与知识传播的落后技术，而在著作权法时代，知识的贫困往往是严格的著作权法导致的。著作权人与社会公众的这种紧张关系显著地体现了私人利益与公共利益的背离，在投资者看来，这种紧张关系可能会更大。为了信息自由，谁都不能否认现代知识传播过程中海盗版作品发挥的作用。

在价值目标的二元结构中，作者利益占据优势地位还得益于道德的馈赠。2002 年德国修改著作权法的主旨就是加强作者与表演者的合同地位，并完善作者与表演者的获得报酬权。[1] 在文学财产争论之时，作者利益的证成就是抛弃先占传统，发展洛克的劳动理论的结果。[2] 从心理学的角度看，智力创作是吸收、加工、输出等一系列结构化心理活动的周而复始，其中体现着知识承继的因素，也是智力劳动的过程。学习过程表现

---

❶ Adolf Dietz. Amendment of German Copyright Law in order to Strengthen the Contractual Position of Authors and Performers [J]. IIC, 2002, 33 (7): 828-842.

❷ [澳] 布拉德·谢尔曼，[英] 莱昂内尔·本特利. 现代知识产权法的演进：英国的历程（1760—1911）[M]. 金海军，译. 北京：北京大学出版社，2012：26-27.

出知识的继受与能动性理解，创作过程表现出新知识、新心象的智力运作。运用著作权法保护作者利益主要是因为作者在创作过程中运用心智对知识予以重组、表达，或形成新表达，或使用表达传播新思想、新原理、新规律与新感情。这一过程包含著作者辛苦的智力劳动，与获得谷物的辛勤耕作具有价值上的同构性。作者智力劳动的付出形成精神上的满足、荣耀以及物质上的财产收入等利益，应当对其予以保护。没有付出智力劳动的作者则不能成为利益主体。两者是一体两面，共同构成利益安排形式。将利益分配给创作主体独占是洛克式道德的要求，具有正义力量，符合劳动取得财产的自然权利观念，也包含足够的说服公众的力量。著作权法上的一个重要原则即巧合创作能够获得保护，也是按照作者的智力劳动来设计的，只要其中包含著作者运用心智的过程，即可获得保护。在自由主义时期，作者利益的道德性使作者地位被引向神坛。促使私人利益最大化具有社会规划的效果，作者劳动实际上是个人按照规划行事，并促使个人利益得到实现的过程。这一过程不应当被禁止，反而应当被鼓励。著作权法实现规划的过程必然将这一结构纳入其中。而且，由于权利的可移转性与独创性的灵活性，传播者也被纳入进来。

按照预想目标所设计的著作权方案产生偏离就会导致著作权法的危机。著作权法倾向于更趋于严格的措施来报复盗版行为，比如网络环境下的严格保护。而私益与公益合作的破裂，显然会使这种关系更加紧张。无论著作权法的价值目标具有“左倾”还是“右倾”的风险，著作权法的价值危机均无法消除。各国对待著作权法的态度要随着著作权法的实际发展情况与著作权政策进行调整，以维护著作权法的公共利益目标。但是，重要的是，如前所述的政策的利益集团操控性使著作权法处于一种无法确定的状态。利益集团的偏好将会深刻地影响具有国际趋同性的各国著作权法的基本立场与结构，也会影响著作权法的规范设计。公共利益的实现成了时有时无的惊喜。

第六章

著作权法对物权结构的塑造

作品只有对象化才能为主体所把握，在主体间进行多层次的交流，并作为主体在分工体制下获得利益分配的要素。这种利益形态被著作权法史的偶然事件塑造成一个对物权关系，并配置了一个前提即为公共利益的实现预留空间或者保留可行路径。一旦对物权关系成为著作权法结构根深蒂固的传统，著作权法的发展历史似乎就走向终结。但是，在实践中，作品的类物性与著作权至上主义在吞噬公共利益并制造制度异化的危险。

这种危险并非无解，因而不需要持悲观主义或者激进的改革主义。制度异化危险主要有两个方面的根源：一是在规范配置上对作者尤其是投资者利用经济学、法哲学上的修饰手法暗藏偏私，典型如保护期限的延长。打破这种利益失衡的权利扩张最终需要一种回归利益平衡的规范设置。二是在法律规范将社会关系构建为抽象法律关系，并由法律事实形成具体法律关系的过程中，公共利益目标成为一个标榜法律规范及抽象法律关系合理性的面具，公共利益诉求逐渐边缘化。对物权关系遂成为不值得信赖的模式。破解之道只能是在法律规范现实化的整个链条中嵌入公共利益的标签，并使其成为一个具体法律关系的内在约束条件。

现有实现公共利益的约束机制典型地体现为立法中的限制与例外。在此基础上，使用者权也被提出作为一项豁免于侵权的特权。更进一步，从使用者特权演化到使用者权，“当著作权人在技术措施中没有为使用者实施限制或例外所允许的行为提供自愿措施时，使用者可以获得某种救济”。❶ 这个方案固然实现了限制

❶ 朱理．著作权的边界——信息社会著作权的限制与例外研究［M］．北京：北京大学出版社，2011：198.

与例外利益的现实化，并能够部分解决第一个问题，却只是限制与例外条款在信息社会的逻辑延伸。在根本上实现公共利益目标对著作权法律关系的威慑，一个可行的方案是将公共利益的代言人以一般化的“社会中的人”的角色在法律关系中在场化。这就可以使公共利益始终观照著作权法现实化的整个流程，确保公共利益的真实性。即在著作权法上，应当避免公共利益沦为著作权人及其利害关系人的“婢女”，招之即来，挥之即去。本书将“社会中的人”观照下的法律关系称为对物权结构，以示与传统法律关系的理论旨趣的区分。

当然，不可否认，对物权结构依然从法律关系理论中获得了极为重要的教诲与启示。民法学认为，调整社会生活的法律关系应当是单纯的。❶ 但是，正如提出法律关系理论的萨维尼认为的：“法律关系具有一种有机性，这种有机性部分体现在法律关系的互相包含并且互为条件的组成部分的相互关联上，部分体现在我们在它的产生和消灭的方式中可以注意到的持续发展上。”❷ 王泽鉴先生也认为广义上的债之关系上的要素“并非个别单独存在，毫不相关，而是为满足债权人的给付利益，尤其是双务契约上之交换目的而互相结合，组成一个超越各个要素而存在的整体性”。❸ 由此看来，法律关系的有机体说更关注法律关系的体系化与纵向发展。对物权结构则将整个现实生活都纳入考量范围，更关注多元主体的共存与法律关系建构上的横向扩展。

在横向意义上，“社会中的人”克服了著作权法政策工具属

---

❶ 江平．民法学［M］．北京：中国政法大学出版社，2011：15.

❷ 朱虎．法律关系与私法体系——以萨维尼为中心的研究［M］．北京：中国法制出版社，2010：93.

❸ 王泽鉴．债法原理（第一册）［M］．北京：中国政法大学出版社，2001：50.

性的不足。专利与商标制度均存在行政审查，因而更容易政策工具化。例如，专利政策的设计理论至少有期望理论、竞争创新理论、累积创新理论、非共有物理论与专利丛林理论，这些理论适用于各种不同的产业领域，阐明了各个领域有必要进行专利政策调整的宗旨，伯克与莱姆利称为专利政策杠杆理论，日本特许厅也进行了相应实践。[1] 但是，同为智力成果制度的著作权法对文化传播政策导向助益甚微。

在某种意义上，"社会中的人"所观照的利益体现为著作权法的第一重目标，即作品传播，以此形成推动更广泛的、更激动人心的公共利益的差序格局。现实生活中作品创作、发行、阅读等部分构成作品作用于社会公众的一系列前后相继的连贯环节。连接这些环节的是已经被确认的著作权的许可转让，包含作品载体在内的买卖或者出租，提供接近作品的服务等方式。这些内容有机联系在一起，构成著作权制度所要规制的主要内容。

传播关系使著作权人承担了义务。实现知识传播的要素包括：有质量的作品的创作，有作品流通的环境。作品创作是知识传播的首要环节。没有创作，巧妇难为无米之炊。创作价值的判断，即作品质量问题在著作权法上并不是一个艺术评价或者美学判断，而是作品构成的最低标准的把握，即独创性问题。只有创作，也无法实现作品传播。作品流通的环境是一个综合体系，包括政治环境、市场环境与技术条件。将两者联系起来，作者不仅仅因为创作而享有权利，传播者也不仅仅因为传播了他人的作品而承担义务，同时，作者也负有将作品推向社会公众的义务，传

[1] ［日］田村善之．日本现代知识产权法理论［M］．李扬，等译．北京：法律出版社，2010：28-31.

播者也承担积极传播与容忍他人再传播的义务。这些权利与义务相互包含，并互为条件。如此一来，现实生活的法律涵摄就不至于成为生活桎梏，而是促进现实生活向积极方向改善的良方。

第一节　著作权法利益格局与对物权结构

作为有机体的法律关系强调的是特定权利义务的关联与发展。但是，它们并没有将“社会中的人”作为一个在场者，容易在个案的条分缕析中抛弃潜在立场。在著作权法的整体利益格局中使“社会中的人”去蔽化从而形成对物权结构，是破解私法关系中私人利益安排绝对化的关键。

一、著作权法的利益格局

著作权描述的是著作权人独占的利益空间，在这一范围内任何人不得侵犯，或者说任何社会公众以及专门的传播者负有一个不作为的消极义务。虽然著作权人行使著作权可以采取契约连接的方式建立一系列权利义务组合，实现作品传播的合作，但是这种连接机制已经属于独立的债权债务关系。如果按照法律关系来描述，其中就涉及对物权关系、债权关系以及对物权行为的独立性与无因性问题，且共同构成有机体。如果从对物权结构来描述，就需要首先以参与主体为视角重新认识著作权法的整体利益格局（见图6-1），然后分解其中的利益关系，最后以著作权法的价值目标为统摄整体认识一项著作权多元关系。以作品传播为价值追求，其中的利益关系可以分解为几层相互结合的关系：著作权人与普通社会公众通过传播者或者直接建立对抗关系，社会公众为作者提供赞助；著作权人与传播者的关系是合作关系，而非传统意义上的对抗关系；传播者与传播者之间可能是竞争关系，也可能是合作关系。

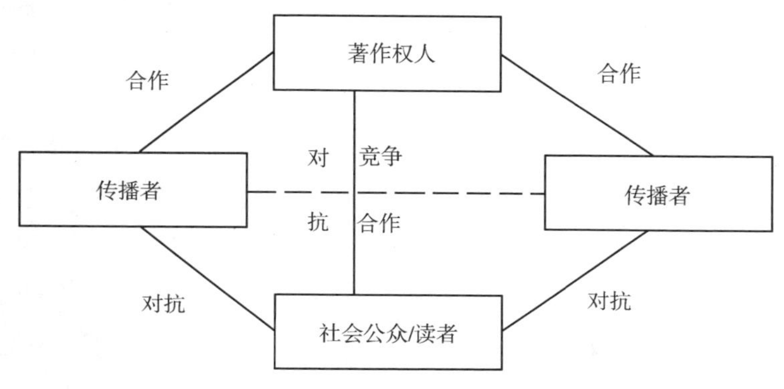

图 6-1　著作权法整体利益格局

（一）对抗关系

对抗关系的核心是双方的权利义务配置针锋相对，一方权利的实现以另一方的义务为前提。权利具有主导性与优先性，并限定义务的性质、范围与内容，除此之外没有限制性要素或者前提条件。对抗关系的实质是零和游戏，一方以权利换取的收益与另一方因为义务而支付的费用之和是零。

著作权人与普通社会公众通过传播者或者直接建立的关系是对抗关系。作者是作品的来源，但是在传统环境下没有传播者与传播渠道，作品也不可能进入社会公众的视线，成为公众知识。因为在前网络时代，很少有作者能够自己传播作品，除非有雄厚的财力与技术支持。而一旦拥有雄厚的财力与技术，并从事了传播行为，他的身份就变成传播者。即使是在互联网时代，虽然作品传播的集中控制似乎不可行，作品传播的渠道似乎更加畅通，但是网络传播的存储空间、传输技术以及数字化技术等依然掌握在服务商手中。服务商为著作权人与社会公众的直接对抗提供了支持。作为技术与资本拥有者的传播者是最早提出著作权法保护的主体，是最先革新著作权法的主体，当然也是实现作品传播的主体。传播者将作品通过市场机制输送出去，用作品换取利益。作品流通的市场环境对知识传播的影响巨大。没有市场流通的作品传播替代方案是私塾收费与赞助体制。这限制了作品流通的范围，也无法对著作权人进行合理的经济补偿。曹雪芹的《红楼梦》在中国古典文学史上占据举足轻重的地位，并通过贵族的手抄进行传播，但是他本人穷困潦倒。有了传播者与传播渠道的中介，作品能够大量复制以满足社会公众的阅读需求。类似地，表演者与广播组织等传播者也通过作品的表演市场与广播市场来媒介著作权人与社会公众。

（二）合作关系

合作关系的核心是双方的权利义务建立在合作这一共同基础上，在这个基础上产生的利益总额是确定的且分配相互排斥，一方的利益获取以另一方的可得利益为代价。双方义务互为对价，一方义务是另一方的权利。合作关系的实质是非零和博弈。这一关系的目的是增加社会总盈余。

著作权人与传播者之间建立的关系是合作关系。著作权法为权利人提供了“市场力”，如果需要将专有权这种期待权利转化为直接的物质利益，则要依赖市场以及作品的“大众口味”。[1] 无

---

[1] 冯晓青．知识产权法利益平衡理论［M］．北京：中国政法大学出版社，2006：203.

论是通过转让合同还是通过许可合同，著作权人与传播者只有合作才能向社会公众收取著作权费用。著作权人负有许可或者转让著作财产权的义务，但以此换取了传播者支付的报酬。传播者享有利用作品予以传播的权利，但同时以支付一笔合意的转让费或者许可使用费为代价。向市场推广一部作品的总收益虽然无法通过事前确定，但总应当对通过事后的统计与计算查明一定阶段的总收益抱有乐观态度。这一总收益的分配标准按照合同约定方案执行，或者按比率分成或者支付固定数额。比如，按照有关出版合同的规定，作品第一次印刷不计提稿酬，第二次印刷的稿酬按照定价的8%～15%不等的比率计算。著作权人与传播者的利益分配遵循互斥规律。通过这一合作，著作权人与传播者各取所需，增加了相关收益，实现了作品传播。从整个社会观察，著作权人与传播者的收益等于社会公众的支出，两者是零和游戏，但是作品传播的效果是社会实实在在得到的惠益。

值得注意的是，这里的合作关系并不是从个人主义而是从团体主义观察得出的结果。在实践中，著作权人与传播者总是在传播市场中共同战斗，其主要目的是消灭盗版者和搭便车者，从而保障传播利益。但是，作者长期以来都抱怨出版商打着作者的幌子攫取了大部分利益。[1] 因此，在具体利益的分成上，著作权人与传播者也存在竞争。这一竞争正是保护作者获得正当利益的原因。

（三）竞争关系

竞争关系的核心是双方的利益总和确定并存在排斥关系，一

[1] William R. Cornish. The Author as Risk-Sharer [J]. Columbia Journal of Law and the Arts, 2003, 26 (1): 1-16.

个利益的存在会挤压另一个利益的范围，双方的义务是相同的，即不得不正当地抢占他人的利益范围。对这种利益形式，法律有时并不通过权利方式来建立关系，而是直接作用于行为，正当行为的空间就是利益的范围。竞争关系的实质是福利分配游戏。总体福利在不同传播者之间通过法律认可的行为进行分配。

传播者与传播者之间建立的关系可能是竞争关系，这种竞争性来源于著作权原始主体的授权。在同一产业内，如果国家不追求垄断或者监管目的，传播者可以大量存在。不同传播者均有利用作品进行传播的需求，而且从实践看，传播者都希望以独占方式利用作品。新技术会带来作品利用的新方式与新产业。传统传播者与新兴传播者之间在传播作品的方式、渠道以及受众方面可能存在不同，但是传统传播者获取的独占权构成新兴传播者利用作品的障碍。谷歌数字化已出版作品存在的障碍就是这种独占权产生的。如果作品的市场需求是固定的，需求决定的供给就应当是确定的。无论如何划分市场份额，传播者之间的利益总量是一个定额。不同传播者的实际数额是互斥的，传播者之间就具有竞争性，提供作品抢占市场份额是传播者市场策略的重点。

二、基于利益格局的对物权结构理论

著作权法的利益主体关涉创作者、传播者（包括传统传播者与新兴传播者）与社会公众三类。而且，社会公众始终以“社会中的人”对特定著作权法律关系表达利益诉求，从而形成一个永恒的在场者。这可以从著作权法公共利益目标的永久性逻辑地推导出来。对物权结构完整实现了利益格局中各方主体的同台博弈。

（一）对物权结构的理论依据

对物权结构的本体论依据是关系本体论。本体论的发展经历了从古代哲学的实体本体论到主体本体论再到超越主客对立的思维模式，由认识论哲学转入存在论和解释学哲学。❶ 关系本体论与主体间性思想相通，具有类似的理论蕴涵。就目前的考察，关系本体论思想或者符号学现象学通过影响考夫曼的法哲学而进入法学理论。考夫曼自认其所倡导的类推代表着扬弃实体本体论，而转向关系本体论，并受皮尔士（Charles Sanders Pierce）的长远影响。❷ 关系本体论的理论要义是：不否认“我—它”关系对于人的意义，但是反对将“我—它”关系当作自我与世界以及他人之间的唯一关系，不应该让“我—它”关系僭越“我—你”关系的本真性地位，从而任由必然性摆布。❸

关系本体论反映出关系理性的特质。关系理性的双重旨趣：它要求从人与人的“交互性关系”即“一种既实现共同规划又支持每个人各有差异的规划的社会合作模式”理解人的存在；它要求从人与人的互依性关系理解人的存在。❹ 这种认识方式显示出典型的以人的社会存在性为基本立场的倾向，与马克思对人的本质的解读具有相似性。马克思强调的人是现实中的个人，既是剧中人也是剧作者，而且超越了简单的主体与客体的对立理论，强

❶ 杨春时．本体论的主体间性与美学建构［J］．厦门大学学报（哲学社会科学版），2006（2）．

❷ ［德］考夫曼．类推与“事物本质”：兼论类型理论［M］．吴从周，译．台北：学林文化事业有限公司，1999：序言7．

❸ 李建平．从先验自我到关系本体——马丁布伯对主体自我中心论的超越［J］．学术界，2014（3）．

❹ 贺来．“关系理性”与真实的“共同体”［J］．中国社会科学，2015（6）．

调人与社会存在的同构性。❶ 因此，对个人的理解不能孤立、单子化，必须将个人作为社会中的个人来理解与对待。

对物权关系理论是建立在近代哲学主客二元基础上，描述的是个人与外在世界的关系。在处理人与人的关系上，对物权关系采取了个人之间对立的思路，并将这种对立延伸到对外在世界的支配上。对物权结构则是将社会中的人与具体法律关系的人整合在一起，强调创作者或者传播者与社会中的人的关系依然是该具体关系的一个重要侧面，甚至居主要地位。“创作者或者传播者—社会中的人”与“创作者或者传播者—作品或制品等”均是对物权结构的方面，并且后者通过主体的对话而彰显存在意义。

（二）对物权结构重建的前提

从权利人的视角看，在著作权人、传播者与社会公众之间的两两关系中存在一种微妙的联合，这种联合昭示着三种法律关系整合的可行性。微妙联合的连接点就是作品传播。在合作关系中，著作权人与传播者通过合作获得传播利益。获得传播利益的关系包含在对抗关系中，即读者支付使用费是传播利益的来源。不同传播者之间的竞争关系保证了传播行为的正当性与获得传播利益的可行性。著作权法非常重要的功能就是防止盗版，而有能力盗版的常常是处于竞争地位的传播者。因此，可以说正是传播功能的保障与传播利益的需求完成了著作权多元关系的统一。著作权法的对物权结构内容可以表述为：著作权人与传播者之间的合作关系是前提与条件，是启动这一结构的导火索；著作权人通过传播者与社会公众建立的对抗关系是基石，包含这一结构的核

---

❶ 仰海峰．人的存在与自由——马克思关于人的五个论题［J］．武汉大学学报（哲学社会科学版），2018（1）．

心内容；不同传播者之间的竞争关系是保障，使这一结构的内容得以实现。

如果从社会公众视角观察，著作权人、传播者与社会公众之间还存在以阅读为连接点的联合。按照李特曼教授的观察，著作权法的目标“应当是鼓励阅读”。[1] 这一观点似乎走得稍远，但是究其实质就会发现，“鼓励阅读”是站在社会公众视角的解读，实现传播是站在权利人视角的观察。阅读目标的实现离不开传播。只有传播才能保证社会公众能够接近的作品数量足够多，满足社会公众丰富多样的阅读需求。传播的落脚点就是阅读，因为没有受众的传播是无效率的。阅读需求本身使作品的供求市场得以形成，建立了作为社会公众组成部分的读者与权利人的关系；阅读需求能够促成著作权人与传播者的市场联合，形成两者的合作关系。这些关系的同时产生意味着阅读能够开启整个著作权多元关系，是撬动全局的一个重要支点。

在网络空间，著作权法的传播或者鼓励阅读前提更加明显。因为网络空间的著作权得到了“过分的保护”，而且关键不在于权利，而在于与著作权相对应的义务，即“受保护财产的所有人使其财产可被他人使用的义务”。[2] 可被他人使用的义务与传播的义务具有相同的功能与效力。只有让社会公众获得更多的利益，才能减弱对著作权人保护过度的罪恶感。

（三）作品传播与著作权的融合

为了保障法律关系的正常运行，应当特别考虑作为前提的法

---

[1] Jessica Litman. Readers' Copyright [J]. J. Copyright Soc'y U. S. A., 2011, 58 (2): 325-353.

[2] ［美］劳伦斯·莱斯格．代码［M］．李旭，姜丽楼，王文英，译．北京：中信出版社，2004：157.

律关系的必要性。只要要求著作权人负有传播作品的义务，作品传播的机制就会畅通无碍。但是，如果负有义务以侵犯创作者的人权为代价，也是不足取的。著作权制度与思想言论表达自由相联系，既有共生协调，又有冲突与妨碍，两者具有同样古老的历史。❶ 言论自由至少包括三方面的内容，即“寻求信息和思想的权利；接受信息和思想的权利；以及传播信息和思想的权利”。❷ 如果将强迫著作权人承担传播自己拥有的信息和思想的义务纳入著作权法，则首先制造了两类权利的冲突：首先著作权法要求著作权人传播信息、思想与情感，而言论自由则将传播的权利赋予任何个人；其次违背了经济成本分析：具体信息、思想与情感是否由特定著作权人拥有是无法予以举证证明的，即使能够证明，也是一项高成本、低效率的负担。

两者的冲突或许会窒息已经全盘皆活的著作权法律关系，使得著作权人享有利益的方式重新走回对物权关系。事实上，由创作者完成的作品的初始控制权无法转变为义务，而且没有转变为义务的必要。一旦创作完成，著作权人享有相应的、潜在的身份权或者经济利益，因为只有作品传播，才会产生经济利益，才容易产生侵权，权利的现实性才表现出来。尊重创作者的初始控制权，与创作者的人权保障挂钩，也能够使创作者自由享受创作的丰厚奖赏。

传播义务所对应的就是社会中的人的权利。一旦作品进行了首次传播，著作权人、传播者与社会公众就进入一个著作权法设

---

❶ 宋慧献．版权保护与表达自由之关系研究［D］．武汉：中南财经政法大学，2009：5.

❷ 朱国斌．论表达自由的界限（上）——从比较法、特别是普通法的视角切入［J］．政法论丛，2010（6）.

计的对物权结构中。在这种结构中，传播与否的决定权已经不完全由著作权人独断，需要以社会中的人为标准来衡量著作权人与相关主体的关系。此时，需要关注的、真正阻碍进一步传播、寻求垄断利润者常常是已经获得“首发”权利的传播者。因为作品的广泛传播不仅会为创作者带来经济收益，而且会额外带来名誉的提升、地位的进阶与影响力的扩大，创作者的希求是多元的，有时可能忽略经济利益而追求额外报偿。传播者不希望与其他传播者“利益均沾”的事实既是著作权至上主义危机的表现，又是现行著作权运行机制不畅的根源。在再传播层面上，真正受到损害的常常不是著作权人，鼓励传播只是加剧了传播者之间的竞争而已。这一建议的策略与传播者的游说策略如出一辙。

同时，如果将传播义务纳入著作权多元关系中，传播者之间的竞争就会进入“丛林时代”，相互之间的竞争就缺少了专有权的筹码。但是，我们完全没有必要为数据库制作者或者其他任何传播者担心，商业世界的智慧与规制市场的措施会为他们找到合适的营利法则。比如，为了打击盗版，网络世界已经开启云计算模式。反之，如果任由著作权至上主义泛滥，社会公众的利益在缺乏团体紧密协作与“首领”牺牲的环境下就会被吞噬殆尽。相比之下，将传播义务与著作权融合的建议并不是太糟糕的选择。

因此，摆脱著作权至上主义，构建促进作品传播的机制应当将由著作权人享有传播利益的对物权放在传播义务的约束机制下，无论是初始控制上的事实约束，还是再传播过程中的法律约束，唯如此才具有正当性。仅将对物权关系视为对抗关系，而抛弃其他内容的著作权法律关系理论是偏颇的。传播义务适当减少了单个传播者的利益，却会增加社会总体福利，即通过广泛传播能够带来利益蛋糕的最大化，然后在著作权人与多个传播者之间进行正当切分。因此，笔者主张双赢理论，先不考虑利益范围，集中精力做大蛋糕，然后再进行利益的正当分配。

三、对物权结构的实践探索

蕴含对物权结构思维的实践探索主要是改变著作权人与使用者之间的二元关系，消除著作权人对作品的绝对全面的支配，立足于多元思维形成合作共赢机制。这些实践做法包括：一是在众多使用者参与的条件下，通过团购或集体谈判形成受众主导的利益机制，以消除版权许可的固有优势或者版权即服务模式带来的版权强化。二是通过版权即注意力模式或者称为赞助机制，以注意力经济学为理论基础，形成著作权人、赞助商与读者的多元关系。这些探索体现了传播导向的利益安排，也通过具体化“社会中的人”而满足了公共利益的要求。按照对物权结构思维，这些探索模式不应当成为著作权法的强制范围。

（一）使用者团购探索

《纽约时报》评论员乔恩·佩雷利斯在针对 2 Live Crew 案的评论中发出了一个狂想：“任何已经销量过一百万（或者可以是两百万，或者五百万）份的歌曲，就应当直接进入公共领域，如同这首歌曲的爱好者们已经把它从著作权人那里给赎买出来了。”[1] 这一狂想不是没有道理。因为就著作权法的目的而言，授予专有权是激励措施，激励总是有限度的，否则就会影响目的的实现。虽然这种毫无惯例支持且与偏向自然权利学说的著作权法

[1] ［美］保罗·戈斯汀．著作权之道：从谷登堡到数字点播机［M］．金海军，译．北京：北京大学出版社，2008：12.

正当性相悖的激进想法很难获得支持，但是在尊重著作权的前提下反转利益关系并非空穴来风。在著作权转让中，出版社或者唱片公司能够对无法估价的作品进行定价以受让部分或者全部著作权。实际上“一次卖断版权”是一种冒险，著作权人完全可以凭借绝对控制权在法定期限内独占作品的全部使用方式并获得不可预料的收益，只是由于传播者也会以其专业眼光对作品市场进行预测并予以投资，创作者与传播者的这种博弈不可避免。这暗含着对绝对权价值的限制。换一个思路看，既然著作权能够被传播者以一定的方式“买断”，也应当可以被使用者买断。

使用者买断的困难在于使用者的组织成本与产业特点。如果组织一定规模的使用者需要较高的成本，使用者买断版权反而就是不经济的选择。同时，所属产业对激励机制的需求强度也会影响团购模式的良性运行。据报道，2012 年 8 月 13 日，由国际电视电影节目交易中心创办的 ITFPEC 节目团购中心正式启动。以 25 集电视剧《台商》为例，团购获得省地面频道播映权仅需要每集 2 万元，最低团购数量是 10 家，而这部电视剧最终以 11 家电视台的团购成功下线。❶ 但是，运营 1 年后显示，该模式并未被认可。一方面，团购不太适合以收视率为核心的整个影视剧市场的发展需求；另一方面，从整个产业发展看，单纯拼价格并不是好做法，“电视剧市场还是要相对稳定、平衡水平”。❷显然，作为依赖版权以及明星体制来获得回报的产业，团购模式并不是最佳选择。因为即使主张废除著作权的观点依然认为：“企业应该

---

❶ 牛梦笛．网上团购电视剧成新模式 能让观众看到更多好剧？［N］．光明日报，2012-10-15（07）．

❷ 卢扬．做好细分市场是影视剧团购最佳出路［N］．北京商报，2013-07-05（A08）．

在不受干扰的情况下，在一小段时间内享有电影作品的独家开发权。"❶ 但是，这并不代表团购模式不符合其他文化产业，例如音乐、学术作品等市场就与电影作品市场存在较大差异。该模式在一定程度上可以为其他产业试行另一种作品传播模式提供可复制的经验。

其实，使用者团购并非新兴模式，只是使用者集体管理理念的时代表达。当 1914 年成立的美国作词家、作曲家及出版商协会（ASCAP）以著作权集体管理组织身份垄断主流音乐作品市场时，美国广播组织迅疾还以颜色，组成自己的集体管理组织即美国广播音乐协会（BMI）来组织自己可以使用的音乐作品。这一"以团体的力量"来对抗"团体的力量"的模式，带来了美国 20 世纪 60 年代的流行音乐的盛行。

使用者团购也能够在某种意义上消除版权即服务模式的版权强化实践。在无形传播越来越成为作品传播的重要方式的情况下，著作权商品贸易已经悄然变成一种服务方式。在某些方面，盗版作品可能越来越少，但是这并不当然意味着著作权保护状况的好转。因为创作者顺应结构变化以服务替代商品，已经使得社会无"版"可盗。在一个在线数据库中，会员可以通过购买获得数据库经营的各种服务来接近作品，每一次接近都代表着一次服务的过程。网络运营商，实际上就是网络服务商，是以服务的本质影响着著作权的行使。这种模式是网络结构导致的，因为对作品的技术控制完全掌握在作品的原创者或者由原创者委托的技术开发者或者传播者手中。在开放式的网络空

❶ ［荷］约斯特·斯密尔斯，玛丽克·范·斯海恩德尔．抛弃版权：文化产业的未来［M］．刘金海，译．北京：知识产权出版社，2010：77.

间，技术保护措施或者密钥可以用来控制公众对作品的接近。版权即服务代表了对著作权进行严格保护的声音，著作权成为控制公众的筹码。虽然这种模式有湮没合理使用的危险，但是这种惊呼显然并没有对日益扩张的著作权保护产生实质性影响。然而，如下的观念显然是杞人忧天了：如果自由接近模式确实对过去的付费模式提出了严重挑战，我们将发现自己身处险境。现在的著作权法在很大程度上没有对提供自由接近内容的主体的利益与关注作出积极反应。❶因为严格保护模式很容易被现实情况消解。使用者团购就是一种有效的应对措施。例如，高校图书馆采购在线数据库就是以较低价格满足校内使用需求的有效方法。可以合理推测，高校图书馆联盟采购会有更为改善的成本收益比。

当然，由使用者集体持有版权并无法解除原创作者对作品精神权利的控制，作者仍然能够以保护作品完整权对使用者挥舞大棒，以保持自己的绝对话语权。这也是在著作权争论中，反对者非常厌恶精神权利甚至主张予以废除的重要原因。保护作品完整权在实质上形成作者对作品的完整控制。一方面，根据《伯尔尼公约》的定义，保护作品完整权实际上是防止歪曲、篡改以及其他损害作品声誉的行为；另一方面，以德国著作权法实践为例，《德国著作权法》第 14 条规定，作者有权禁止对作品进行歪曲或者其他损害到作者在其作品上所享有的精神利益与人格利益的行为。对“其他损害”的解释上，德国联邦法院的判例将那些正面的更改行为也包括进来，其理由在于“为法律所保护的不单是作

❶ F. Gregory Lastowka. Free Access and the Future of Copyright [J]. Rutgers Computer & Tech. L. J., 2001, 27 (2): 293-331.

者本人的利益，还要让社会公众知道谁为本部作品赋予了独创性”。❶ 这意味着无论是歪曲还是改善，均是对作者权利的侵犯。虽然类似《日本著作权法》对发表权、姓名表示权以及保护作品完整权规定了堪称详细的限制，但是这并未改变作者控制的整体格局。较为合理的解释是至少在财产权层面上，团购实现了传播的便利性。

（二）版权即注意力模式

对于日益受到的威胁，传播者开发了新的商业模式，即通过商业广告来支撑享有著作权作品的传播。这是一种赞助模式的回归。既然分散的传播者造成网络空间的自由，并且这种选择无法逆转，那么就只有顺应这种趋势形成著作权的“搭售”。在视频分享网站中，至少有乐视、优酷、酷6、奇艺等网站采用了广告支撑视听作品的模式。广大消费者在形式上接受这些中介商的恩惠，获得“免费的午餐”，著作权人也接受了中介商的资助，有效地转嫁了创作风险。这种模式并非网络空间的自发产物，而是传播者或者网络运营商人为开发的新结构。在开放式的网络空间，人人可以自由出入的场所包含各种宣传海报与动漫，甚至司空见惯的电视广告。这代表了对著作权传统原则的遵守。因为著作权被用来作为限制竞争的工具，不被直接作用于使用者身上。实际上，著作权仍是作为中介商的经营要素，是为了向消费者做广告抛出的诱饵。新的商业模式也在悄然从消费者身上获取应有的收益，消费者的注意力被广告商购买。中介商利用著作权作为竞争的要素，吸引公众眼球，实际上符合现代信息膨胀而注意力

❶ ［德］M. 雷炳德. 著作权法［M］. 张恩民，译. 北京：法律出版社，2005：277.

稀缺的经济分析。

不同模式需要不同的配套措施与商业环境，体现了制度成本的不同。版权即服务模式沿用了现行的对物权法律关系设计，增加了制度成本。如果使用者不想背负侵权的法律责任与道德压力，就要选择集体参与的方式，以集合优势通过选择性增加个性化。使用者团体得到授权许可后，能够在大量的作品中选择自己所需要的。这种组织群体需要有首领的“牺牲精神”，也需要符合产业特点。版权即注意力模式就采取了对物权结构，更关注于在满足“社会中的人”的获取需求的前提下保障作者利益的实现。在新的商业模式下，由于广告商并不关注节目的内容，只要能够获得消费者的眼球就可以达到要求，甚至为了迎合使用者的需求而征求使用者意见，或者采取其他的参与策略。可以说，随着技术的发展与传播模式的变化，使用者接近作品的自主化程度也越来越高，这使得著作权法从对象闭合运动开始即追求的从“大众视角”来看待对象价值的目标真正得以实现。不过，这一合作是通过契约达成的，在缺乏相关契约时如何规划则需要进一步观察。

第二节　基于自治与强制的对物权结构构建

著作权法作为私法的特别法，行走在具有普遍性的形式理性与实现特定目的的实质理性之间。形式理性支撑起私法自治体系，为行为人实现自己的意志提供条件；实质理性支持国家干预的合理性，旨在实现特定社会政策与价值，例如我国《著作权法》第1条规定的立法宗旨就具有强烈的目的性。“对私法自治和国家强制的关系，实际上已经因国家角色从单纯的经济秩序维护者、仲裁者，演变为结果取向的干预者，与积极的市场参与者，近年又逐渐退出市场，转而为结构取向的管理者……”❶ 这意味着形式理性与实质理性或者自治与强制相互关联，相互渗透，共同构造出完整的规范体系。作为结构取向的著作权法调控著作权相关市场，为分散的使用者、拥有资本与技术优势的传播者以及多样化的原创作者提供共赢机制，并最终实现公共利益，更需要灵活处理自治与强制的关系。著作权法的对物权结构就是形式理性与实质理性有机融合的微观结构，在最终形式上表现为人的权利义务体系，但是在过程中必须始终考量体现在行业惯例、交易关系与文艺观念等特定社会机制中的公共利益目标。因此，该结构的建构在整体上依赖于自治空间的合理维护与强制因素的目的性运用。

一、著作权法自治与强制的表现形态

著作权法的自治与强制或者私法与公法因素并非泾渭分明。自治因素的超越性质要求其所提供的都是抽象形式，比如民法中的人就是抽象的，切除了种族、宗教、学历、经济优势、社会地位、天赋等直观因素的影响。但是，孤立的个人在实际生活中并不存在，这就需要对主体间的利益态势进行矫正。在消费领域与劳动领域，对弱势群体的法律倾斜就是例子。在著作权法中，缔

❶ 苏永钦．私法自治中的国家强制——从功能法的角度看民事规范的类型与立法释法方向［J］．中外法学，2001（1）．

约双方的地位均势并不一定能够满足，这就需要对报酬条件以及随着作品传播而产生的情势变更等进行明确规定，并增加纠纷解决机制，以此增强作者的谈判地位，并保障著作权领域的自治真正实现。更为重要的是，著作权法以实现作品传播为关键目标，不仅需要保障权利主体的利益诉求，而且需要将“社会中的人”置于对物权结构中，更依赖强制因素。

（一）著作权法的自治空间

著作权法就是以人的理性能力为基础发掘出来的。私法自治的理论论证包括斯密经济学的“理性人”与康德、黑格尔哲学的人格意志等。正是因为人可以为了自己的利益进行计算，人能够通过意志占有没有意志的财产，国家才不需要包办个人的所有事务。也正是因为人具有思考能力、意志能力，也能够表达感情，所以来源于人的表达因素才应当归属于人，国家应当对这一事实进行确认并保障。虽然著作权法包含国家功利主义考量，并由其积极干预，但是，也正是国家干预，才能保证个人从事自己事务的自由。国家为著作权人提供了以自己的作品进行对价的模式与基础，使个人交易能够更加从容与自由。因此，著作权法与私法自治具有相同的理论基础。

在这一理念的指导下，著作权法维护了一个较大的自治空间。私法自治的两大支柱是契约与高度抽象化的所有权，均有管制法令的私法化与调控。[1]著作权法的自治工具也是契约与具有对物权性的著作权。著作权产生的非手续原则承认了人的自主决定权，将作品与超越于实证法的人权联系在一起。一部作品的著作

[1] 苏永钦．私法自治中的国家强制——从功能法的角度看民事规范的类型与立法释法方向［J］．中外法学，2001（1）．

权产生与否完全取决于作者个人的努力。在权利构造上，著作权法采取了理念上的至上主义或者所有权化与立法中的权利法定原则。只有在我国《著作权法》中，兜底性的“其他应当由著作权人享有的权利”标志着理念与制度的完全一致。因为在德国、日本等国著作权法中并没有这一开放式权利，内部权利体系的开放式结构是导致著作权所有权化的重要支撑性论据。根据著作权权项内容，著作权人完全可以按照自己的意志决定权利的实现方式。同时，现在采取权利登记的国家要么实行自愿登记，要么将登记作为权利的初始凭证，如我国《著作权法》第三次修订草案（“第一稿”）将自愿登记与法定赔偿连接起来的情况已经不多见。著作权法规定著作权的利用方式包括许可转让以及各种邻接权合同。《法国知识产权法典》比较详细地规定了出版合同、表演合同、视听作品制作合同、广告制作委托合同、软件使用权质押合同等。著作权人以及邻接权人可以自由选择合同方式。另外，中国、德国与日本等国著作权法都构造了绝对权保护方式与损害赔偿请求权两个保护体系，比如德国规定的损害赔偿请求权、排除妨碍请求权、不作为请求权与不当得利请求权等，我国规定的停止侵害、消除影响、赔礼道歉、赔偿损失以及损害赔偿等责任。对间接侵权行为采取过错责任原则，体现了意思自治的反题。

但是，我国著作权法对自治工具的法律调控明显不足。例如，为了履行《伯尔尼公约》的义务在权利取得上采取无手续原则，而权利的取得与权利变动并不是同一个性质的问题。在民法典的物权篇中，物权取得可以不履行登记手续，也不影响物权变动需要采取特定形式。其理由在于同时实现权利保护的完整性与相对人的行为自由。这一理由在所有对物权上都有适用性。如果对该类涉及不特定义务人的权利不加调控，无疑就会损害权利交易的安定性与不特定人的自由。又如，在著作权合同中，完全放任双方当事人自治，很容易出现作者保护的不足，也容易出现不合理的转让未来作品的合同。

（二）著作权法的强制因素

著作权法的强制因素并不侵犯著作权的自治，反而有利于实现自治，这主要是由于著作权法所依赖的结构模式发生了变化。强制既要体现出保护弱小、保障作品市场供给的特定政策目标，又要具有促进作品传播或者文化产业发展的政策功能，从而为新兴产业营造空间。强制并不妨碍著作权人实现收益的自治性，却很好地避免了不公平的情事。常见的强制因素主要有：首先，著作权限制与例外是典型的强制。如前所述，这些规定具有明确的公益指向性，并且无法通过自治自发实现。法定补偿制度实际上也是一种强制性的规定，例如，在美国，出版商不得以不正当理由拒绝加入版权清算中心。其次，为了实现著作权法的公益目标规定的延伸性集体管理、担保补偿合同以及强制集体管理等制度也在一定程度上限制了著作权的行使方式。德国著作权法规定了相对较多的应当通过著作权集体管理组织行使的权利。北欧国家规定了延伸性集体管理制度。中国音乐著作权协会在实践中采用了和我国香港特别行政区类似的担保补偿合同。这些方式便利了著作权授权，是对著作权人无法通过理性实现利益的能力补足。

我国著作权法的强制因素对自治空间的干预也存在不协调的问题。例如，著作权限制可否通过约定排除的问题、以转换性使用为重点的著作权边界问题以及著作权合同的补充性条款等。计算机软件的开发合同尚可以适用合同法关于技术合同的规定，但是表演权合同与表演合同、广播权合同等都是无名合同，只能按照合同法的总则条款与合同的具体约定来执行。这虽然增加了私人自治空间，但是减弱了法律的调整功能。在著作权集体管理制度上，虽然第三次修订草案的“第一稿”与“第二稿”存在很大不同，但是这只是限制了延伸性集体管理制度的适用范围，并没有找到强制背后的抵制。同时，以信托为共同基础，允许使用者集体管理组织与权利人集体管理组织相竞争，也具有冲破集体管理垄断的效果。需要说明的是，随着著作权法基础的变化出现的新的调整模式，只是为了实现实质理性所蕴含的政策目标，并不需要撼动结构形式。

而且，将传播义务纳入著作权结构中，突出利益分配请求权的正当与合理性，也需要著作权法予以强制性规定。德国 2002 年修法时极大地加强了作者获得报酬的权利，并规定作者不得事先放弃。在我国，没有明确的保护利益分配与作者利益的强制性规范：收益分配权的比例标准是经验性的，包括以电影产业票房分成比例为代表的行业分配惯例，法院自由裁量赔偿的标准等；没有规定矫正信息不对称的惩罚性赔偿；[1] 没有规定实施分配方案的制度与措施等。

二、自治与强制的协调机制：规则变奏

著作权是人们的价值构造结果，在根本上要服从政策需要。

[1] 实际上，我国《著作权法》第三次修改草案已经提出惩罚性赔偿制度，其目的在于惩罚多次故意侵权行为（参见《关于〈中华人民共和国著作权法〉（修改草案）的简要说明》）。对于矫正信息不对称，该制度也具有良好效果。在广州国际华侨投资公司诉江苏长江影业有限责任公司影片发行权许可合同纠纷案中，最高人民法院已经认定票房分成比例约定“瞒一罚十”有效［参见江苏省高级人民法院（1999）苏知初字第 4 号民事判决书；最高人民法院（2001）民三终字第 3 号民事判决书］。

以社会公益为先导的政策要求在公共利益与私人利益之间安排优先次序，保障特定政策的实现。这与在发展与保守之间安排优先次序具有相同的要求。如果将公共利益对应于发展，界定为一种发展利益，将私人利益对应于保守，界定为既得利益，发展利益与既得利益的冲突就是一种动态与静态的冲突、激进与保守的冲突，是社会永恒存在的冲突。在协调这些矛盾时，人们需要做的就是确定优先次序的规则，在特定政策目标的指引下，各个规则各司其职，共同实现社会追求。著作权法在冲突利益的调整上可以借鉴产生于美国财产法变迁过程中的两个基本规则即自然使用与优先权规则来更好地协调自治与强制因素。

（一）自然使用与优先权

在美国财产法历史上，自然使用规则被视为一种反发展理论。18 世纪，美国财产法奉行绝对支配权观念。这种绝对支配权“甚至授予了所有权人禁止其邻人采取会妨害其平和地享有土地所有权的使用方式”，而且，“它把财产所有权人的权利限定在法院认为是对其土地自然使用的范围内”。❶ 自然使用规则受到洛克劳动财产理论与近代所有权神圣观念的深刻影响。在特定条件下，只要在外在物上添加自身劳动，就会因为其对自身的所有权而获得外在物的所有权。一旦取得所有权，就会产生完全的支配性与排他性。

对作品的自然权利论证与自然使用规则是联系在一起的。著作权支持者将作品论证为作者的劳动成果，就使作品获得了类物性与作者完全垄断作品中特定方面的道义性。按照自然使用规则，作者应当获得作品财产权。基于这一规则产生的权利是封闭

❶ ［美］莫顿 · J. 霍维茨 . 美国法的变迁：1780—1860［M］. 谢鸿飞，译 . 北京：中国政法大学出版社，2004：43-44.

的、保守的。将作品归属于作者的另一方面是作者可以排斥其他任何人的非法接近与侵入。作品的交流特质决定了封闭体系无法满足知识交流的流动性、开放性需要。但是，在需要保护私人利益的场合，自然权利规则就会成为权利人的“保护伞”。

优先权规则最初与自然使用规则毫无二致。优先权规则“授予权利人一种阻止将来发生与其财产使用冲突的权利”或者“时间在先，权利优先”。❶ 如果将无主占有时期作为观察点，第一个自然使用人当然也是享有优先权的人。但是，如果不是从自然使用的共同标准而是以一项新技术出现的时间来衡量优先权规则，自然使用规则就“会继续实施它的反发展假定，但优先权规则现在则赋予第一个开发者以排他性的财产权”。❷ 优先权规则的这一特性使得依其产生的权利总是功利主义的，并处于不断追赶当中。在一个时间点确定的优先性可能会在下一个时间点为按照相同标准确定的新的权利所取代。处于比较过程中的权利也会因为功利标准的不同而变得不确定。

依照优先权规则，新的有价值的作品总应当被赋予权利。一旦赋予权利，获得权利者就会主张一种保守的财产权规则，要求保护权利的支配性力量。著作权范围的扩张与效力的增强就是利用这一效率规则产生保守效果的例证。此时，新的优先权就应当按照优先权规则产生，以促使作品传播。如果不赋予新作者优先权，就不会有促进新产业以及高风险行业发展的确定性。

优先权规则释放了束缚在现有权利上的能动性，是竞争观念

---

❶ ［美］莫顿·J. 霍维茨. 美国法的变迁：1780—1860［M］. 谢鸿飞，译. 北京：中国政法大学出版社，2004：44-45.

❷ ［美］莫顿·J. 霍维茨. 美国法的变迁：1780—1860［M］. 谢鸿飞，译. 北京：中国政法大学出版社，2004：45.

的适用，对于激发私人的创作热情，增强人们的投资激情，满足社会公众的利益，促进社会总福利的增加是非常有帮助的。当然，优先权规则需要具有相对的稳定性，以实现权利的预期性与社会控制的计划性。这一稳定期间的合理性可以付诸经济学或者经验主义的验证，但绝不是一味地延长作品的保护期限。其中，优先权规则更需要立法的强制安排才能形成约束力，自然使用规则是一种逻辑演绎，更符合自治特点。在对物权结构的建构中，运用优先权规则的价值取向在于能够将不同行业的竞争水平、政策差异、交往实践以及发展趋势等社会因素纳入权利义务确立的过程中，通过法外强制的内部化、合理化与合法化，体现对物权结构与著作权法公共利益目标的对流。

（二）规则变奏的实证分析：默示许可

按照我国著作权法的规定，在为农村提供种植养殖、防病治病、防灾减灾等与扶助贫困有关的作品和适应基本文化需求的作品方面，当满足法定条件时，网络服务提供者可被推定为作出了默示许可。在报刊转载、录音录像制作等方面的许可也可认为是默示许可，虽然在具体规则上有细微不同。默示许可的特点是明确著作权人保留作品进一步传播的权利只在作出明确的意思表示时才有效。默示许可是指在著作权授权许可使用的过程中，被许可人并未获得著作权人的明确授权，而是通过著作权人的行为推定该授权成立的著作权许可方式。[1] 从概念推论，默示许可实际上是将著作权人的沉默推定为具有法律意义的意思。按照民法基本理论，默示地表示有三种情形：默示是指“可推断的意思表

[1] 张今，陈倩婷．论著作权默示许可使用的立法实践［J］．法学杂志，2012（2）．

示”；默示是指通过补充解释添加进某项意思表示中去的那部分东西；默示是指真正的沉默。真正的沉默产生表示意义是例外情况，包括：一是约定沉默的表示意义；二是法律明文规定沉默具有接受要约的意思；三是沉默导致对另一项合同的追认。[1] 在著作权的默示许可中，这种推定来源于法律的直接规定，即行为人的先前行为使法律有足够的理由推定著作权人具有促进作品传播的良好意图与愿望，不会拒绝发布许可。默示许可理论在美国有一定程度的发展，传统默示许可主张有三个条件，即作品是应使用人的要求而创作的；作者应使用人的要求专门创作了作品，并将作品交付给使用人；作者有意愿让使用人复制发行其作品。在谷歌案中，美国法院发展出了“明知使用”与“保持沉默”这两个条件。[2] 德国与我国法都有关于默示许可的规定，但在构成要件上有不同。

法律直接推定著作权人意思的内在根据并不在于确知著作权人的真实意思，而在于：一是保障作品传播的畅通，实现公共利益目的。按照绝对权或者控制权理论，许可属于权利的内容之一，行使权利的言语或者行为应当来自著作权人。法律推定默示同意后，实际上部分剥夺了作品再次传播的许可控制，采取了更为积极的传播姿态。二是运用确权规则变奏对公共政策采取开放态度。优先权规则是否决著作权人绝对控制权的最重要理据，在公共利益优先的场合，法律或者司法实践就会采取相应措施保障作品传播的公共利益实现。可以说，默示许可是运用优先权规则

---

[1] ［德］迪特尔·梅迪库斯．德国民法总论［M］．邵建东，译．北京：法律出版社，2000：252，261-262.

[2] 张今，陈倩婷．论著作权默示许可使用的立法实践［J］．法学杂志，2012（2）.

的典型。默示许可是将不违反权利人明确的或者可推知的意思作为一种社会共识施加于权利人的强制。

当然，默示许可也在充分尊重著作权人意愿方面稍稍偏离了绝对优先权规则。按照默示许可规则，著作权人享有撤回权或者解除权。根据撤回权，著作权人不予许可的条件要受到作者信念改变的约束，否则无法撤销。根据解除权，著作权人对使用报酬的不满可以引发解除权行使。德国法默示许可的撤回权与获得报酬权的强制性保障相结合，与解除权在著作权人财产利益保护上具有异曲同工之妙。我国的“作者声明权”制度也是默示许可式的，而且由于对“声明保留”的规定缺乏操作性，实际上会造成例外规定形同虚设。

默示许可是采取市场化的方案来保障著作权人的获得报酬权，其行使的良好基础在于使用信息的集中公示与声明保留的限制。我国默示许可规范的构成除了现有的“已发表”❶ 要素外，尚需要参照国际著作权体系对法定许可的限制修正“声明保留”。首先，将“声明保留”修改为“解除权”，并不得事前作出，因为一旦事前声明，传播者与之合作的路径就会被堵死。其次，为防止法定许可的空间被全部挤压的风险，作者解除应当有足够正当的理由。法定许可的目标是降低交易成本。影响交易的原因可以分为主观方面与客观方面。主观上，作者有阻止有瑕疵或者不成熟的思想、观点与感情扩大传播的需求。所以，除非作品确实存在瑕疵等理由，使用者享有法定许可就不应当受到限制。客观

❶ 虽然我国著作权法并没有明确作者被迫发表是否构成法律意义上的发表，但是根据《伯尔尼公约》的规定，“已发表作品”应理解为在其作者同意下出版的作品，所以我国法律条款亦应作此解释。

上，传播者的找寻成本也是值得考虑的因素。现实中长时间搁置的作品的再次传播很难再得到著作权人的确认，那么就应当考虑在一定时间后，限制控制力的强度，在传播者基于善意、经过合理范围内的勤勉寻找无果时或者只确认作者身份并且在使用时尊重身份的，允许其适用默示许可方案。

默示许可方案也可以因网络环境扩大适用的权利类别。当新技术来临时，权利扩张或限制的正当性更多的不是来自理论论证，而是市场惯例与行业规则等。网络环境构成新的权利市场，我国曾经准许已出版作品网络传播的法定许可，但是在严格保护理念下予以废止。在信息网络传播领域赋予报社、期刊社或者网络型报社、期刊社对已出版作品的法定许可不会违反国际公约的规定，也符合新兴文化传播企业的发展需求。另外，由于邻接权主体的法定性，应当增加网络传播者，可借鉴法国的做法将其纳入通信公司或者作出开放性规定，赋予其类广播组织的地位，以适应“三网融合”的发展趋势。这些措施都旨在运用默示许可改造对物权关系的僵硬性，回归到总体目标上。

(三) 规则变奏的实证分析：著作权共有

传播者合法使用作品的方式有：第一，可以基于国家规定的合理使用与法定许可对作品进行传播性使用。各国一般都规定广播电台、电视台在使用时事性文章上的合理使用，以促进作品的传播并满足公众知情权。第二，可以基于著作权许可合同取得著作权人或者其代理人许可。但是，在通过合理途径寻找已发表作品的著作权人无果，传播者已经向著作权人的代理人或者中介组织支付了合理报酬，或者采取其他可以保障作者享有正当与合理报酬的方式后，对著作权人主张侵权的态度，显然就是检验著作权法立场的重要时机。

在最高人民法院公报中登载的关于齐某甲、齐某乙等诉江苏文艺出版社侵犯著作权纠纷案的判决指出：

我国著作权法以保护著作权为宗旨，通过赋予著作权人有限的权利以鼓励有益于社会主义精神文明、物质文明建设的作品得以产生和传播，从而促进社会主义文化和科学事业的发展与繁荣，但并非使著作权人对作品的传播和使用享有绝对的垄断权……其作品如果由于未取得所有继承人同意而无法在保护期内出版，则不仅不符合原告方自身的利益，也不符合著作权法促进文化传承和发展的精神……为了配合纪念活动，其出版行为具有一定的公益性质，并在出版前签订了书面合同，得到了部分继承人的许可，被告的出版行为并不会妨碍其继承人对作品的正常使用也不会损害其合法利益。[1]

该案说理以公共利益优先且不损害著作权人的合法利益为基本内容，所实现的效果与合作作品使用规则以及物权法上的共有规则异曲同工。在合作作品使用上，《德国著作权法》第8条规定，一名共同著作人不可违背诚实信用原则拒绝发表、使用和改动著作。这一条款与我国的规定如出一辙。不过，上述条文规定的共同著作权人是原始主体，该案涉及的是继受主体。适用条件的差异决定了直接适用具体规则的障碍。适用法律原则以及该案出现的特殊情事，例如纪念活动、与其他共有人的书面合同等，限制了该案的普遍意义。相比之下，类比合作作品使用规则比直接适用立法宗旨更具有规则建构意义。

即使如此，该案的理论价值也是非常明显且值得肯定的。该

---

[1] 齐良芷、齐良末等诉江苏文艺出版社侵犯著作权纠纷案（2012年9月10日中华人民共和国最高人民法院公报［2012］第9期出版）。

案昭示的是作为共有著作权人之一的被告与传播者的利益冲突。在自然权利规则意义上，传播者侵犯了该被告许可使用作品的权利。在分析这种冲突时，法院揭示了立法宗旨以及该案所涉及的纪念目的包含的传播作品的正当性。按照对物权结构思维，在此类情形下，“社会中的人”所具有的传播利益诉求与被告所具有的权利激励以及财产权行使的利益诉求形成一种明显的先后次序。传播者的使用行为更具有目的与方式上的正当性，也具有实现公共利益的优先性。这一秩序需要通过优先权规则来维持。最后，按照形式逻辑表述原被告之间的权利义务关系，而不是直接适用权利规则。

三、自治与强制的协调机制：权利性质变奏

著作权具有对物权性，一方面是受19世纪以来越来越趋向形式理性并追求自治理念的私法的影响，另一方面是受财产学说与文艺哲学等知识观念的影响。这种对物权性与自治是一对孪生姐妹。但是，如前所述，受国家角色以及知识产权法政策化的影响，著作权法也需要通过强制因素连接公共利益目标。瓦解作品的类物性与著作权法律关系的对抗性，著作权的性质就可以在绝对权与相对权之间进行变换。私人复制补偿金制度、法定许可制度、法定获得报酬权制度等都是变奏的结果，而非丧失正当性的无奈之举。

（一）绝对权与相对权的转换

著作权法直接将著作权描述为收益权的主要有：一是法定许可条件下的获得报酬权。在这一意义上，法定许可可被视为限制控制权并保留收益权的一种制度设计。二是著作权集体管理情形下的获得报酬权。这种收益权具有集体定价、集中管理与分配

性。三是私人补偿金制度下的获得报酬权。这种收益权具有平均主义与转移支付性。

从权利效力来看，将控制权转变为收益权，实际上是将绝对权变成相对权。但是这并不能说明著作权的控制权模式就一定比收益权模式好。因为著作权法包含公共利益目标，而且有些使用方式无法控制或者控制成本较高。对作品的保护是采取控制权好，还是采取收益权好，并没有一致的价值评判标准。收益权至少是著作权人承担风险的对价，保障了其财产利益。实际上，著作权的控制模式中，最被关心的仍然是收益权。在著作权人承担风险的条件下，只有市场传播才能予以弥补。在著作权法的最早设计上采取控制权模式受到民法对物的财产权安排以及知识观念的影响。控制作品的目的是传播之后获得收益，但是如果直接设定著作权人的收益权，实际上将著作权人在参与作品自治管理方面的权利没收了。这正是民法思考交易的重要原则。因此，根据已经证成的理念以及私法伦理，控制权支持自治理念，相对权是强制的产物，除非有特别需要，仍应当赋予著作权人自治空间。

（二）性质转换的实证分析：私人复制补偿金

私人复制补偿金制度是以著作权为基础，将相对自由化的绝对权转变为不精确的一般请求权的典型。对于大量的、无法控制的私人复制行为，德国著作权法规定了私人复制补偿金制度。该制度以税收为杠杆，在复制设备、复制载体等生产商与著作权人以及邻接权人之间设置精妙的平衡。正如 1984 年 6 月在日内瓦召集的关于未经授权对录音、广播和印刷材料进行私人复制的专家组所强调的“有关组织对受保护作品的复制所征收的费用是版税，对录制的制品所使用的复制设备和/或空白材料所征收的费用，最终应当由为私人目的而使用复制设备的使用者支付”，使用者与生产商之间由于私人复制行为而产生关联。这种费用应当在符合对作品的各种形式的公开使用频率的有关数据的基础上，按照比例分配给那些其作品被推定可能被私人复制的著作权人，并排除了对不用于或者不可能用于受保护作品进行私人复制的设备生产商，或者设备出口商征收费用。[1] 这种平衡需要依据统计学数据，并会出现操作上的困难。这种补偿金实际上就是法律额外规定的一种报偿，半个面包总比没有面包要好一些。在实践中，还出现了美国模式与丹麦模式。美国模式中专门的著作权结算中心实行会员制管理作者、出版商和使用人之间关于版税的收集和分配；丹麦模式，即特设的著作权征收机构通过“一揽子复印合同”与复制享有著作权作品的单位签订合同，在合同中规定有关复印和支付版税的问题。[2] 这些制度与德国模式在理念上都是相同的，只是各国根据本国的现有制度与实际情况选择了更具有本土色彩的操作方式而已。美国模式突出地表达了将著作权的控制性转化为一种契约权利的努力。

（三）性质转换的实证分析：非自愿许可模式

法定许可的制度价值在于用获得报酬权代替著作权人在一般许可合同中的绝对控制权，最终促进公众公平、自由地接近作品。但是，法定许可归根结底属于许可使用的一种，在设计法定许可制度方案时，“法定”与著作权人的“意定”如何博弈，才能使个人意志得到最大程度的尊重，无疑是重中之重。

通常，法定许可采取单方决定方案。法定许可作为转换著作

---

[1] ［匈］米哈伊·菲彻尔．版权法与因特网［M］．郭寿康，万勇，相靖，译．北京：中国大百科全书出版社，2009：453-454.

[2] 冯晓青，胡梦云．动态平衡中的著作权法——“私人复制”及其著作权问题研究［M］．北京：中国政法大学出版社，2010：281.

权的制度模式，其正当性基础在于具有一定的目标，法律规定单方决定权，有利于直接实现这一目标。在音乐作品录制的法定许可中，单方决定方案是常见形式，即其他录音制作者有权依法重新录制已经合法录制的音乐作品，在后的录音制作者只需要支付报酬即可。报酬标准取决于政府指引，是否按照市场规则，则是政府帮助著作权人考虑的。政府定价是否与市场价格无限接近直接关系到单方决定的实效。在实践中，很多著作权人不愿意接受集体管理组织的付酬标准，而是提出单独诉讼，其根本原因就在于政府定价不能满足著作权人的利益需求，且与法院判赔数额以及市场价格差距过大。

在权益实现上，法定许可与集体管理是一对孪生姐妹。“集体管理主要发生在那些个人许可发挥作用而费用十分高昂的领域。”❶ 我国 2001 年《著作权法》新增了著作权的集体管理。❷集体机构代表权利人以自己名义进行许可谈判，但必须有权利人的授权，即集体管理是自愿性而非延伸性的。所以，我国的集体管理并不能豁免使用非授权作品的行为。根据我国《著作权集体管理条例》的规定，集体管理的权利类别包括表演权、放映权、广播权、出租权、信息网络传播权、复制权等。法定许可所适用的权利类别完全符合集体管理的要求。通过集体管理，作者以契约交换利益的控制模式，变成直接请求利益的模式。因此，法定许可在获得报酬权上的法定性与集中分配性极大压缩了自治空间，

❶ 联合国教科文组织．版权法导论［M］．张雨泽，译．北京：知识产权出版社，2009：149.

❷ 联合国教科文组织认为集体管理形式有三种：传统型、代理型与“一站”式商店型。参见联合国教科文组织．版权法导论［M］．张雨泽，译．北京：知识产权出版社，2009：153.

是偏向强制的制度设计。

与此相对的是强制许可的获得报酬权。强制许可体现出法律对自治与强制的基本理解：著作权市场依然是配置作品资源的基本方式，且基于作者与传播者的理性，双方合作可以在一定条件下实现。只有出现市场失灵时，法律才有必要采取一定措施予以规制。根据两者的逻辑顺序，强制许可首先保障自由协商的优先性。著作权人只要能够与使用者达成合意，就可以充分享有包括对交易的知情权、同意权、自主定价权与获得报酬权在内的契约自由。如果存在合作僵局或者垄断，行政机关或者司法机关会限制著作权人的自主定价权，促成作品传播。不同的是，美国与日本更依赖具有效率的行政裁定，德国则依赖强制缔约规则。其次是著作权人能够依据同意权自主选择使用者，并能够控制作品的传播质量。只限制自主定价权是根据结果导向的限制思路实现最低限度的法律调控的方式。

政府采取付酬标准制度会在实质上产生最高价格，部分限制了价格的市场形成机制。协商优先则最大限度地保留了定价自由。在无法达成协商价格时，司法或者行政裁定是个案式的，不会对其他定价产生不可更改的预判效果。因此，在无碍制度目标实现的前提下，不应当剥夺著作权人的自主定价权，而应当遵守最大限度地市场化原则，即优先适用协商价。在不得已采取政府干预的情况下，应当保障正当报酬。例如，德国著作权法就建立了正当报酬规则，在一定程度上防范了非市场化定价机制对作者所享有的自主定价权的可能损害。

非自愿许可在表现形式上可以被视为对传统的作品授权模式的叛逆，但对实现特定公益目标具有重大价值。法定许可制度对于实现“先传播后付酬”具有先天基因优势与后天经验优势。强制许可制度具有最大限度实现个人自治的价值取向。非自愿许可的众多设计方案都以作品传播为手段保障传播利益的著作权人分享，同时实现特定的公共政策，虽然在规则的配套上存在些许不同，政府的角色有不同，但都具有可欲性。在作品传播日益多元化与作品海量创作的社会条件下，传统授权模式的弊端已经凸显，调整授权模式以实现公共利益并保障著作权人的利益尤为重要。调整的过程就是在自治空间的维护与强制因素的介入之间寻求平衡。自治与强制的协调结果在某种程度上彰显了对物权结构的边界。

第三节　著作权对象类物性的消解

作品具有类物性是规范设计，作品的空间结构是规范型的。对作品类物性的消解也应当建立在作品空间结构的本质分析上。站在关系本体论的视角，作品作为“我—它”关系的一方，不是绝对被支配的对象，而是为“我—你”关系的存在而存在。作品本体为重新审视作品在著作权结构中的地位与功用，为设计更为可行的规范结构提供了新的认识路径。

一、作品本质的反思

不完全表现为符号、符号组合，也与物质载体相区分的作品脱离了其承载者，成为一个抽象物。这一抽象物没有固定的可以把握的本体，随着保护政策与司法自由裁量的变化，作品有不同的空间结构。无论是实践操作，还是理论解说，著作权法上的作品概念都不能理解为实际表现形式，也不能理解为抽象思想。从认知哲学来看，作品作为抽象物实际就是虚无。从对象与客体的区分视角来看，作品作为对象并不是法律关系的结构要素。

（一）认知哲学视角的作品❶

休谟认为，没有感知我任何时候都不能找到我自己，除了感知我无法观察任何事物。这一怀疑主义的认知逻辑是：能够被主体认知的事物都有固定的本体，能够被主体确定无疑地感知，如果没有固定的本体，主体就不能获得确定对象，也就无法感知对象。这对应我国的一句俗语：耳听为虚，眼见为实。因为听到的内容只存在于言语中，无法固定存在，眼见的内容存在于客观世界中。如果持有彻底的怀疑主义精神，甚至眼见的内容也未必为真，因为它可能是一种虚像。庄子在《齐物论》中说："非彼无我，非我无所取。是亦近矣，而不知其所为使。若有真宰，而特不得其眹，可行已信，而不见其形，有情而无形。"❷ 如果有真宰，可又找不到它的踪迹，那么真宰如何存在就值得怀疑。

虽然休谟与庄子的观点都有唯心主义与相对主义的倾向，但是其所阐述的认知方式对于认知作品依然是有益的。按照唯物主义的实践观，作品来源于人们的交往实践，是人们实践智慧的结晶。对作品的这一认识是从作品来源的角度得出的，作品包含的内容是对客观世界的能动性反映。但是，法学上将作品的内容分割为公共部分与私人部分，且对私人部分的解读无法直接实现，这就是客观对象的主观化。对这一主观事物的认知需要付诸各种

❶ 本部分内容直接受到我国台湾地区阳明大学郑凯元先生于 2012 年 9 月 16 日在中国政法大学所作的《从认知哲学解读庄周梦蝶》的演讲的启发。

❷ 郭庆藩．庄子集释［M］．北京：中华书局，1961：55.

认知方式的检验。怀疑主义提供的思路并不是否定唯物主义的根本性，而是检验人为认知模式的正确性。

作品保护范围变动不居使得人们无法认知作品的本质。在印刷出版初期，作品的保护范围仅限于作品的表达符号，随着翻译、改编等行为被纳入著作权，作品的保护范围就抽象到作品的实质性表达，而不再是作品的表达符号。对作品只能进行描述，从风格、体裁的个性化表达方式到结构的独特编排与组织，都只是描述了行为禁止的界限，并没有说明作品的法学本质。因为假设人们的心理状态构成的认识场域是确定的，如果真有一个作品的本质存在，它就必定在所有可能的状况下总是同一个本体，而对作品而言，有时候它表现为作品的表达符号，有时候表现为作品的抽象表达，有时候作品的范围比较抽象，有时候作品的范围比较具体。质言之，出现在人们认识场域的作品是不确定的，不是同一个本体，要么作品的本质就不存在，要么作品的实质性表达或者表达符号等均不是作品的本质，而是作品不同的表现方式。无论何种情况，在法学层面上作品没有本体，法学希望通过作品承载著作权的理想就在很大程度上是不切实际的。

而且，同一类作品的保护范围在不同司法机关也会有不同认定。法院对作品概念的解释能够导致损害赔偿的实质性差异。[1]如果在其他条件不变的情况下，法院对损害赔偿的不同解释也正说明了作品内在价值的不确定性。在同一个时间点，无法被确定价值的作品当然也有值得怀疑的理由。

---

[1] Sarah A. Zawada. Infringed Versus Infringing: Different Interpretations of the Word Work And the Effect on the Deterrence Goal of Copyright Law[J]. Marq. Intell. Prop. L. Rev., 2006, 10(1): 129-154.

（二）对象与客体区分视角的作品

民法学关于权利客体有两种认识：行为与物。我国民法学的通常见解是权利的客体既有行为又有物，还有智力成果。[1] 所谓智力成果就是指包括作品在内的知识产权客体，在法律视界中是一种对象化的拟制物。如果将客体与对象区别开来，著作权的客体应当是行为，是作为与不作为的关系体，作品只是行为对象。

由于作品与著作权法律关系紧密相连，民事法律关系理论关于对象与客体的称谓之争自然成为作品功能定位的争论问题。这一争议可以解读为两个方面：一是使用何种称谓能更恰当地揭示作品与著作权法律关系的内在关联；二是这种内在关联具体何指。针对前者，使用客体称谓有违客体是相对于主体的哲学概念本义，因而使用对象更为合适。针对后者，有两种看似分歧的观点，一是认为对象是“对世权法律关系的一种构成要素，也是区分不同对世权的客观依据”；[2] 二是认为知识产权的对象是指“那些导致知识产权法律关系发生的事实因素”。[3] 究竟对象是法律关系的内在要素还是引起法律关系发生的外在要素，实际上需要借助作品与创作行为的关系来理解。

作品与行为的关系包含如下几个层次：第一，创作行为与作品相互表征。通常认为，创作行为是引起著作权法律关系的事实行为。创作行为与作品天生是一对连体婴儿，只是观察角度不同而已。将主体行为与对象联系起来的方式是主体的对象性与对象的主观化。具有法律意义的创作行为需要以作品的出现为标志。

---

[1] 王涌．所有权概念分析［J］．中外法学，2000（5）．

[2] 熊文聪．超越称谓之争：对象与客体［J］．交大法学，2013（4）：116-127.

[3] 刘春田．知识财产权解析［J］．中国社会科学，2003（4）：109-121.

司法实践又为认定行为与作品的关系提供了真实基础。北京市高级人民法院《关于审理著作权民事纠纷案件适用法律若干问题的解答》第4条即将草稿、草图以及连载小说的一部分等与创作完成联系起来。第二，作品划定复制行为、传播行为与演绎行为的范围。具有个人主义特点的作品是上述三类行为的指涉对象。基于作品的多重功能，与其认为作品是著作权的客体，不如在创作行为与作品相互表征的基础上认为作品是著作权的对象，是引起著作权法律关系的前提与基础。这样更能说明著作权法所针对、所保护的是以特定符号组成的作品，著作权法所规制的是传播利益的分配，而不是重在作品的归属。

其实，“关于‘权利的客体是什么’，采取何种说法并不重要，重要的是澄清和理解权利作为一种法律关系其内在的结构是怎样的、行为和物在其中各处在什么样位置，这才是关键”。❶ 而且，“知识财产制度可以否认抽象物的真实存在，但仍然保留这一范畴作为一种方便的假设，用来确定行为者之间的关系。”❷ 按照这一逻辑，重要的问题是作品在著作权中的地位与作用。如前所述，作品传播是实现公共利益与私人利益的重要途径。在传播中产生利益的机制是市场，“自由的市场经济体制为人们的需求提供大环境”。而且，“通过作品获得的收益要在不同的个人或者群体之间进行衡量并达成利益均势。”著作权法的利益格局要受到这两方面的影响。❸ 因此，在著作权法上，作品传播是前提，

❶ 王涌．所有权概念分析［J］．中外法学，2000（5）．

❷ ［澳］彼得·德霍斯．知识财产法哲学［M］．周林，译．北京：商务印书馆，2008：165．

❸ ［德］M．雷炳德．著作权法［M］．张恩民，译．北京：法律出版社，2005：59．

作品利益分配为核心。

作品利益包含两个方面，即市场利益与影响力利益。所谓市场利益是指作品在市场中复制传播与演绎传播所带来的利益。以一部小说为例，市场利益包括这部小说的出版稿酬、广播作品的利益、信息网络传播的收益、摄制电视电影的利益等。所谓影响力利益是指作品与作者在“明星体制”下运作，由于知名度而产生的额外利益。一般而言，作品在社会中传播也能获得公众的认可，产生文化上的声誉。“刘老根”商标能够迅速获得知名度与电视剧《刘老根》的热播具有密不可分的关系。徐悲鸿的《奔马图》对马的表现栩栩如生并富有冲击力，是一幅具有极高美术价值的作品。这幅作品的文化声誉，与徐悲鸿个人在美术领域的地位相得益彰，构成作品的知名度与价值。如果使用奔马图案作为商标，其声誉无疑也会传递到商品或者服务上，构成商品迅速知名的外在动力。“莫言醉”商标的身价因莫言成为诺贝尔奖获得者而一夜暴涨。由此可以说，作品与作者的知名度具有溢出效应。对这两类利益，著作权法构建了利益产出机制。

类物性的作品概念所确立的权利推理规则是全部利益归属权利人。但是，以作品的虚拟性为基本假定可以发现，作品并不决定利益分配标准。作品产生的利益如何分配遵循经验主义思路，比如稿酬标准、电影票房分成比例等。对利用作品声誉产生的利益，司法案例已经表明了基本态度。在萧某某与瑞蚨祥著作权纠纷案❶中，一审法院对赔偿数额是按照作品的侵权数额认定办法来认定，二审法院并没有推翻这一思路，只是在具体赔偿数额上作了小幅度调整。这一侵权赔偿的思路是按照各自的声誉来认

❶ 北京市第一中级人民法院（2010）一中民终字第11657号民事判决书。

定，具有确立分配传统的积极意义。

二、作品的法学本质

追问作品本质并不等于将本质绝对化。本质主义也并不必然导致绝对主义。认为作品有一成不变的本质，或许其假设就存在认识论缺陷。根据建构主义，作品是通过主体间性认识主客体关系而建构的。从行为到作品的转向是为了对象统一而产生的。从书籍到抽象物是为了权利设计而生成的。从具体表达符号到实质性表达符号是为了利益格局的重建而生成的。在社会的商谈治理中，作品生成了具有时代性的本质。

（一）作品本质建构的共识

对作品本质的认识经历了从无形物到信息的转变。将作品视为信息意味着作品只是认识产物。作为信息的作品通过对外在对象的认知而建构性地生成，又通过不同主体对作品表达符号的认知而再次生成，如此递推，其内涵或收敛或发散，变动不居。在此意义上，作品只是认识论概念，存在于人们的理解中。信息区别于物质的典型特点在于缺乏广延性与确定性，因而不具有本体。作品失去这两种特性同样也不存在本体。立足于信息理解作品，作品因缺乏确定内核而存在多种可能性。

这种不确定性可能恰是文学艺术审美之所在，在著作权法上却潜藏着怀疑主义危险。自著作权对象从特定行为转向作品后，权利人对义务人的约束就以作品为外在尺度。如果作品缺乏确定性，权利人就无法告知不特定义务人其在何种范围与程度上对作品享有专有权，义务人也无法明晰其应当注意的行为边界。著作权被设计为绝对权当然就面临着法理诘难。

建构作品本质需要多元参与者以最低限度的法学共识作为商

谈之基。如前所述，作品是创作行为的内在化。创作行为引起了著作权法律关系，如果将自身以作品的形态内化为著作权法律关系的构成要素，虽然可以将其与其他的对物权法律关系区分开来，但是容易出现对物权关系的绝对性。在著作权法上，作品的功能可以重新定位为在对物权结构中的人为建构产物，而非先于人与“社会中的人”而存在的客体要素，是确定不同主体的行为边界、区分著作权与其他权利的基准。

（二）作品本质的建构

社会建构作品本质需要多元参与主体，包括作者、传播者、普通社会公众、文艺专家、文化产业从业者、政府、智库、媒体等。这些主体形成两个关系网络。一是泛关系网络，任何关注著作权的自然人、法人或者非法人组织都被归类为特定身份的主体，成为多方关系网络的一个节点。二是作品创作、复制、传播与使用等著作权社会关系，涉及作者、传播者（包括传统传播者与新兴传播者）与社会公众三方的利益。这类关系的法律化就是对物权结构。

从泛关系网络看，法学上的作品本质不应当仅仅是法律人自己的臆造，而应当是充分吸收各方意见形成的有益知识。虽然法学确实不需要对作品穷根究底，探求作品方方面面的特征及其规定性，但是法学对作品本质的规定应当能够获得社会认可，并实现其对社会发展的有效规划。在某种程度上，作品的判断应当引入文学艺术理论的有益知识，以及社会文化的包容性等外在因素。仅以新作品的创作要素与原作品的比例关系就裁决戏仿作品构成侵权，仅以对作品的拣选、摘要、转载或改编以及网页快照而罔顾网络文化就裁决相关行为构成侵权，仅以使用电影图片解说电影就认定构成侵权，即使不是阻碍信息社会的知识传播，也是缺乏商谈的武断行为。这种武断会为同案同判的正义观所扩大，产生一类行为的规范形式，影响一个或多个产业的发展。

从著作权社会关系看，作品的本质应当聚合三方主体的共识。只有传播才能保证社会公众可接近的作品数量足够多，满足社会公众丰富多样的阅读需求。只有社会公众选择作品，作者与传播者的回报才能实现。传播与使用使得作品的供求市场得以形成，社会公众与权利人的关系网络得以建立。传播也促成了作者与传播者的身份认同与市场联合。因此，作品传播是权利人与传播者获取收益、社会公众获取知识的基本方式。作品只是传播后利益分配的凭借或形式。

传统的、占据主流地位的智力成果说是以本质主义为立场，通过将作品拟制为抽象物而形成的，与劳动财产论的哲学魅力联系在一起。将著作权对象归结为抽象物，为著作权人开辟了一个享有完全支配权的“主权”领域。符号学、信息学等理论对作品本质的探究产生了冲击性影响，从而形成作品的信息本质。信息说转换了作品本质探寻的基本范畴，将作品的本质推向了主体关系，也影响了著作权作为绝对权的正当性。智力成果说与信息说均潜藏在现代著作权法的生成过程中，两者的结合使得著作权成为一个保护范围不确定的绝对权，翻转了著作权的有限性。两种本质观也将作品本质的主观性暴露出来，表明关于作品本质的知识具有建构性。按照建构主义，知识是通过主体间的商谈生成的主体对客体的认识。作品本质的多变性得到了新认识论的解释。基于作品在著作权法对物权结构中的功能定位，作品本质是在泛关系网络与著作权社会关系网络中生成的，是在文学艺术与科学领域内社会公众共同接受的引起利益分配的形式。

著作权法的未来（代结论）

没有著作权法的世界会不会像我们想象得那么糟糕，人们无法作思想实验。乐观主义者会认为在文学艺术与科学领域没有现代著作权法也不会引发震荡。虽然著作权法是以作者为中心的，但是应当认为作者的利益需求只是著作权法的顺水人情，传播者之间的利益竞争才是这一制度出现的“幕后黑手”。我们相信作品传播者的智慧。在传播者做主的领域，正版与盗版的对抗总会助传播者一臂之力，使其闯过激流与险滩。拥有雄厚实力的传播者所希望的无非是垄断的领先时间以及一次性服务的可控性。悲观主义者则会认为没有著作权法，世界上将会充斥着各种花样翻新的抄袭、剽窃、讹传以及别有用心者的操控，文学艺术与科学领域内的正当秩序将会被人们漫无目的的传抄所打乱，传播者再也没有利益预期去信心满满地创作好莱坞大片以及无厘头的贺岁大片等作品。缺乏著作权法，作者与传播者将会六神无主。

应当说，这样的争论只是现代著作权制度存废的无休止争战的组成部分。如果开阔视野，并将著作权制度作为规制作品传播的手段，就会发现著作权制度早已到来并从未离开。个人从来都是在著作权制度的庇佑下发展知识，创作学说，泽被后世。实际上，现代著作权制度有两个根深蒂固的来源：首先就是这种从未离开过人们的关系认知，即将作者对作品的身份权视为天经地义的事情；其次才是传播技术引发的市场专有利益，即将作者享有作品带来的各种专有利益视为作者的正当报偿。站在这一立场上将会发现著作权制度废弃的假设多么苍白无力，也将会发现著作权制度根植于社会的天然性。

社会为著作权制度限定了基本价值。无论是历史法学派还是社会法学派均会认可社会生活对法律的养育作用。生活的经验是法律规范最根本的渊源。法律偶尔对生活的粗暴干涉总会激起社会的强烈抵触与不满。著作权法也不能完全逆生活行事。相反，著作权制度在正当性上一直奉生活的经验与观念为圭臬。人们普遍的知识观念是知识具有社会属性，知识来源于社会交往的实践，知识只有存在于社会之中才会对人们有意义；同时由于人们交流方式的独立化与可持续发展，知识由集体记忆转向符号记忆，并按照个人英雄主义的方式传承。偶然的、发生在17～18世纪的人类创造性高涨也被后现代主义思潮击破。在这一观念下，著作权法所要实现的目标就是知识共有以及创作模式对社会的惠益不得改变，同时为了奖赏勇于不独秘其心得的作者以及不断满足人们需求的传播者，对私人利益的关注也不得不加强。

著作权法的公共利益目标来源于人们长久以来的知识观念。由于公共利益的内容见仁见智，众说纷纭，人们对著作权法中公共利益的内容也有不同见解，包括社会进步与人们美好生活的规划等。在实践上，我国对著作权法公共利益的认识存在公共利益至上与虚无两种倾向。这与著作权法公共利益的双重性有关。著作权法通常在立法目的中宣称促进创作自由、作品传播与文化进步，维护公共利益的制度设计却以知识的公共领域、独创性、权利限制等概念为工具。以建构性公共利益对制度性公共利益进行超越，就会产生建构性公共利益至上，因而累及私人激励机制。以制度性公共利益对建构性公共利益进行质疑，就会使建构性公共利益荡然无存。制度性公共利益与建构性公共利益处于由创作自由作为推力的差序格局中。著作权法通过自由接近作品与作品传播的中介，希望优秀作品按照大数法则产生，并引导社会的进步潮流。如此一来，著作权法公共利益的谜团就会自然解开。

著作权法中的私人利益来源于人们对个体贡献知识的尊重。客观化的知识总是以特定的形式存在，个人对特定形式的贡献是独一无二的。在私人利益的框架内，特定形式决定着个人享有利益的形式与法律干预方式。如果作进一步的观察则可以发现，私人利益由两个组成部分：一是创作者利益，二是传播者利益。创作者利益的直接基础在于正义的道德直觉与预设的激励论，即传播者利用作者的作品获得的丰厚利润应当向作者分配，这样才能满足人们朴素的正义观。如果对作者进行了利益分配，则可以预计作者就会为了获取更多的利益而努力创作，提供更多的作品。传播者利益来源于其面向市场的传播活动，作为交换的对价，传播者能够从需要作品的读者手中获得利润。在一个自由市场中，这种交易形式司空见惯。

在满足公共利益与私人利益的方式上，著作权法有两种选择：一是递进模式，即以公共利益为体，私人利益为用，通过满足私人利益促进公共利益的实现。二是平行模式。版权及开放性限制成为实现公共利益的两翼，与著作权人的利益处于同一位阶的不是公共利益，而是社会中的其他个人利益，两者并未固定地处于先后次序中，而是平行地作为公共利益的实现手段。传播保障了作品的市场供应从而有利于社会公众，而社会公众的购买成本也扩大了作者与传播者进行利益分配的基础，借助分配惯例与著作权法的宏观调控，作者的正当利益就不会因为信息不对称而无法实现。

现代著作权法满足私人利益的方式被设计为对物权。对物权的实质是将作者对作品的关系拟制为物权人对有体物的关系，并按照剩余权归属理论将作品所可能具有的市场利益都保留给作者。一个对物权的构成包括主体要素、对象要素与内容要素。围绕对物权的主体、对象与内容的发掘可以发现，著作权主体抽象化、对象类物式建构以及大部分权利具有绝对权、支配权性质等构筑了完整的对物权关系。

著作权主体的发展经历了从具体到抽象的过程。具体化是为了表达著作权法关注创作行为的倾向，只有创作行为满足了社会公众的需要，作者才会获得著作权，这是早期著作权主体的形态。随着著作权对象从最初的文字作品扩展到摄影作品、雕塑作品、电影作品等，著作权的具体主体开始膨胀。在法律统一化运动中，受浪漫主义文学运动的影响，主体人格的抽象基础被提出来。从创作行为可以发现，各类作品的主体均具有相同的心理结构，即通过自己独特的心理活动形成自己表达思想、情感与意志的构思、创意等，并通过具体行为表达于外部。但是，主体人格的抽象并没有停留在这一阶段。随着技术发展，非严格奉行作者权理念的著作权法开始为技术与资本贡献者拟制人格，将不具有相同心理结构的其他主体也改头换面地加入进来。最终，著作权主体的法律人格基础发生了事实与价值的分裂。事实上的创作者只包括付出了智力劳动的主体，而价值上的著作权主体则包括投资者以及法人。价值评判的要素包括创造性贡献、权利体系的配置、传播效率、意思自治以及资本贡献等。在经历了这些过程后，著作权主体的去身份化也最终完成。著作权主体与物权主体具有相同的人格基础。

著作权对象的形成也经历了从具体到抽象的过程。抽象的结果是将作品设计为“类物式”结构。为了履行正当性论证中的承诺，著作权法采取了思想表达二分法与独创性原则等概念，将需要保护的内容与条件通过具有灵活性的概念表达出来的意旨是在著作权伤及无辜时，人们可以通过概念的解释手下留情。其中，思想表达二分法守护着作品的边界，一面是不受著作权法保护的思想、观念、程序、方式等，另一面是受到著作权法保护的创造。这也构造了一部完整作品上存在的公共领域。著作权对象的抽象化是通过独创性概念完成的。独创性使作品具有相同本质，也使作品得以脱离具体载体而成为一个蕴含在具体表达中的抽象结构。同时，独创性连接着主体与对象，将两者解释为人格的分离，分离的可行性以及是否表达着主体人格全在于独创性内涵的“厚度”上，并以此维系著作权法的公共领域。但是，著作权对象的体系建构并不彻底，在面对新的对象时，著作权法必须重新拾起独创性的武器来鉴别，而且独创性服务于对新作品保护的结果追求上。如果保护新作品将会带来垄断或者其他不适后果，新作品就可能被视为不具有独创性，因而被排除在作品之外。在理论上，将作品这一抽象结构视为一种财产确实花费了一番功夫，经历了从人格来看待作品与从财产来看待作品的理论学说的论证。从人格来看，作品是人格的外在表现。从财产来看，作品引起了财产利益，是构成利益的重要资源。这些内容均说明作品的财产属性。财产属性在一定程度上表明了作品的类物性。“抽象物”概念服务于这种属性的解释，并将艺术性质、保护政策以及法律体系等因素作为抽象物形塑的基本标准。这一观念具有历史经验上的根据，并经历了从载体稀缺产生的作品与载体混合产权、在地权到传播媒介稀缺产生的以复制为中心的媒介控制权再到数字网络技术产生的以传播为中心的科技主导权的转变。

著作权本身也反映出很强的对物权性与扩张性。著作权的扩张采取了一种以作品、技术或者其他要素为关联点的拟制技术，业已形成三层次的外部体系。著作权内容主要体现为控制作品的各种方式，构成著作权内部体系的两个层次三个维度。两个层次系指著作人格权与著作财产权。在著作财产权内部，大多数权利具有支配权与绝对权性质。只有少许权利，包括出租权、追续权以及补偿金请求权等，才具有请求权性质。绝对权与支配权性质赋予了著作权主体对作品的主权，任何人的非法入侵均构成对著作权主体的挑衅与侵犯。当然，在规范配置上，著作权法也通过合理使用、保护期、地域性、权利穷竭、著作人格权限制等一系列外部限制构造了权利的市场、时空及其与物权的边界。在边界范围内，著作权法构造了私人实现与集中实现模式并提供了实现保障。

对物权关系在维护公共利益与私人利益上并不总是协调的。个人利益的最大化并不总是实现公共福利，缺乏道德约束的个人主义很容易滑入利己主义，并在公众利益上越占越多。知识进步对著作权的美化也值得怀疑，虽然大数法则有时会发挥作用，但有时也会缺席。在公共利益与私人利益的促进上，著作权法经常受到游说力量的影响而向各自的方向滑动。一旦公共利益的代言人稍有不慎，就会发现私人利益，包括团体利益又在前进。作品为物的观念使公众无法自由接近作品，在作品的使用上存在著作权人的锁定危险。著作权的所有权化为作者保留了剩余利益，这些利益归属的理所当然性使作者在面对未来市场时总能以所有者的身份获取利益。而且，更为要紧的是，著作权法忘却了自己肩负的传播作品的使命，发展出著作权至上主义观念，即以对物权划定他人自由行为的边界，除了限制与例外，未经许可的越界行动都是可归责的。如此一来，作品传播的正当需求面临被阻止的尴尬。这些方面会对以传播为导向的价值追求带来消极影响，而一旦发挥实际作用，社会公众的利益就不可避免地会受到损害。实际上，对物权关系与著作权的外部限制相伴相生，对物权关系束缚得越紧，限制的内容也就越多。

坚持著作权乐观主义与路径依赖的立场，则可以破解著作权法如下两方面的危险：一是在规范配置上作者尤其是投资者利用经济学、法哲学上的修饰手法扩大私人利益；二是在法律规范将社会关系构建为抽象法律关系并由法律事实形成具体法律关系的过程中将公共利益边缘化，就要在法律规范现实化的整个链条中嵌入公共利益的标签，并使其成为一个具体法律关系的内在约束条件。借鉴法律关系有机体理论，并防范著作权法对文化传播政策导向的弱化，一个可行的方案是将公共利益的代言人以一般化的“社会中的人”的角色在法律关系中在场化，使其担负起合理传播的责任，从而建构一个有别于对物权关系的对物权结构。对物权结构是对著作权法利益格局的全新整合，并以关系本体论为逻辑基础。

对这种改变不仅要做好准备，而且需要采取积极措施：著作权法暗合私法自治，这为采取形式理性的方式来构造著作权法的基本结构提供了理论支持；著作权法需要采取强制措施来保护弱小、促进传播，这为著作权法采取实质理性来构建合目的性的规范体系提供了契机。在自治与强制的关系上，自然使用规则与优先权规则、绝对权与相对权的变奏均可作为协调机制。自然使用规则依赖逻辑自洽，更体现自治性；优先权规则依赖超越性，更需要强制后盾。绝对权符合路径依赖特征，更体现自治性；相对权则依赖限制，更需要强制转换。这种协调机制可以在立法与司法过程中体现公共利益目标。

在根本理念上，消解作品的类物性需要重新认识作品。传统的、占据主流地位的智力成果说是建立在主客体关系上的，通过将作品拟制为无形物或抽象物而形成，是本质主义与所有权观念的产物。随着信息产权的提出与发展，具有精神功能的符号组合或者非实用性的信息被解释为作品的本质。这将认识作品本质的基本立场从主客体关系推向了主体关系，蕴含怀疑主义的危险。作品本质的不同形式可以在建构主义的框架内得到解释。基于法学共识，作品本质是在泛关系网络与著作权社会关系网络中生成的，是在文学艺术与科学领域内社会公众共同接受的引起利益分配的形式。建构主义本质意味着不是以作者与物的关系来说明作者与社会公众、使用者的关系，而是以后者的关系来阐释作品保护的理念与限度。这表明，著作权法公共利益不应沦为著作权人及其利害关系人招之即来挥之即去的“婢女”，作为公共利益代言人的“社会中的人”应当全面观照著作权法的利益格局。

参考文献

一、著作

（一）中文著作

[1] 十二国著作权法［M］.《十二国著作权法》翻译组，译. 北京：清华大学出版社，2011.

[2] 陈剑玲. 美国知识产权法［M］. 北京：对外经济贸易大学出版社，2007.

[3] 陈鸣. 艺术传播——心灵之谜［M］. 上海：上海交通大学出版社，2003.

[4] 陈兴良. 刑法的价值构造［M］. 3版. 北京：中国人民大学出版社，2017.

[5] 丛日云. 西方政治文化传统［M］. 长春：吉林出版集团有限责任公司，2007.

[6] 崔国斌. 著作权法：原理与案例［M］. 北京：北京大学出版社，2014.

[7] 邓晓芒. 西方美学史纲［M］. 武汉：武汉大学出版社，2008：70.

[8] 董健，马俊山. 戏剧艺术十五讲［M］. 北京：北京大学出版社，2004.

[9] 冯晓青，胡梦云. 动态平衡中的著作权法——“私人复制”及其著作权问题研究［M］. 北京：中国政法大学出版社，2010.

[10] 冯晓青. 知识产权法利益平衡理论［M］. 北京：中国政法大学出版社，2006.

[11] 冯晓青. 知识产权法哲学［M］. 北京：中国人民公安大学出版社，2003.

[12] 冯晓青. 著作权法 [M]. 北京: 法律出版社, 2010.
[13] 冯晓青. 知识产权法 [M]. 北京: 中国政法大学出版社, 2015.
[14] 国家版权局. 著作权的管理和行使文论集 [M]. 上海: 上海译文出版社, 1995.
[15] 胡康生. 中华人民共和国著作权法释义 [M]. 北京: 法律出版社, 2002.
[16] 黄希庭, 郑涌. 心理学十五讲 [M]. 北京: 北京大学出版社, 2005.
[17] 江平. 民法学 [M]. 北京: 中国政法大学出版社, 2011.
[18] 江平. 中华人民共和国物权法精解 [M]. 北京: 中国政法大学出版社, 2007.
[19] 金炳华, 等. 哲学大辞典 (修订本) [Z]. 上海: 上海辞书出版社, 2001.
[20] 李琛. 著作权基本理论批判 [M]. 北京: 知识产权出版社, 2013.
[21] 李琛. 论知识产权法的体系化 [M]. 北京: 北京大学出版社, 2005.
[22] 李德顺. 价值论 [M]. 北京: 中国人民大学出版社, 2007.
[23] 李明德, 许超. 著作权法 [M]. 北京: 法律出版社, 2009.
[24] 李明山. 中国古代版权史 [M]. 北京: 社会科学文献出版社, 2012.
[25] 李强. 自由主义 [M]. 北京: 东方出版社, 2015.
[26] 李维屏, 张定铨, 等. 英国文学思想史 [M]. 上海: 上海外语教育出版社, 2012.
[27] 李锡鹤. 民法哲学论稿 [M]. 上海: 复旦大学出版社, 2000.
[28] 李醒尘. 西方美学史教程 [M]. 北京: 北京大学出版社, 1994.
[29] 李雨峰. 枪口下的法律: 中国版权史研究 [M]. 北京: 知识产权出版社, 2006.
[30] 李雨峰. 著作权的宪法之维 [M]. 北京: 法律出版社, 2012.
[31] 李泽厚, 汝信. 美学百科全书 [M]. 北京: 社会科学文献出版社, 1990.
[32] 联合国教科文组织. 版权法导论 [M]. 张雨泽, 译. 北京: 知识产权

出版社，2009.
[33] 刘孔中. 智慧财产权法制的关键革新 [M]. 台北：元照出版有限公司，2007.
[34] 刘旭光. 海德格尔与美学 [M]. 上海：上海三联书店，2004.
[35] 柳诒徵. 中国文化史 [M]. 北京：东方出版社，2008.
[36] 龙文懋. 知识产权法哲学初论 [M]. 北京：人民出版社，2003.
[37] 卢海君. 版权客体论 [M]. 北京：知识产权出版社，2011.
[38] 骆电. 作品传播者论 [M]. 北京：法律出版社，2011.
[39] 倪延年. 知识传播学 [M]. 南京：南京师范大学出版社，1999.
[40] 钱弘道. 经济分析法学 [M]. 北京：法律出版社，2005.
[41] 世界知识产权组织. 版权产业的经济贡献调研指南 [M]. 中国版权保护中心，译. 北京：人民出版社，2018.
[42] 苏永钦. 走入新世纪的私法自治 [M]. 台北：元照出版有限公司，2002.
[43] 王泽鉴. 民法总则 [M]. 北京：北京大学出版社，2009.
[44] 王泽鉴. 侵权行为法（第一分册） [M]. 北京：中国政法大学出版社，2001.
[45] 王泽鉴. 债法原理（第一册）[M]. 北京：中国政法大学出版社 2001.
[46] 萧雄淋. 著作权法论 [M]. 台北：五南图书出版股份有限公司，2010.
[47] 吴汉东，胡开忠，董炳和，等. 知识产权基本问题研究（总、分论）[M]. 北京：中国人民大学出版社，2009.
[48] 吴汉东. 著作权法合理使用制度研究 [M]. 北京：中国政法大学出版社，2005.
[49] 夏征农，陈至立. 辞海（第六版缩印本） [M]. 上海：上海辞书出版社，2010.
[50] 肖尤丹. 历史视野中的著作权模式确立——权利文化与作者主体 [M]. 武汉：华中科技大学出版社，2011.
[51] 谢在全. 民法物权论（上册） [M]. 北京：中国政法大学出版

社，2011.

[52] 杨立新. 人身权法论 [M]. 北京：人民法院出版社，2006.

[53] 杨延超. 作品精神权利论 [M]. 北京：法律出版社，2007.

[54] 易健雄. 技术发展与版权扩张 [M]. 北京：法律出版社，2009.

[55] 尹田. 物权法理论评析与思考 [M]. 北京：中国人民大学出版社，2008.

[56] 张今. 版权法中的私人复制问题研究——从印刷机到互联网 [M]. 北京：中国政法大学出版社，2009.

[57] 张雷. 注意力经济学 [M]. 杭州：浙江大学出版社，2002.

[58] 张文显，等. 知识经济与法律制度创新 [M]. 北京：北京大学出版社，2012.

[59] 张志伟. 西方哲学十五讲 [M]. 北京：北京大学出版社，2004.

[60] 赵文洪. 私人财产权利体系的发展：西方市场经济和资本主义的起源问题研究 [M]. 北京：中国社会科学出版社，1998.

[61] 郑成思. 版权法 [M]. 北京：中国人民大学出版社，1997.

[62] 中共中央马克思恩格斯列宁斯大林著作编译局. 马克思恩格斯选集 (第 1 卷) [M]. 北京：人民出版社，1972.

[63] 周林，李明山. 中国版权史研究文献 [M]. 北京：中国方正出版社，1999.

[64] 周枏. 罗马法原论 [M]. 北京：商务印书馆，1994.

[65] 周文骏. 文献交流引论 [M]. 北京：书目文献出版社，1986.

[66] 周先慎. 中国文学十五讲 [M]. 北京：北京大学出版社，2003.

[67] 周宪. 艺术理论的文化逻辑 [M]. 北京：北京大学出版社，2018.

[68] 周宪. 美学是什么 [M]. 北京：北京大学出版社，2002.

[69] 朱虎. 法律关系与私法体系——以萨维尼为中心的研究 [M]. 北京：中国法制出版社，2010.

[70] 朱理. 著作权的边界——信息社会著作权的限制与例外研究 [M]. 北京：北京大学出版社，2011.

[71] 朱立元. 西方美学思想史（下）[M]. 上海：上海人民出版社，2009.

（二）中文译著

[72] [澳] 彼得·德霍斯. 知识财产法哲学 [M]. 周林，译. 北京：商务印书馆，2008.

[73] [澳] 布拉德·谢尔曼，[英] 莱昂内尔·本特利. 现代知识产权法的演进：英国的历程（1760—1911）[M]. 金海军，译. 北京：北京大学出版社，2012.

[74] [澳] 彭道敦，李雪菁. 普通法视角下的知识产权 [M]. 谢琳，译. 北京：法律出版社，2010.

[75] [德] 康德. 道德形而上学原理 [M]. 苗力田，译. 上海：上海人民出版社，2012.

[76] [德] M. 雷炳德. 著作权法 [M]. 张恩民，译. 北京：法律出版社，2005.

[77] [德] 迪特尔·梅迪库斯. 德国民法总论 [M]. 邵建东，译. 北京：法律出版社，2000.

[78] [德] 恩斯特·卡西尔. 人论 [M]. 甘阳，译. 上海：上海译文出版社，1985.

[79] [德] 黑格尔. 法哲学原理 [M]. 范扬，张企泰，译. 北京：商务印书馆，1961.

[80] [德] 卡尔·拉伦茨. 德国民法通论（上册）[M]. 王晓晔，邵建东，程建英，等译. 北京：法律出版社，2003.

[81] [德] 卡尔·拉伦茨. 法学方法论 [M]. 陈爱娥，译. 北京：商务印书馆，2003.

[82] [德] 马丁·海德格尔. 林中路 [M]. 孙周兴，译. 上海：上海译文出版社，2004.

[83] [法] 克洛德·科隆贝. 世界各国著作权和邻接权的基本原则——比较法研究 [M]. 高凌翰，译. 上海：上海外语教育出版社，1995.

[84] [法] H. 丹纳. 艺术哲学 [M]. 傅雷，译. 北京：商务印书馆，2018.

[85] [法] 弗雷德里克·巴比耶. 书籍的历史 [M]. 刘阳，等译. 桂林：广西师范大学出版社，2005.

[86] [法] 克洛德·科隆贝. 世界各国著作权和邻接权的基本原则——比较法研究 [M]. 高凌瀚，译. 上海：上海外语教育出版社，1995.

[87] [法] 孔多塞. 人类精神进步史表纲要 [M]. 何兆武，何冰，译. 上海：上海三联书店，1998.

[88] [法] 列维-布留尔. 原始思维 [M]. 丁由，译. 北京：商务印书馆，1981.

[89] [法] 米歇尔·福柯. 规训与惩罚：监狱的诞生 [M]. 刘北成，杨远婴，译. 北京：生活·读书·新知三联书店，1999.

[90] [法] 米歇尔·福柯. 知识考古学 [M]. 谢强，马月，译. 北京：生活·读书·新知三联书店，2008.

[91] [古希腊] 色诺芬. 回忆苏格拉底 [M]. 吴永泉，译. 北京：商务印书馆，1984.

[92] [古希腊] 亚里士多德. 形而上学 [M]. 吴寿彭，译. 北京：商务印书馆，2011.

[93] [荷] 约斯特·斯密尔斯，玛丽克·范·斯海恩德尔. 抛弃版权：文化产业的未来 [M]. 刘金海，译. 北京：知识产权出版社，2010.

[94] [加] 戴维·克劳利，保罗·海尔. 传播的历史：技术、文化和社会 [M]. 董璐，何道宽，王树国，译. 北京：北京大学出版社，2011.

[95] [加] 马歇尔·麦克卢汉. 谷登堡星汉璀璨：印刷文明的诞生 [M]. 杨晨光，译. 北京：北京理工大学出版社，2014.

[96] [加] 欧内斯特·J. 温里布. 私法的理念 [M]. 徐爱国，译. 北京：北京大学出版社，2007.

[97] [美] A. 班杜拉，林颖，王小明. 思想和行动的社会基础——社会认知论（下）[M]. 胡谊，等译. 上海：华东师范大学出版社，2001.

[98] [美] E. 博登海默. 法理学：法律哲学与法律方法 [M]. 邓正来，译. 北京：中国政法大学出版社，2004.

[99] [美] 阿尔温·托夫勒. 力量转移——临近21世纪时的知识、财富和暴力 [M]. 刘炳章, 等译. 北京: 新华出版社, 1996.

[100] [美] 保罗·戈斯汀. 著作权之道: 从谷登堡到数字点播机 [M]. 金海军, 译. 北京: 北京大学出版社, 2008.

[101] [美] 波斯纳. 论剽窃 [M]. 沈明, 译. 北京: 北京大学出版社, 2010.

[102] [美] 劳伦斯·莱斯格. 代码 [M]. 李旭, 姜丽楼, 王文英, 译. 北京: 中信出版社, 2004.

[103] [美] 勒内·韦勒克, 奥斯汀·沃伦. 文学理论 [M]. 刘象愚, 邢培明, 陈圣生, 等译. 北京: 文化艺术出版社, 2010.

[104] [美] 罗伯特·P. 墨杰斯, 彼特·S. 迈乃尔, 马克·A. 莱姆利, 等. 新技术时代的知识产权法 [M]. 齐筠, 张清, 彭霞, 等译. 北京: 中国政法大学出版社, 2003.

[105] [美] 罗科斯·庞德. 通过法律的社会控制·法律的任务 [M]. 沈宗灵, 董世忠, 译. 北京: 商务印书馆, 1984.

[106] [美] 罗纳德·V. 贝蒂格. 版权文化——知识产权的政治经济学 [M]. 沈国麟, 韩绍伟, 译. 北京: 清华大学出版社, 2009.

[107] [美] 曼昆. 经济学原理 (微观经济学分册) [M]. 梁小民, 梁砾, 译. 北京: 北京大学出版社, 2009.

[108] [美] 莫顿·J. 霍维茨. 美国法的变迁: 1780—1860 [M]. 谢鸿飞, 译. 北京: 中国政法大学出版社, 2004.

[109] [美] 斯蒂芬·戴维斯. 艺术哲学 [M]. 王燕飞, 译. 上海: 上海人民美术出版社, 2008.

[110] [美] 斯塔夫理阿诺斯. 全球通史 [M]. 吴象婴, 梁赤民, 等译. 北京: 北京大学出版社, 2005.

[111] [美] 苏姗·K. 塞尔. 私权、公法——知识产权的全球化 [M]. 董刚, 周超, 译. 北京: 中国人民大学出版社, 2008.

[112] [美] 希瓦·维迪亚那桑. 著作权保护了谁? [M]. 陈宜君, 译. 台

北：商周出版社，2003.

[113] [挪] G. 希尔贝克，N. 伊耶. 西方哲学史——从古希腊到二十世纪 [M]. 童世骏，等译. 上海：上海译文出版社，2004.

[114] [日] 北川善太郎. 著作权交易市场——信息社会的法律基础 [M]. 郭慧琴，译. 武汉：华中科技大学出版社，2011.

[115] [日] 柳宗悦. 工艺文化 [M]. 徐艺乙，译. 桂林：广西师范大学出版社，2006.

[116] [日] 田村善之. 日本现代知识产权法理论 [M]. 李扬，等译. 北京：法律出版社，2010.

[117] [日] 田村善之. 日本知识产权法 [M]. 周超，李雨峰，李希同，译. 北京：知识产权出版社，2011.

[118] [日] 我妻荣. 债权在近代法中的优越地位 [M]. 王书江，张雷，译. 北京：中国大百科全书出版社，1999.

[119] [日] 星野英一. 私法中的人 [M]. 王闯，译. 北京：中国法制出版社，2004.

[120] [日] 中山信弘. 多媒体与著作权 [M]. 张玉瑞，译. 北京：专利文献出版社，1997.

[121] [西] 德利娅·利普希克. 著作权与邻接权 [M]. 联合国教科文组织，译. 北京：中国对外翻译出版公司，2000.

[122] [匈] 米哈伊·菲彻尔. 版权法与因特网 [M]. 郭寿康，万勇，相靖，译. 北京：中国大百科全书出版社，2009.

[123] [英] 威尔逊. 表演艺术心理学 [J]. 李学通，译. 上海：上海文艺出版社，1989.

[124] [英] 彼得·甘西. 反思财产：从古代到革命时代 [M]. 陈高华，译. 北京：北京大学出版社，2011.

[125] [英] 诺尔曼. P. 巴利. 古典自由主义与自由至上主义 [M]. 竺乾威，译. 上海：上海人民出版社，1999.

[126] [英] 卡尔·波普尔. 客观的知识 [M]. 舒炜光，卓如飞，梁咏新，

等译. 北京：中国美术学院出版社，2003.

[127] [英] 洛克. 人类理解论 [M]. 关文运，译. 北京：商务印书馆.

[128] [英] 洛克. 政府论（下篇）[M]. 瞿菊农，叶启芳，译. 北京：商务印书馆，1964.

[129] [英] 梅因. 古代法 [M]. 沈景一，译. 北京：商务印书馆，1959.

[130] [英] 亚当·斯密. 国富论 [M]. 唐日松，等译. 北京：商务印书馆，2005.

[131] [英] 约翰·斯图亚特·密尔. 论自由 [M]. 于庆生，译. 北京：中国法制出版社，2009.

二、论文

（一）期刊论文

[132] 曹新明. 知识产权法哲学理论反思——以重构知识产权制度为视角 [J]. 法制与社会发展，2006 (6).

[133] 陈兴良. 刑法的价值构造 [J]. 法学研究，1995 (6).

[134] 陈则谦. 知识传播及其动力机制研究的国内外文献综述 [J]. 情报杂志，2011 (3).

[135] 崔国斌. 单字字体和字库软件可能受著作权法保护 [J]. 法学，2011 (7).

[136] 崔国斌. 否弃集体作者观——民间文艺版权难题的终结 [J]. 法制与社会发展，2005 (5).

[137] 邓正来. 哈耶克方法论个人主义的研究（下）[J]. 环球法律评论，2002 (4).

[138] 丁丽瑛. 略论实用艺术品独创性的认定 [J]. 法学评论，2005 (3).

[139] 冯晓青. 知识产权法的价值构造：知识产权法利益平衡机制研究 [J]. 中国法学，2007 (1).

[140] 冯晓青. 著作权法中的公共领域理论 [J]. 湘潭大学学报（哲学社会科学版），2006 (1).

[141] 冯晓青. 著作权法中思想与表达二分法原则探析 [J]. 湖南文理学院学报 (社会科学版), 2008 (1).
[142] 冯晓青, 付继存. 著作权法中的复制权研究 [J]. 法学家, 2011 (3).
[143] 付翠英. 完善我国著作权立法的几个问题 [J]. 法律科学, 1997 (6).
[144] 顾昂然. 新中国第一部著作权法概述 [J]. 中国法学, 1990 (6).
[145] 郭彧. 从知识考古学到谱系学——试论福柯方法论转向 [J]. 社会科学论坛, 2010 (9).
[146] 韩东屏. 历史没有规律吗——驳反历史决定论 [J]. 武汉大学学报 (人文科学版), 2017 (6).
[147] 何鹏. 知识产权传播权论——寻找权利束的束点 [J]. 知识产权, 2009 (1).
[148] 贺来. "关系理性" 与真实的 "共同体" [J]. 中国社会科学, 2015 (6).
[149] 黄汇. 版权法 "独创性" 理论的困境与出路 [J]. 电子知识产权, 2009 (9).
[150] 黄汇. 版权法上的公共领域研究 [J]. 现代法学, 2008 (3).
[151] 李琛. "法与人文" 的方法论意义——以著作权法为模型 [J]. 中国社会科学, 2007 (3).
[152] 李伟文. 论著作权客体之独创性 [J]. 法学评论, 2000 (1).
[153] 李笑男. 从现代到当代——西方现代艺术的 "艺术客体" 观念转化 [J]. 文艺研究, 2010 (7).
[154] 李雨峰. 版权法上基本范畴的反思 [J]. 知识产权, 2005 (1).
[155] 李雨峰. 从写者到作者——对著作权制度的一种功能主义解释 [J]. 政法论坛, 2006 (6).
[156] 李雨峰. 论著作权的宪法基础 [J]. 法商研究, 2006 (4).
[157] 李雨峰. 思想表达二分法的检讨 [J]. 北大法律评论, 2007 (2).
[158] 梁志文. 云计算、技术中立与版权责任 [J]. 法学, 2011 (3).
[159] 刘春田. 论方正 "倩体字" 的非艺术性 [J]. 知识产权, 2011 (5).

[160] 刘春田. 知识财产权解析 [J]. 中国社会科学，2003 (4).
[161] 刘怀玉，季勇. 从历史决定论到后历史哲学的谱系学与历史性社会结构辩证法——对政治经济学批判哲学话语当代意义的若干理解 [J]. 天津社会科学，2018 (5).
[162] 刘学在. 著作权集体管理组织之当事人适格问题研究 [J]. 法学评论，2007 (6).
[163] 刘银良. 论著作权法中作者经济权利的重塑 [J]. 知识产权，2011 (8).
[164] 刘云生. 西方近代所有权立法的三大前提——所有权的伦理学、经济学与法哲学思考 [J]. 现代法学，2004 (1).
[165] 钱翰. 福柯的谱系学究竟何指 [J]. 学术研究，2016 (3).
[166] 寿步. 关于修改著作权法的若干建议 [J]. 知识产权，1998 (6).
[167] 舒炜光. 客观主义知识论 [J]. 中国社会科学，1986 (6).
[168] 宋木文. 关于我国著作权法的修改 [J]. 出版科学，2002 (1).
[169] 孙新强. 论作者权体系的崩溃与重建——以法律现代化为视角 [J]. 清华法学，2014 (2).
[170] 陶舒亚. 汇编作品著作权相关问题探析 [J]. 中国政法大学学报，2010 (5).
[171] 陶鑫良，张平. 具独创性的汉字印刷字体单字是著作权法保护的美术作品 [J]. 电子知识产权，2011 (4).
[172] 王敬稳，陈春英. 知识产权与知识共享 [J]. 经济论坛，2003 (18).
[173] 王坤. 论作品的独创性——以对作品概念的科学建构为分析起点 [J]. 知识产权，2014 (4).
[174] 王迁. 广播组织权的客体——兼析“以信号为基础的方法” [J]. 法学研究，2017 (1).
[175] 王迁. 论“制作录音制品法定许可”及在我国著作权法中的重构 [J]. 东方法学，2011 (6).
[176] 王太平，杨峰. 知识产权法中的公共领域 [J]. 法学研究，2008 (1).

[177] 王轶. 民法价值判断问题的实体性论证规则——以中国民法学的学术实践为背景 [J]. 中国社会科学, 2004 (6).

[178] 王涌. 所有权概念分析 [J]. 中外法学, 2000 (5).

[179] 文庭孝, 周黎明, 张洋, 等. 知识不对称与知识共享机制研究 [J]. 情报理论与实践, 2005 (2).

[180] 吴汉东. 知识产权领域的表达自由: 保护与规制 [J]. 现代法学, 2016 (3).

[181] 吴汉东. 利弊之间: 知识产权制度的政策科学分析 [J]. 法商研究, 2006 (5).

[182] 吴伟光. 版权制度与新媒体技术之间的裂痕与弥补 [J]. 现代法学, 2011 (3).

[183] 肖峋. 论中国著作权法保护的作品 [J]. 中国法学, 1990 (6).

[184] 熊琦. 著作权集中许可机制的正当性与立法完善 [J]. 法学, 2011 (8).

[185] 熊文聪. 超越称谓之争: 对象与客体 [J]. 交大法学, 2013 (4).

[186] 徐晟. 晚期福柯思想中的谱系学方法及其伦理意义 [J]. 现代哲学, 2010 (6).

[187] 徐瑄. 知识产权对价论的理论框架——知识产权法为人类共同知识活动激励机制提供激励条件 [J]. 南京大学法律评论, 2009 (1).

[188] 徐瑄. 知识产权的正当性——论知识产权法中的对价与衡平 [J]. 中国社会科学, 2003 (4).

[189] 杨杰. "现代" 与 "当代" ——三十年来中国新艺术之变化 [J]. 文艺研究, 2014 (3).

[190] 于霄. 英国土地登记改革与地产权结构转变 [J]. 华东政法大学学报, 2012 (5).

[191] 张今, 陈倩婷. 论著作权默示许可使用的立法实践 [J]. 法学杂志, 2012 (2).

[192] 张今, 郭斯伦. 著作财产权体系的反思与重构 [J]. 法商研究, 2012

(4).
[193] 张今.著作人格权制度的合理性质疑 [J]. 社会科学辑刊, 2011 (4).
[194] 张平.关于“电子创作”的探析 [J]. 知识产权, 1999 (3).
[195] 赵学刚.美国广告作品著作权保护之启迪 [J]. 知识产权, 2008 (1).
[196] 郑成思.伯尔尼公约与我国著作权法的权利限制 [J]. 法律科学, 1992 (5).
[197] 郑成思.私权、知识产权与物权的权利限制 [J]. 法学, 2004 (9).
[198] 郑成思.信息、知识产权与中国知识产权战略若干问题 [J]. 法律适用, 2004 (7).
[199] 周艳敏.临摹作品著作权保护问题探讨——从“盛世和光”敦煌艺术大展谈起 [J]. 知识产权, 2008 (3).
[200] 朱国斌.论表达自由的界限 (上) ——从比较法、特别是普通法的视角切入 [J]. 政法论丛, 2010 (6).

(二) 学位论文

[201] 刘洁.邻接权归宿论 [D]. 北京: 中国人民大学, 2011.
[202] 马宁.著作权制度与作者历史地位的变迁 [D]. 北京: 中国人民大学, 2010.
[203] 宋慧献.版权保护与表达自由之关系研究 [D]. 武汉: 中南财经政法大学, 2009.
[204] 郑媛媛.论著作权法的价值选择——以作者的法律地位为视角 [D]. 北京: 中国人民大学, 2011.
[205] 周林.版权集体管理及其立法研究 [D]. 北京: 中国社会科学院研究生院, 2002.

(三) 论文集论文

[206] 费安玲.法人作为著作权原始性利益人的理论思考 [C] //冯晓青.知识产权权属专题判解与学理研究 (第 1 分册). 北京: 中国大百科全书出版社, 2010.
[207] 冯晓青.著作权法中的独创性原则及其与公有领域的关系 [C] //冯

晓青. 知识产权权属专题判解与学理研究. 北京：中国大百科全书出版社，2010.

[208] 刘春田. 中国知识产权二十年的启示 [C] //刘春田. 中国知识产权二十年. 北京：专利文献出版社，1998.

[209] 吕国强，芮文彪. MTV 法律属性的思考 [C] //冯晓青. 著作权侵权专题判解与学理研究 (第 1 分册). 北京：中国大百科全书出版社，2010.

[210] 王太平，韩梅. 评尼默的新著作独创性要件——"意图" [C] //冯晓青. 知识产权权属专题判解与学理研究. 北京：中国大百科全书出版社，2010.

[211] 王太平. 安娜法 300 年祭 [C] // 刘春田. 中国著作权法律百年国际论坛论文集. 北京：法律出版社，2010.

[212] 张玉敏，陈加胜. 著作财产权重构 [C] //吴汉东. 知识产权年刊：2010 年号. 北京：北京大学出版社，2011.

[213] [法] 米歇尔・福柯. 什么是作者 [C] //赵毅衡. 符号学文学论文集. 天津：百花文艺出版社，2004.

[214] [美] 弗雷德里克・詹明信. 关于后现代主义 [C] //福柯，哈贝马斯，布尔迪厄，等. 激进的美学锋芒. 周宪，译. 北京：中国人民大学出版社，2010.

[215] [美] 约翰・T. 波莱蒂：后现代主义艺术 [C] //福柯，哈贝马斯，布尔迪厄，等. 激进的美学锋芒. 周宪，译. 北京：中国人民大学出版社，2010.

三、外文资料

[216] Lyman Ray Patterson. Copyright in Historical Perspective [M]. Tennessee：Vanderbilt University Press，1968.

[217] Dan L. Burk，Julie E. Cohen. Fair use Infrastucture for Rights Management Systems [J]. Harvard Journal ofLaw & Technology，2001，15 (1).

[218] Severine Dusollier. Exceptions and Technological Measures in the European Copyright Directive of 2001 - An Empty Promise [J]. IIC, 2003, 34 (1).

[219] Jessica Litman. Real Copyright Reform [J]. Iowa Law Review, 2010, 96 (1): 1-55.

[220] N. Stephan Kinsella. Against Intellectual Property [J]. Journal of Libertarian Studies, 2001, 15 (2).

[221] Jessica Litman. Readers' Copyright [J]. J. Copyright Soc'y U. S. A, 2011, 58 (4).

[222] Brian Fitzgerald. Copyright 2010: The Future of Copyright [J]. European Intellectual Property Review, 2008, 30 (2).

[223] Richard H. Chusear. Rewrite Copyright: Protecting Creativity and Social Utility in the Digital Age [J]. Isr. L. Rev. , 2005, 38 (3).

[224] Taylor, Charles. What's Wrong with Negative Liberty [C] // A. Ryan (ed.). The Idea of Freedom. Oxford: Oxford University Press, 1979: 75-93.

[225] James Boyle. The Second Enclosure Movement and the Construction of Public Domain [J]. Law & Contemp. Probs, 2003, 66 (1): 33-74.

[226] Yochai Benkler. Free as the Air to Common Use: First Amendment Constraints on Enclosure of the Public Domain [J]. N. Y. U. L. Rev. , 1999, 74 (2): 354-363.

[227] David Lange. Recognizing the Public Damian [J]. Law & Contemp. Probs. , 1981, 44 (4).

[228] Jessica Litman. The Public Domain [J]. Emory L. J. , 1990, 39 (3): 965-1024.

[229] Maureen Ryan. Cyberspace as Public Space: a Public Trust Paradigm for Copyright In a Digital World [J]. Oregon Law Review, 2000, 79 (3): 647-720.

[230] Daniel J. Gervais. The Purpose of Copyright Law in Canada [J]. U. Ottawa L. & Tech. J. , 2005, 2 (2): 315-356.

[231] Tina Hart, Linda Fazzani. Intellectual Property Law [M]. Macmillan Press Ltd. , 1997.

[232] Edward J. Damich. The Right of Personality: a Common-law Basis for the Protection of the Moral Rights of Author [J]. Georgia Law Review, 1998, 23 (1): 325-397.

[233] Edward Samuels. The Idea-Expression Dichotomy in Copyright Law [J]. Tenn. L. Rev. , 1989, 56 (2): 321-388.

[234] Julie E. Cohen, Lydia Pallas Loren, Ruth Gana Okediji, Maureen A. O' Rourke. Copyright in a Global Information Economy [M]. Aspen Publishers, 2003.

[235] Peter Mell, Timothy Grance. The NIST Definition of Cloud Computing [R]. National Institute of Standards and Technology: U. S. Department of Commerce. 2011: 800-145.

[236] William R. Cornish. Copyright Across the Quarter-century [J]. IIC, 1995, 26 (6): 801-812.

[237] Wendy J. Gordon. Excuse and Justification in the Law of Fair Use: Transaction Costs Have Always Been Only Part of the Story [J]. Journal of the Copyright Society of the U. S. A. , 2003, 50 (1).

[238] Jane Ginsburg. The Author's Domain and the Public Domain in Early British, French And US Copyright Law [J]. Cambridge Law Journal, 2006, 65 (3): 636-670.

[239] Bernard C. Dietz. United States: Copyright: Extension of Term [J]. E. I. P. R. 2003, 25 (6).

[240] Jessica Litman. Mickey Mouse Emeritus: Character Protection and the Public Domain [J]. U. Miami Ent. & Sports L. Rev. , 1994, 11 (2): 429-435.

[241] Adolf Dietz. Term of Protection in Copyright Law and Paying Public Domain: a New German Initiative [J]. E. I. P. R. , 2000, 22 (11): 506-511.

[242] David Nimmer. The Moral Imperative Against Academic Plagiarism [J]. DePaul L. Rev. , 2004, 54 (1): 1-77.

[243] Brian R. Day. Collective Management of Music Copyright in the Digital Age: The Online Clearinghouse [J]. Tex. Intell. Prop. L. J., 2010, 18 (2): 195-236.

[244] Daniel J. Gervais. Collective Management of Copyright and Neighbouring rights in Canada: an international perspective [R/OL]. Report Prepared for the Department of Canadian Heritage, August 2001: 13-14.

[245] Christophe Geiger. The future of copyright in Europe: striking a fair balance between protection and access to information [J]. I. P. Q. , 2010, 14 (1): 1-14.

[246] Robert P. Merges. Justifying Intellectual Property [M]. Cambridge: Harvard university press, 2011.

[247] Jessica Litman. Antibiotic Resistance [J]. Cardozo Arts & Ent. L. J. , 2012, 30 (1): 53-72.

[248] Neil W. Netanel, David Nimmer. Is Copytight Property? —The Debate in Jewish Law [J]. Theoretical Inquiries L. , 2011, 12 (1): 241-274.

[249] Jessica Litman. Lawful Personal Use [J]. Tex. L. Rev. , 2007, 85 (7): 1871-1920.

[250] Raymond Shih Ray Ku, Jiayang Sun, Yiying Fan. Does Copyright Law Promote Creativity? An Empirical Analysis of Copyright's Bounty [J/OL]. [2013-03-26]. http: //ssrn. com/abstract=1410824.

[251] Jessica Litman. The Invention of Common Law Play Right [J]. Berkeley Tech. L. J. , 2010, 25 (3): 1381-1426.

[252] David Nimmer. The End of Copyright [J]. Vanderbilt Law Review,

1995, 48 (5): 1385-1420.

[253] Adolf Dietz. Amendment of German Copyright Law in order to Strengthen the Contractual Position of Authors and Performers [J]. IIC, 2002, 33 (7): 828-842.

[254] William R. Cornish. The Author as Risk-Sharer [J]. Columbia Journal of Law and the Arts, 2003, 26 (1): 1-16.

[255] F. Gregory Lastowka. Free Access and the Future of Copyright [J]. Rutgers Computer & Tech. L. J., 2001, 27 (2): 293-331.

[256] Sarah A. Zawada. Infringed Versus Infringing: Different Interpretations of the Word Work and the Effect on the Deterrence Goal of Copyright Law [J]. Marq. Intell. Prop. L. Rev. , 2006, 10 (1): 129-154.

[257] Burrow-Giles Lithographic Co. v. Sarony, Co. v. Sarony, 111 U. S. 53 (1884).

[258] Feist v. Rural, 499 U. S. 340, 1991.

[259] Baker v. Selden, 101 U. S. 99 (1879).

[260] Nichols v. Universal, 45 F. 2d 119 (2d Cir. 1930).

[261] Morrissey v. Procter & Gamble, 379 F. 2d 675 (1st Cir. 1967).

[262] Computer Associates International, INC. , v. AltaiI, INC. , 23 U. S. P. Q. 2d 1241 (2d cir 1992).

[263] Folsom v. Marsh, 9 F. Cas. 342 (1841).

[264] Campbell v. Acuff-Rose Music, Inc. , 510 U. S. 569 (1994).

后　记

我的博士论文讨论的是著作权制度的价值构造，即著作权法通过对物权关系实现制度目标问题。著作权制度建构遵循“知识—力量”逻辑。对物权制度形态的著作权法及其工具性概念体系只是18~19世纪知识观念的力量化产物。20世纪以来，审美大众化带来作品生活化，利益多样化带来著作权所有权化，这极大扩展了调整范围，改变了法律观念。其实，对物权制度容易遮蔽公共利益，因而需要一以贯之地将公共利益在法律关系中在场化。

在论证方面，我一直纠结的问题：一是开展我国著作权法谱系学分析的资料取舍。整体而言，我国著作权法及其基本概念移植于西方世界。如果针对英国著作权法的概念形成史进行分析，虽然符合著作权法世界起源的宏大叙事，但是忽视法国、德国等传统作者权体系的贡献，忽视著作权法的本土化生长，难以圆满。二是我国著作权法的定位。学界通说，我国著作权法属于作者权体系，但是我国的部分制度又与版权体系相一致。因此，细到概念使用、规范解读，大到价值构造，都无法完全统一。唯有以宏大叙事中的具体事件作为分析对象，尊重我国习惯并在相同内涵上对待两大法系的规范与概念，才能稍显合理。虽然这一回答似乎初显完整，但是不免漏洞百出，祈请读者诸君批评，留待补正。

付梓之际，眼前浮现出构思、写作、答辩与修改中的迷茫、惊喜、惆怅、兴奋、沮丧、释然与惴惴不安。幸运的是，无论是在求学还是在工作生活中，恩师冯晓青先生都倾注大量心血。先生为人有足称，释为心，道为骨，儒为表，严于律己，宽以待人；先生为学享盛誉，理作基，法作本，术作用，既精既博，仰之弥高。先生为人为学都对我们产生深刻影响。

感谢来小鹏教授、张今教授、张楚教授、陈丽苹教授、刘瑛教授、李玉香教授、周长玲教授、杨利华副教授、陈健副教授、郑璇玉副教授等老师的教导、鼓励与帮助。感谢苏竣教授、黄萃教授、何晋秋教授及其带领的研究团队在方法与视野上的拓展与启发，两年多的研究生活其乐融融。感谢各位评审专家，使论文幸入吴汉东先生作序的文丛。感谢知识产权出版社王润贵副总编、刘江老师及其他编辑老师高效的工作与促成出版的辛苦付出。

在论文修改过程中，周贺微、刁佳星、张潇、廖小梅、许耀乘等诸位学友与我的妻子、妹妹也积极审校书稿，付出极大辛苦，特此致谢。尽管如此，对各位师长、学友、挚友的无私帮助，仍难免挂一漏万，在此感谢所有提供帮助的师长与朋友。

生活的过山车如同写作，同样跌宕起伏。有组建小家的憧憬，有成家后立业的艰辛，有生活的欢愉，也有经历的烦恼。幸赖朋友关照、大家呵护、小家温馨，苦乐亦乐。感谢双方父母与妻子的辛勤操劳。家永远是爱之所在、远行的起点、人生来处与归路。

全国知识产权类优秀博士论文获奖作品

（已出版）

2008 年度

蒋玉宏　知识产权制度对城市竞争力的影响

2009 年度

卢海君　版权客体论

宋慧献　版权保护与表达自由

罗向京　著作权集体管理组织的发展与变异

2010 年度

万小丽　专利质量指标研究

姚颉靖　药品专利保护优化研究

2011 年度

梁志文　论专利公开

2012 年度

陈朝晖　企业专利商业化模式研究

2013 年度

姚鹤徽　商标混淆可能性研究

李阁霞　商标与商誉

2014 年度

张慧春　商标显著性研究

付继存　著作权法的价值构造研究

2015 年度

张　鹏　专利侵权损害赔偿制度研究：基本原理与法律适用

芮松艳　外观设计法律制度体系化研究

袁杏桃　著作权侵权惩罚性赔偿研究